HEILSAM WIE DER OZEAN.

Almut Laing

Die Reise meines Lebens.
Das Ende meiner Angst.

Inhalt.

„Für Oliver,
meinen Begleiter nicht nur auf
dieser Reise meines Lebens."

Heilsam wie der Ozean.

Vorbereitung

Mein Mann sitzt mir gedankenverloren beim Abendessen gegenüber. „Was mache ich eigentlich weiter mit meinem Leben?" Er hat vor Kurzem seine Firma verkauft. Alles, wofür er ein Leben lang gearbeitet hat, ist nun in anderen Händen und seine sind leer. Ohne nachzudenken, höre ich mich sagen: „Wenn du deinen Traum von der Weltumsegelung noch träumst, lass es uns jetzt tun. Mit 70 bin ich nicht mehr dabei." Ich bin sowohl ein bisschen über meine Aussage als auch über das Tempo erschrocken, mit dem Oliver auf diesen Satz hin in Fahrt kommt. Es dauert nicht mal zwei Tage, bis er beginnt, die Möglichkeiten für den Erwerb eines geeigneten Bootes zu eruieren.

Was ich da, ohne zu überlegen, von mir gab, musste ganz tief aus dem Bauch gekommen sein. Warum will ich das machen? Warum will ausgerechnet ich, die ich noch nie ein ausgeprägter Wassermensch war, über die Ozeane dieser Welt reisen und sporne meinen Mann sogar noch dazu an? Ich bin mir klar darüber, dass ich ebenso gut mit dem Fahrrad um die Welt radeln könnte. Mir ist eine Weltumsegelung aber auch recht, entspricht sie doch den Träumen des Mannes, den ich liebe.

Wir haben beide mehrere Gründe, warum wir uns auf diesen Weg machen wollen. Uns beiden gemeinsam ist, dass wir über viele Jahre fast mehr als menschenmöglich gearbeitet haben.

Oliver hat 30 Jahre lang das Familienunternehmen geführt, am Leben gehalten und den Arbeitsplatz für seine Mitarbeiter gesichert. Auf einen wirklich grünen Zweig, der ihm erlaubt hätte, selbst weniger zu arbeiten und mehr zu delegieren, ist er dabei nie gekommen. Geld war immer knapp und er war üblicherweise der Letzte, dessen Gehalt ausbezahlt wurde. Oliver war oft im Ausland unterwegs, hatte dabei aber keinerlei Freiraum. Alles, was er sah, waren Firmen, Flughäfen und Hotels. Da über all die Jahre stets der drohende Konkurs seiner Firma im Raum stand, war meine Praxis für unser Auskommen das Back-up. Daher habe auch ich über alle Maßen viel gearbeitet. Im Jahr 1999 starb unsere Tochter bei einem Autounfall. Wir brauchten zehn Jahre, um zu heilen, diese Jahre waren dadurch doppelt anstrengend. Zum Zeitpunkt des Firmenverkaufs sind wir beide bis ins Mark erschöpft. Doch zum ersten Mal seit Jahren eröffnet sich uns jetzt die Möglichkeit, neu über unser Leben nachzudenken. Wir wissen, dass wir so wie bisher nicht weitermachen können und es auch nicht wollen. Die Vorstellung einer Pause zwischen unserer bisherigen gewohnten Lebensweise und etwas Neuem, das zu diesem Zeitpunkt völlig undefiniert ist, gefällt uns beiden gut.

Wir sind beide gut in unseren Berufen: Oliver als Physiker und ich als Psychologin. Wie es in jedem Leben normal ist, hat sich für uns im Lauf der Jahre eine gut definierte Komfortzone entwickelt. Übung, Routine, Souveränität im Tun haben zu einer Art Selbstverständlichkeit und Wohlbefinden geführt. Es ist normal, dabei im Alltag nicht danach zu fragen, wer man jenseits dieser Komfortgrenzen ist. Den angestammten Lebensbereich mit all seinen Aufgaben zu verlassen bedeutet gleichzeitig, besagte Komfortzone ebenfalls zu verlassen.

Wir sind beide neugierig darauf, zu entdecken, wer wir über unseren bisherigen Funktionsmodus hinaus noch sind. Wie ticken wir, wenn wir unangenehmen Gefühlen nicht entkommen können? Wie bekommt es uns, fremd zu sein? Wie gehen wir mit Nicht-Wissen oder Nicht-Können um? Was passiert, wenn wir eine Entscheidung nicht rückgängig machen können? Wenn wir Ja zu dem sagen müssen, was ist? Welche Wirkung hat es auf uns, wenn wir nicht wie gewohnt konsumieren können, was uns gerade einfällt? Wie viel brauchen wir wirklich? Was macht es mit uns, wenn etwas fehlt? Was bedeutet für uns als Paar die ständige Nähe, die sich zwangsläufig beim Leben auf einem Boot ergibt? Wie gehen wir damit um, dass wir uns zu einhundert Prozent aufeinander verlassen müssen? Was bedeutet es, beruflich keine Rolle zu haben, nicht mehr Chef zu sein? Nicht mehr als Helferin gebraucht zu werden? Was heißt es, keine Termine zu haben? Auf einmal in einem Rhythmus zu leben, der nur durch die Elemente und die verschiedenen Tageszeiten strukturiert ist? Wie definieren wir die Größenordnung von Problemen und Herausforderungen, wenn es plötzlich um Leben und Tod gehen kann?

Zu Beginn unserer Suche nach einem geeigneten Boot gibt es nur eine einzige Gewissheit: Wir suchen nach einem Katamaran. Unsere Erfahrungen beim Chartern verschiedener Yachttypen haben uns über die Jahre gezeigt, dass wir beide den Komfort des Katamarans mehr schätzen als die Erfüllung von sportlichem Ehrgeiz, wie es ein Einrumpfboot eher ermöglicht. Es wird uns schnell klar, dass unser Budget für ein neues Boot mit der gewünschten Ausrüstung nicht ausreichen wird. Für uns beginnt eine intensive Zeit der Suche. Wir entwickeln einen täglichen Rhythmus: Wir arbeiten tagsüber und treffen uns abends vor dem Bildschirm, um zu sehen, was es für neue Listings gebrauchter Katamarane gibt.

Was während eines Charterurlaubs von einer Woche in Revieren, in denen wir gewöhnlich nicht mehr als einen Tagestörn vom nächsten Land entfernt waren, nicht so wichtig war, gewinnt bei der Planung einer langen Segelreise enorm an Bedeutung. Wir werden auf die Sicherheit angewiesen sein, die unser Boot uns bietet. Tatsächlich sind ja viele der modernen Katamarane nicht wirklich hochseetauglich gebaut, sondern sie bedienen eher die Bedürfnisse sonnen- und wasserhungriger Urlauber. Unsere Ansprüche an die Sicherheit umfassen die Verarbeitung ebenso wie die Langlebigkeit von Material und Technik. Alles, was mit Navigation und Notfallmanagement zu tun hat, muss verlässlich und auf dem neuesten Stand sein.

Dann soll unser Boot natürlich bequem sein. Es wird für die nächsten Jahre unser Lebensraum sein und, so viel wissen wir inzwischen, wir werden deutlich mehr Zeit vor Anker verbringen als unter Segeln.

Die täglichen Abläufe des Haushalts sollen dann ohne Umstände möglich sein. Das reicht vom Waschen der Wäsche über den Umgang mit Lebensmitteln bis zur Körperpflege. Dazu gehört auch die Unterbringung von Gästen, ohne dass sie uns beengen und dadurch schnell auf die Nerven fallen könnten. Und, last but not least: Wir wollen ein Maximum an Spaß beim Segeln haben. Das heißt, das Boot sollte eine gewisse Geschwindigkeit und Wendigkeit haben und gut Höhe laufen und damit Kurs halten und Strecken bewältigen können.

Unsere praktische Suche führt uns von der Türkei über Florida nach Portugal und in den Süden Frankreichs, wo wir schließlich einen 47 Fuß großen Segelkatamaran der Marke Lagoon kaufen, der fortan den Namen *Fat Cat* trägt.

Die nächsten eineinhalb Jahre verbringen wir damit, uns theoretisch und faktisch mit dem auszurüsten, was wir vermutlich brauchen werden. Beide bringen wir so gut wie keine Ahnung von der Ausrüstung eines Bootes mit. Oliver hat seit seiner Jugend zwar viel Erfahrung im Regattasport gesammelt und ist daher sicherlich ein fähiger Segler, wenn es um kleine Katamarane geht. Seine Hochseeerfahrung ist hingegen gleich null, haben wir uns doch viele Jahre lang aus Geld- und Zeitmangel auf kürzere Charterurlaube in küstennahen Revieren beschränkt. Insofern weiß er zwar, was er als Skipper tut, hat jedoch keine Erfahrung auf der Langstrecke, geschweige denn in kritischen Situationen mitten auf dem Ozean.

Und ich? Ich bin eine erfahrene und begeisterte Mitseglerin, die bei jedem Wetter ein gutes Essen auf den Tisch zaubern kann, sonst aber komplett ahnungslos ist. Ich beginne bei null, indem ich zunächst den Segelschein absolviere. Ich lerne, wie man ohne hochgezüchtete elektronische Geräte navigiert, was die unendliche Menge von Seezeichen bedeutet, denen man auf der Welt begegnen kann, welches Boot Vorfahrt hat, wenn es eng wird, wie man einen Tampen oder ein Segel repariert und dergleichen mehr. Es ist uns beiden klar, dass eine solche Reise zu zweit bedeutet, dass jeder von uns alles können muss, um notfalls uns und unser Boot sicher in den nächsten Hafen zu bringen.

Oliver absolviert den Funk- und den Pyrotechnikschein. Wir besuchen einen Kurs für die wichtigsten medizinischen Interventionen auf See, bei dem wir zum Beispiel an einem Schweinefuß das chirurgische Nähen einer Fleischwunde üben. Wir lernen auch, dass wir gut daran tun, eine ausreichend sortierte Bordapotheke zusammenzustellen und mitzunehmen. Wir lassen uns darüber beraten, welche Versicherungen wir brauchen und wofür diese nicht geradestehen. Wir studieren Wettercharts und Strömungskarten und entwickeln daraus vorläufige Kurse und Zeitpläne für unseren Törn um die Welt.

Ich suche mir Informationen über die Proviantierung für Passagen, denke über Haltbarmachen und Lagerung von Lebensmitteln nach, lerne Brotbacken und informiere mich über Schädlingsvermeidung und -bekämpfung.

Ich plane so genau wie möglich meine Ausrüstung und Medikation für alle nur denkbaren Fälle, denn ich bin Diabetikerin und ich weiß, dass mein Leben davon abhängt, mit allem gut versorgt zu sein: eine Insulin-Ersatzpumpe, Insulinkatheter und -kartuschen, Blutzuckerteststreifen, Batterien und Ähnliches für mehr als ein Jahr. Die Erlaubnis, zu jeder Tages- und Nachtzeit meinen Arzt anzurufen, falls ich nicht weiterwissen sollte. Die Zusage vom Apotheker meines Vertrauens, dass er im Notfall alles, was ich brauche, egal wohin verschicken wird. Wir statten uns mit Schwerwetterkleidung aus. Wir kaufen zwei Klappfahrräder, die an Bord leicht unterzubringen sind und für unsere Bewegungsfreiheit bei Landgängen sorgen sollen.

Die Ausstattung unseres Schiffes ist eine weitere und natürlich überlebenswichtige Aufgabe. Wir haben den Katamaran gebraucht gekauft. Er ist bei der Übergabe in einem jammervollen Pflegezustand, aber unter der „Dreckschicht" gut in Schuss. Trotzdem muss buchstäblich jedes Teil geprüft, überarbeitet und hier und dort ersetzt werden. Einige Teile der Ausrüstung, zum Beispiel die Navigationsinstrumente, sind nicht mehr zeitgemäß. Anstelle eines Systems aus drei verschiedenen

Bildschirmen für AIS, Radar und Kartenplotter wählen wir die integrierte Form aller drei Funktionen auf einem einzigen Bildschirm. Wir besorgen zusätzlich zum digitalen Kartenmaterial Papierkarten für die ersten Gebiete, die wir besegeln wollen. Segel und laufendes Gut sind durch Salzwasser und Witterung stark in Mitleidenschaft gezogen und werden ersetzt. Zusätzlich gönnen wir uns einen himmelblauen Gennaker für Halbwind- und Vorwindkurse. Die großen Wassertanks unterziehen wir einer intensiven Reinigung. Wir lernen die Entsalzungsanlage kennen und verstehen. Seeventile, Haken und Ösen, Schäkel und Winschen werden gängig gemacht und gepflegt. Wir prüfen die Beleuchtung und Navigationslichter.

Die beiden Motoren und der Generator scheinen in hervorragendem Zustand zu sein, es genügt eine gründliche Wartung. Wir lassen neue Faltpropeller einbauen. Wir ersetzen sämtliche Abwasserrohre im Boot und prüfen die Abwasserpumpen. Unser neues Zuhause bekommt Heizung und Kühlung. Oliver legt eine ausgedehnte Sammlung von Ersatzteilen, Werkzeug und Pflegemitteln an, denn wir wissen, dass es in entlegenen Teilen der Welt schwer und zeitaufwendig sein wird, an entsprechendes Material zu kommen.

Wir tauschen das vorhandene Dinghi gegen ein kleineres aus, das besser an die Aufhängung passt und leichter zu handhaben ist. Ich sorge für die Ausstattung eines Haushalts, der bequem und praktisch ist und der uns so weitgehend wie möglich unabhängig macht. Eine Waschmaschine, zwei Kühlschränke sowie der Backofen finden ihren Weg an Bord oder werden ausgetauscht.

***

Diese eineinhalb Jahre teilen Oliver und ich uns auf zwischen Arbeit zu Hause und Arbeiten am Boot. Ich bin bis zu diesem Zeitpunkt als Psychologische Psychotherapeutin und Coach in freier Praxis in Stuttgart tätig. Für mich gilt es, über diesen längeren Zeitraum meine Arbeit mit den mir anvertrauten Menschen zu einem jeweils guten Ende zu führen und keine weiteren Klienten und Aufträge mehr anzunehmen, die mich über den geplanten Zeitpunkt unserer Abreise hinaus beschäftigen würden. Tatsächlich gelingt mir das gut, sodass ich zum gewählten Zeitpunkt bedenkenlos werde abreisen können. Oliver hat seinerseits seit dem Verkauf seiner Firma über drei Jahre die Käufer weiter beraten. Auch seine Arbeit nimmt mit der Zeit ab und eröffnet Freiraum für mehr Beschäftigung mit unserem zukünftigen Zuhause.

Von den nicht enden wollenden Arbeiten am Kat abgesehen, verbringen wir immer wieder mehrere Wochen auf dem Wasser. Wir bereisen das Mittelmeer. Wir betrachten diese Zeit sehr bewusst als unsere ersten Gehversuche und probieren aus, wie weit wir mit unserem Katamaran gehen können. Wir lernen, machen Fehler, sprechen über unsere Manöver und korrigieren sie. Wir lernen Seekrankheit und Müdigkeit kennen, machen erste Erfahrungen mit Nachtfahrten. Wir erleben schweres Wetter, Flaute, Hitze und Kälte, wir lernen das Ankern, das An- und Ablegen an einer Mooringboje, das Parken an einem Steg in der Marina. Wir üben verständliches und ruhiges Kommunizieren in stressigen Situationen. Wir erfahren, dass die kleinste Unachtsamkeit große Wirkung haben kann. Und wir beginnen, unserem Boot zu vertrauen.

Während dieser Zeit machen wir beide in einer kleinen Tauchschule auf Sardinien den Tauchschein. Oliver hat die Absicht geäußert, tauchen zu lernen, um für technische Probleme unter Wasser, für Kontrollen beim Ankern und für die Reinigung des Unterwasserschiffs gerüstet zu sein. Ich verspüre gewöhnlich wenig Lust, mich unter Wasser aufzuhalten. Aber ich gebe dem Ganzen eine Chance und mache mit.

Eines ist sicher: Wir könnten noch heute in der Vielzahl der Vorbereitungen stecken. Es gibt immer etwas, das noch nicht perfekt ist. Es gibt immer etwas, das sich noch nicht sicher genug anfühlt. Es gibt immer Gründe, die Abreise hinauszuschieben. Wir haben viele Leute kennengelernt, die vom Fahrtensegeln geträumt und bei aller Vorbereitung doch niemals den heimischen Hafen verlassen haben. Insofern sind wir uns der Notwendigkeit bewusst, an irgendeinem Punkt mit der Faust auf den Tisch zu hauen, den Vorbereitungen ein Ende zu setzen und den Abfahrtstermin zu bestimmen.

Gegen Ende dieses Zeitraums lösen wir unseren Hausstand in Stuttgart vollständig auf. Unser Haus, das wir zunächst vermieten, werden wir wenig später verkaufen. Ein Großteil unseres Mobiliars, Fahrzeuge und einiges mehr werden verkauft oder verschenkt, den Rest lagern wir in einem einzigen Raum.

Es ist ein seltsames Gefühl, diese Stadt wohl noch als Heimat zu empfinden, gleichzeitig aber zu wissen, dass wir für eine Weile nirgends hingehören werden. Dass unser Zuhause mit uns ziehen wird. Für mich als Tochter von Flüchtlingen aus Ostpreußen, die in ihrem bisherigen Leben Verwurzelung nicht erfahren hat, fühlt sich das an, als würde ich aus diesem Mangel eine Tugend machen, indem ich willentlich und wissentlich auf große Fahrt gehe und damit auf ein festes Zuhause verzichte.

Dann ist es so weit. Wir feiern Abschied mit Familie und Freunden. Der Ozean liegt vor uns, alles, was bisher unser Leben ausmachte, lassen wir hinter uns, um uns endgültig auf den Weg zu machen.

Routenplanung

Um den Globus ziehen sich Windgürtel in einer festgelegten Anordnung. In unseren Breiten befinden wir uns in der Westwindzone. Weiter Richtung Süden schließt sich die Ostwindzone mit Wind aus Ostnordost an. Noch weiter südlich haben wir wiederum einen Ostwindgürtel, diesmal aber mit Wind aus Ostsüdost. Wo diese beiden Zonen aufeinandertreffen, heben sich die beiden Windrichtungen sozusagen auf: Diese Region nennt man „die Kalmen". Geht man noch weiter nach Süden, trifft man erneut auf eine Westwindzone.

Eine Route um den Globus wird im Allgemeinen so geplant, dass man nur im Notfall am Wind segeln muss, denn es gilt der alte Spruch: „A Gentleman doesn't sail upwind." Dadurch, dass sich Wind- und Bootsgeschwindigkeit vektoriell addieren, erhöht sich die faktische Windgeschwindigkeit beim Segeln am Wind. Dies führt zusammen mit den Wellen, gegen die ein Boot anlaufen muss, zu stark erhöhter Beanspruchung des Materials und zu teils sehr ungemütlichen Bedingungen.

Da wir nun aber nicht mutwillig unangenehmes Segeln erleben wollen, planen wir eine Route mit Winden, die im Wesentlichen achterlich, also eher von hinten wehen. Wir haben dafür zwei Möglichkeiten. Entweder segeln wir in der Westwindzone nach Osten und nehmen dabei mehr Tiefdrucksysteme in Kauf. Oder wir wählen die Ostwindzone und segeln nach Westen. Bezeichnenderweise nennt man die Letztere auch Tradewind-Zone, denn der seefahrende Handel bewegte sich früher ausschließlich in dieser Richtung. Hier zu segeln ist einfacher, gemütlicher und wärmer. Unter Seglern nennt man es auch die „Barfußroute". Sie verläuft vom Mittelmeer über die Kanaren und Kapverden in die Karibik, von dort durch den Panamakanal in den Pazifik, von wo aus man durch den Suezkanal zurück ins Mittelmeer gelangt. Dabei kommt man zwangsläufig am Horn von Afrika, an Somalia, vorbei. Das ist heute aufgrund der massiven Bedrohung durch Piraterie gefährlich und nicht versicherbar. Tatsächlich kann man sagen, dass ein einigermaßen sicheres Segeln in diesen Gefilden häufig nur unter Begleitung von Kanonenbooten möglich ist. Dies ist nun nicht jedermanns Sache. Und so führt die Suche nach alternativen Routen für die Weltumsegelung zur Barfußroute 1 B: Statt den gefürchteten Weg über den Suezkanal nehmen heute die meisten Segler den Weg über Australien, Südafrika und Brasilien und kehren so nach Europa zurück. Diese Route ist schwieriger und sie dauert länger, denn auf dem letzten Teil der Reise ist man in der Westwindzone unterwegs.

Bis hierher ist die Routenplanung von Europa aus eine relativ einfache Sache. Nun kommen aber zu den bisherigen Überlegungen auch noch Planungen hinzu, die jahreszeitlich bedingt sind. Wirbelstürme kommen immer dann zustande, wenn das Wasser sehr warm ist. Auf der Nordhalbkugel ist das von Mai bis Oktober der Fall, auf der Südhalbkugel ist dieser Rhythmus um sechs Monate verschoben, also von November bis April. Luftmassen brauchen möglichst viel Anlauf, damit sich ein richtiger Wirbelsturm aufbauen kann. Daher bleiben die Westküsten weitgehend von ihnen verschont. Aus diesem Zusammenhang erklärt sich, dass die Marquesas selten, Tahiti gelegentlich und die Fidschi-Inseln oft und heftig Hurrikane erleben. Da es sich keinesfalls empfiehlt, während eines Hurrikans segelnd unterwegs zu sein und die Bootsversicherungen dieser Welt unter keinen Bedingungen die Yachten in der gefährdeten Jahreszeit für diese Seegebiete versichern, muss also so geplant werden, dass man sich von Mai bis Oktober auf keinen Fall in Revieren innerhalb der Hurrikanzone auf der Nordhalbkugel befindet – und von November bis April wiederum nicht in den entsprechenden Gebieten auf der Südhalbkugel.

Um auf dem Wasser aus dem Mittelmeer auf den Atlantik zu gelangen, führt unsere Reise durch die Straße von Gibraltar. Sie stellt – abgesehen von den Binnenflüssen, dem Bosporus und dem Suez-Kanal – den einzigen Zustrom ins Mittelmeer dar. Da das Mittelmeer warm ist, verdunstet viel Wasser, was eine starke Strömung vom Atlantik ins Mittelmeer verursacht. Die Strömung vom Atlantik ins Mittelmeer ist entsprechend heftig. Kommt dazu auch noch ein starker Westwind, so ist es oft regelrecht unmöglich, aus dem Mittelmeer mit einem Segelboot in den Atlantik zu gelangen.

Wir müssen also rechtzeitig aus dem Mittelmeer hinaussegeln, bevor die Winterstürme dies verhindern. Deshalb ist nach Oktober an eine Fahrt durch die Meerenge von Gibraltar nicht mehr zu denken. Gleichzeitig ist es so, dass der Passat, der eine ruhige und gleichmäßige Passage über den Atlantik gewährleistet, erst ab Dezember stetig bläst. Wir brechen also im Oktober aus dem Mittelmeer auf und segeln durch die Straße von Gibraltar bis nach Teneriffa. Dort wollen wir bis Dezember abwarten, bevor wir uns auf unsere erste große Passage wagen.

Der Atlantik: Mein Leben im Kielwasser.

Der „große Teich":
Nehmen, was ist

Die eigentliche Passage über den Atlantik beginnt mit dem Verlassen Teneriffas und endet mit der Ankunft auf Barbados. Wir haben zuvor schon kürzere Passagen erlebt. Diese aber wird 19 Tage dauern. Ohne Sichtkontakt zum Land. Ohne Möglichkeit, anzuhalten oder problemlos umzudrehen.

Die Überfahrt über den Atlantik ist der Prototyp einer Unternehmung, zu der wir uns entschließen, auf die wir uns einlassen. Ab diesem Zeitpunkt haben wir das zu nehmen, was kommt. Es ist aber auch der Inbegriff dessen, was ich bisher vermieden habe. „Freiheit", so behauptete ich früher, „entsteht durch Wahlmöglichkeit. Durch Alternativen. Freiheit bedeutet, einen Weg einzuschlagen und nach Belieben abzubiegen oder umzukehren. Freiheit heißt, meine Meinung zu ändern und Nein zu dem zu sagen, wozu ich bisher Ja gesagt habe." Richtig? Heute würde ich sagen: „Nicht so ganz!"

Tatsächlich könnte man meinen, die höheren Mächte hätten etwas dagegen, dass wir auf diese Reise gehen. Im August bringe ich die letzten ärztlichen Untersuchungen vor unserer Reise hinter mich. Für eine Diabetespatientin sind dies die normalen und regelmäßig zu absolvierenden Termine: Diabetologe, Augenarzt, Kardiologe. Ich kann mit den Befunden zufrieden sein: Für eine, die seit bald 50 Jahren mit Diabetes lebt, bin ich beinahe unglaublich gesund. Es folgt die letzte gynäkologische Vorsorgeuntersuchung. Hier trifft es mich umso härter. Meine

Ärztin findet einen Knoten in meiner rechten Brust. Sie schickt mich umgehend zum Radiologen. Er diagnostiziert den Knoten mit trockenen Worten: „Sie haben einen Tumor."

Ich erlebe das, als würde ich aus vollem Flug vom Himmel geholt. Ich, die ich in der Praxis seit vielen Jahren schwerpunktmäßig mit Tumorpatienten gearbeitet habe, habe selten darüber nachgedacht, dass mich ein solches Schicksal selbst betreffen könnte. Umso härter ist jetzt der Aufprall. Alles, was mich gerade eben noch als relevant für unsere Reise beschäftigt hat, ist mit einem Mal nicht mehr wichtig. Wie soll es weitergehen?

Der Tumor ist zum Glück noch recht klein. Er wird operativ entfernt, ohne dass meine Brust abgenommen werden muss. Die histologische Untersuchung des entfernten Gewebes zeigt, dass eine Chemotherapie nicht zwingend notwendig ist, dass vielmehr nach einigen Wochen der Wundheilung die Brust sechs Wochen lang täglich bestrahlt werden soll. Nachdem ich den ersten Schock und die ersten Ängste einigermaßen überwunden habe, kommt mir die Tatsache zugute, dass ich so viele Betroffene durch diese schwerste Zeit nach der Diagnose begleitet und mit ihnen erarbeitet habe, wie sie während der Behandlung ihren Fokus halten, mit Emotionen wie Angst, Hilflosigkeit und Ärger umgehen, wie sie handlungsfähig und selbstbestimmt bleiben, sich abgrenzen und dabei trotzdem im Kontakt mit anderen sind.

Nicht einen Augenblick denke ich darüber nach, ob ich unseren Plan der Reise angesichts der Geschehnisse kippen soll. Ich bin nicht bereit, mein weiteres Leben im Zeichen von Sorgen und Nachsorgen zu führen. Ich bin überzeugt davon, dass es weniges gibt, das so heilsam ist wie der Ozean. Ich weiß nur zu gut, wie zerbrechlich mein und unser aller Leben ist. Wenn mich diese Krankheit wieder erwischen soll, dann wird sie das tun, egal wo ich mich befinde – und dann doch lieber aus der vollen Lebendigkeit heraus. Ich habe immer so gelebt. Ich werde jetzt nicht damit aufhören. Und zum Glück ist im Falle eines Falles der Weg nach Hause eine Sache von maximal zwei Tagen.

Wir segeln *Fat Cat* kurze Zeit nach der Operation mithilfe eines unserer Neffen bis Teneriffa. Ich bin weit davon entfernt, körperlich voll belastbar zu sein. Die Folgen der Operation fordern ihren Zoll. Ich bin tief erschöpft und habe Schmerzen beim Benutzen meines rechten Arms. Aber ich will an Bord sein. Das ist der Ort, der mir guttut, den ich gewählt habe für mein neues Leben.

Von Teneriffa aus fliegen wir zurück nach Stuttgart, wo ich die Zeit der Bestrahlungen durchlaufe. Das tägliche Eintauchen in die Mühlen der radiologischen Klinik ist für mich der Horror. Jeder Schritt, jede Handlung wird vorgegeben. Ich kann nichts kontrollieren, nichts selbst entscheiden. Vielleicht realisiere ich erst jetzt so richtig, durch welche Hölle die Patienten gegangen sind, mit denen ich über die Jahre gearbeitet habe. Und doch spreche ich von Glück im Unglück. Ich bin nicht allein, sondern werde von meiner Familie und Freunden begleitet und unterstützt. Und ich habe eine Perspektive: Die Fortsetzung unserer Reise wird meine „Anschlussheilbehandlung" sein.

Anfang Dezember kommen wir aus Deutschland nach Teneriffa zurück. Hinter uns liegen neben der Strahlenbehandlung die Räumung unseres Hauses und die Organisation und Erledigung von tausend alltäglichen Dingen. Wir sind beide erschöpft.

Der Flug von Barcelona nach Teneriffa gestaltet sich etwas schwierig: In unserem Gepäck ist eine Dose mit Lack aufgegangen und hat sich inniglich mit dem Rest des Tascheninhalts verbrüdert: Tüten mit Getreide, Bücher, DVDs sind voller Lack.

Wir hätten diesen gar nicht transportieren dürfen, aber das wussten wir nicht. In Spanien wird dieser Zwischenfall eher entspannt gehandhabt. Wir kommen mit einer Verwarnung, teilweise zerstörtem Gepäck und großzügig bis zu den Ellbogen verteiltem weißen Lack mit entsprechendem Geruch davon, was einem Flug ohne nennenswerte Reinigungsmöglichkeiten eine interessante Note verleiht.

Es folgen auf Teneriffa: Einkaufen, Verarbeiten und Verstauen eines Vier-Wochen-Proviants. Das Boot reinigen. Die Tauchflaschen füllen. Das Großfall und zwei Schoten erneuern. Wir verlegen uns in eine gemütliche kleine Bucht, um auf ein günstiges Wetterfenster für die Abfahrt zu warten.

Der Proviant ist eingekauft, das frische Fleisch in haltbare Gerichte verarbeitet, mit unserem Wetterdienst haben wir über den günstigsten Abfahrtstermin palavert, die vorerst letzten Dinge an *Fat Cat*, unserem Katamaran, sind auf Touren und auf Hochglanz gebracht. Und wir haben uns innerlich vorbereitet. Wir haben, kurz gesagt, unsere Pläne vervollkommnet.

Da wir ja aber nun laut und deutlich verkündet haben, dass wir auch mit dem Ziel losziehen, uns unseren inneren Dämonen zu stellen, hätten wir im Grunde wissen können, dass es anders kommt. Ich habe es nicht so gerne, wenn etwas oder jemand meine Pläne durchkreuzt. Genau dies wird also meine erste Lektion.

Beim Ausparken aus der Marina in San Miguel stellen wir fest, dass einer der beiden Saildrives, also die Antriebskonstruktion der Yacht, defekt ist. Der zur Hilfe gerufene Mechaniker kommt am nächsten Tag in unsere Bucht, wird mit dem Dinghi abgeholt, baut das Teil aus, nimmt es mit zum Reparieren, bringt es wieder, baut es ein. Problem gelöst.

Ein Saildrive ist das Teil, das sich zwischen Motor und Schraube befindet. Es übernimmt unter anderem den nicht unwesentlichen Teil der Abdichtung des Rumpfdurchbruchs. Der Motor ist ja im Trockenen und die Schraube nicht. Früher schraubte man einfach eine Welle an den Motor, neigte das Ganze etwas nach hinten unten und setzte am Ende die Schraube drauf. Der Nachteil war, dass hierdurch der Motor sehr weit nach vorne zu liegen kam, weil die Welle nicht zu steil verlaufen durfte. Damit hätte sich bei unserem Boot der Motor unter unserem Bett befunden, und das ist aus diversen Gründen nicht wünschenswert. Ein Saildrive ermöglicht, dass der Motor ziemlich weit hinten eingebaut wird und direkt dahinter die Schraube ihre Arbeit machen kann.

Ich freue mich und mache die nächsten Pläne: Generator an, Entsalzungsanlage einem letzten Test unterziehen. Gleichzeitig Körner mahlen, um Brot zu backen. Wir werfen die dafür benötigten Geräte an, alles läuft wunderbar. Nach 20 dieser wunderbaren Minuten hustet der Generator, im Salon beginnt sich der Geruch nach etwas Durchgeschmortem auszubreiten. Sekunden später quillt Rauch aus den Ritzen des Schapps, in dem eine Unmenge elektrischer Kabel installiert ist. Was ist passiert? Der Krümmer des Generators ist nach zehn Jahren treuer Dienste bis jenseits aller Reparaturmöglichkeit zerbröselt. Bis zu diesem Moment hatte er noch gut funktioniert. Seine Altersschwäche ist nicht nur Oliver, sondern auch dem Gutachter bei der Prüfung unseres Katamarans vor dem Kauf entgangen. Ein Ersatzteil hierfür befindet sich nicht in unserer Sammlung. Es gibt für unseren Bootstyp eines in Spanien, zehn Tage Lieferzeit, eines in den USA, fünf Tage Lieferzeit, eines in Deutschland, irgendwas dazwischen. Wasser können wir auch nicht machen, insofern müssen wir also sehen, dass wir entweder in eine Marina kommen oder den Notstand proben.

An dieser Stelle wird mir dank gelegentlich aufblitzender Erkenntnisfähigkeit bereits klar, was ich hier lernen kann. Klar kann ich so verzweifeln, dass sich meine Zehennägel aufrollen und mein Blutzucker einen doppelten Salto schlägt. Aber was soll das bringen? Ich will lernen, die Dinge so sein zu lassen, wie sie sind. Nebenbei bemerkt habe ich diese Fähigkeit ja in hohem Maße, wenn es um wirklich große Dinge geht. Und doch ist es schwer, sie im Alltag bei vergleichsweise unwichtigen Kleinigkeiten anzuwenden.

Wir sind also konfrontiert mit einer Wartezeit von mindestens einer Woche. „Gut", sage ich, „dann richte ich mich damit ein." Ich werde den Inverter anwerfen, den Oliver gerade neu verdrahtet hat, und mein Körnerwerk vollenden. Allein – wie soll ich sagen – die Mühle sagt nicht einmal „piep", denn der Inverter hat ebenfalls den Geist aufgegeben. Ich kann plötzlich nicht mehr aufhören zu lachen. Mein innerer Knoten ist geplatzt. Ich habe mich aus der Starre gelöst, die mich befallen hatte, und kann mit Oliver zusammen schauen, wie wir mit der Situation umgehen. Unter Motor machen wir uns auf den Weg in eine kleine Marina bei Santa Cruz, wo die Werkstatt ihren Sitz hat, die uns den Generator in Ordnung bringen wird. Das verleiht uns auch die Möglichkeit, zwei Dinge für die Überfahrt zu besorgen, die uns noch fehlten. Muss ich ergänzen, dass es schmerzfreier ist, einen Generatorschaden in Landnähe zu bemerken, als mitten auf dem Atlantik? Als wir dann wirklich meinen, bereit für die große Überfahrt zu sein, stirbt Olivers Vater. Oliver fliegt zur Beerdigung zurück nach Deutschland. Ich bleibe allein an Bord zurück.

Aus meinem Logbuch

Wir haben 10 Knoten Nordwind, Sonne und 20 Grad. Am Sonntag bekommen wir von der Marina, in der wir uns befinden, Weisung, uns weiter nach hinten in den Fischerhafen zu verholen, um dort Schutz zu finden vor den erwarteten Wellen, die mit einem Südsturm ankommen sollen. Wir kommen der Aufforderung nach und liegen ab da wirklich ganz, ganz hinten, längs des Kais, was für uns beide, die wir unerfahren im Umgang mit Gezeiten sind, eine Herausforderung ist. Wir liegen noch keine halbe Stunde, da erscheint ein Hafenpolizist mit der Auskunft, wir könnten hier nicht bleiben, denn dies sei schließlich ein Fischereihafen. Wir verweisen ihn an den freundlichen Herrn, der uns den Platz angewiesen hat, der dann unseren Zustand offenbar als Notfall beschreibt. Wir bleiben.

Nachdem Oliver am Mittwochvormittag zum Begräbnis seines Vaters abgereist ist und er mir versichert hat, es gebe keinerlei Probleme mit unserem Notfallstatus im Fischereihafen, besteht der Rest des Tages aus einem heftigen Gewitter nach dem anderen mit starkem Dauerregen. Zu diesem Zeitpunkt halte ich mich für den ärmsten Menschen der Welt, weil ich den Kat nicht verlassen kann, ohne klatschnass zu werden.

In der Nacht von Donnerstag auf Freitag dreht der Wind, der uns bis dahin verlässlich und irgendwann auch gar nicht mehr stürmisch Richtung Kaimauer geblasen hat, um 180 Grad, was mich durch die ungewohnte Bewegung und das Knarzen der Festmacher zusammen mit ohnehin gesteigerter Nervosität – ich alleine mit der ganzen Verantwortung und so – weckt. Ich verbringe eine Stunde damit, die Leinen nachzusetzen, wobei ich um halb drei nachts Oliver in Stuttgart wecke, weil ich mir einfach meiner Sache nicht sicher bin. Ich bin im Anschluss nicht mehr in der Lage, wieder einzuschlafen und trinke stattdessen zwei Liter Tee, gebe es meinem Blutzucker so richtig in Form von mehreren Müsliriegeln, lese ein Buch zu Ende, verfertige eine Einkaufsliste für die Atlantiküberquerung – oh ja, die haben wir immer noch vor! Bloß sind mittlerweile größere Proviantanteile verstoffwechselt und müssen daher ersetzt werden. Ich mache bei Sonnenaufgang eine Stunde Yoga und bin danach putzmunter und sehr gut gelaunt. Dieser Zustand findet ein jähes Ende, als besagter freundlicher Herr aus der Marina kommt, um mir mitzuteilen, dass die Hafenpolizei uns zwar total nett fände, uns aber trotzdem loswerden wolle, denn der Sturm, und damit der Notfall, sei schließlich vorüber. Sollte ich mich nicht in der Lage sehen, das Boot zu verlegen, dann könne er es ja versuchen.

Nun bin ich zwar nicht die routinierteste Aus- und Einparkerin von Katamaranen, aber meine Seglerinnenehre stößt augenblicklich ein Kampfgeheul aus und versichert mir lautstark, dass wir das durchaus hinkriegen werden. Auch ist die Formulierung des hilfsbereiten Herrn, es „gerne versuchen zu wollen", kein wirklicher Powertrunk für mein Vertrauen in seine Fähigkeiten. Ich höre mich daraufhin sagen, das sei gar kein Problem, ich bräuchte eine Person an Bord für die Leinen und Fender und jemanden, der uns am neuen Platz in Empfang nähme. Er solle mir eine halbe Stunde geben. Dann stürze ich ans Telefon, um mir von Oliver Instruktionen und seinen Segen abzuholen. Als es losgeht, bin ich tatsächlich sehr ruhig und bringe das Manöver völlig problemlos über die Bühne. Ich bin stolz auf mich.

Inzwischen ist der Einkauf erledigt, morgen kommt Oliver zurück – fast hätte ich gesagt „nach Hause" – und dann erfahren wir am Montag vom Wetterdienst, ob wir los können oder nicht.

Übrigens ist der Generator zu neuem Leben erwacht und der Inverter hatte Erbarmen mit uns und funktioniert auch wieder. Ahoi!

Ein paar Tage später, es ist kaum zu glauben, beginnen wir unsere erste große Überfahrt. Unsere erste Passage. Zu zweit und ohne Hochseeerfahrung. Wir wissen beide: In dem Augenblick, in dem wir ablegen, gibt es keine einfache Umkehr mehr und so macht die Wahlmöglichkeit den Notwendigkeiten Platz. Das Lustprinzip hat Sendepause.

In der Theorie wissen wir, was auf uns zukommt. Die Route über die Kapverden schließen wir von vornherein aus, da dort richtig schlechtes Wetter herrscht. Also bleibt die sogenannte „Middle route" westlich an den Kapverden vorbei. Dort sind laut Wetterbericht durchgängig Winde der Stärke 5 bis 6 mit Wellen von 3,5 bis 4 Metern zu erwarten. Nun haben wir im Atlantik schon 2,5 Meter hohe Wellen erlebt. Das waren ziemlich gutmütige Berge, die wohlgeordnet ankamen und sich sozusagen gemütlich unter unserem Katamaran durchschoben. „Dann können 4 Meter doch auch nicht so schlimm sein." Denken wir …

Wir haben für unser Gefühl schon viel zu lange auf Teneriffa vertrödelt und es juckt uns mächtig in den Fingern – mit Geduld haben wir es beide nicht so. Daher segeln wir los. Als wir am ersten Abend aus der Straße zwischen Teneriffa und Gran Canaria herauskommen, erleben wir eine gänzlich andere Atlantikwelle: drei verschiedene Wellensysteme, aus Ost, Südost und Nordost. Das Ergebnis dieser „Kollision" versetzt Rümpfen und Brückendeck ständig nasse Ohrfeigen aus allen Richtungen. Das ist unangenehm und gewöhnungsbedürftig, nicht nur wegen der chaotischen Bewegungen des Schiffes, sondern auch akustisch. Es herrscht ein hoher Lärmpegel, der in unberechenbarer Frequenz von lauten Schlägen durch besagte Ohrfeigen akzentuiert wird. Die Situation verschärft sich durch die Tatsache, dass Oliver wie gewöhnlich während der ersten paar Tage des Törns mit Seekrankheit zu kämpfen hat. Zum Glück ist sie nicht von Dauer und danach bringt ihn auch die wildeste Schüttelei nicht mehr aus der Ruhe.

Das klingt jetzt, als seien Wind und Welle während der gesamten Passage ein Graus. Das ist nicht der Fall. Das Wellenchaos beruhigt sich nach einigen Tagen. Winde, die bei minimal 4, maximal 8 Windstärken blasen, führen dazu, dass wir außer fürs Ablegen beim Start und das Ankermanöver bei der Ankunft sowie gelegentliches Segelsetzen und -bergen den Motor überhaupt nicht nutzen müssen. Das freut uns, denn wir wollen so wenig wie möglich unter Motor fahren. Das kann bedeuten, dass wir eventuell mehrere Tage in der Flaute liegen und auf Wind warten werden, anstatt der drängenden Ungeduld des modernen Menschen zu huldigen und die Motoren anzuwerfen. Nebenbei bemerkt sind unsere Tanks trotzdem randvoll, denn es kann Wetter geben, die nichts anderes mehr zulassen, als unter Motor zu fahren.

Die Besegelung halten wir sehr konservativ, denn wir machen bald die Erfahrung, wie schnell – zu schnell für die Durchführung großer Veränderungen – sich die Windsituation ändern kann. Wir setzen das Großsegel nur selten. Bei den herrschenden Windstärken sind wir mit der Genua, zumeist sogar gerefft, unterwegs. Die gewählte Diretissima bietet zudem einen Kurs fast genau vor dem Wind. Das erlaubt uns, bei leichtem Wind den Gennaker zu setzen – 90 Quadratmeter hellblauer Turbo-Antrieb, der allerdings nicht immer leicht zu handhaben ist.

Wir unterwerfen uns den Notwendigkeiten. Die Welle ist stark. Ich sichere mich durch Festhalten oder mit der Lifeline. Ich kann im Geschaukel weder lesen noch schreiben, meine liebsten Tätigkeiten zum Zeitvertreib sind damit unmöglich. Ich kann keine komplizierten Gerichte auf dem Herd kochen, manchmal nicht einmal Kaffee machen. Ein Stück Butterbrot und ein Glas Wasser müssen dann genügen.

Da Blauwassersegeln neu für uns ist, gehen wir mit großer Vorsicht an jede Entscheidung heran. Wir erlegen uns ein Set von strikten Regeln auf: Wer nachts Wache hat, kann sich frei im Cockpit bewegen, auch maximal mit einem Fuß das Cockpit verlassen.

Für alles darüber hinaus muss der andere geweckt werden, wenn es sein muss, zehnmal hintereinander. Jede Arbeit außerhalb des Cockpits muss nachts im gesicherten Zustand erfolgen. Die Voraussetzungen dafür waren nicht ganz einfach zu schaffen: die Querentfernungen auf einem Katamaran, zum Beispiel vom Streckgurt, der eine sichere Verbindung zum Bootskörper erlaubt, bis zum Mast, sind deutlich länger als auf einem Ein-rumpf-Boot. Wir mussten lange suchen, um im Handel entspre-chend lange Lifelines zu finden.

Es ist übrigens verlockend, trotz aller vereinbarten Regeln „mal eben schnell" eine Arbeit vorzunehmen und zu glauben, dass für „so ein bisschen" die Sicherung nicht nötig sei. Wir brauchen beide ein gutes Stück Disziplin, um unseren eigenen Regeln ohne Wenn und Aber zu folgen. Ein Beispiel hierfür er-eignet sich eines Nachmittags: Oliver will die Führung der Ge-nuaschot verändern. Er bittet mich, sie kurz mit den Händen zu halten, damit er sie aus der Winsch lösen kann. In dem Moment, als die Schot frei ist, reißt mich die Wucht von 50 Quadratme-tern Segel einfach von den Füßen. Ich falle zum Glück auf ei-nes der Trampoline, welche die beiden Rümpfe des Katamarans verbinden. Nichts ist passiert außer einem großen Schrecken, der die nicht wirklich neue Erkenntnis unterstreicht, dass Nach-lässigkeiten an Bord einfach nicht angesagt ist.

Vor jedem Manöver, ganz gleich wie dringend es ist, mes-se ich meinen Blutzucker und sorge dafür, dass ich im richti-gen Bereich unterwegs bin. Es ist auch heute leider noch so, dass der Blutzuckerlevel eines Diabetikers sich nicht verläss-lich einstellen lässt. Wie viel Insulin ich für das brauche, was ich gegessen habe, ist beispielsweise, abgesehen von der Nah-rungsmenge, auch noch abhängig von Lufttemperatur, Sonnen-einstrahlung und körperlicher Anstrengung, wozu auch solche scheinbar kleinen Dinge wie die körperliche Anpassung an die Schiffsbewegung gehören. Das lässt sich natürlich nicht bezif-fern, sondern kann nur geschätzt werden. Wenn es blöd läuft, gerate ich in Unterzucker und verliere zunehmend die Kontrolle über Sprache, Bewegung und Denken. In diesem Zustand bin ich selbstredend eine Gefahr für mich, für uns, für das Boot.

Wir verzichten während der Passage vollständig auf alkoho-lische Getränke. Den Umgang mit der uns zur Verfügung ste-henden Energie gestalten wir nach dem Motto „So wenig wie möglich und so viel wie nötig". Das betrifft Licht, Wasser und besonders Heißwasser, Benutzung des Inverters und des Gene-rators. Wir verbrauchen von unseren zwei Wassertanks immer nur einen und werfen dann den Wassermacher an, damit wir bei einem eventuellen Ausfall des Geräts noch über ausreichend Wasser für den Rest der Strecke verfügen.

Wir führen natürlich auch ein möglichst genaues Logbuch und zeichnen einen Positionspunkt pro Tag in die Papierkarte ein, um bei einem Ausfall der elektronischen Navigation Orientierung zu haben.

Wir lernen in dieser Zeit, mit Müdigkeit umzugehen. Bei starker Wellenaktivität ist es schwer, ruhig zu schlafen, wenn eine „Ohrfeige" nach der anderen die Rümpfe zum Dröhnen bringt. Unsere Schlafkabine liegt im hinteren Teil des rechten Rumpfes. Die Wellen, die von der Seite auf diesen Rumpf treffen, hören und fühlen sich an, als läge man im Inneren einer Pauke, die geschlagen wird. Man „hört" diese Schläge gewissermaßen mit dem ganzen Körper.

Und es ist absolut erstaunlich, wie feinfühlig wir bereits nach kurzer Zeit auf kleinste Geräuschveränderungen reagieren: Selbst im Schlaf merkt man oft, wie sich das Strömungsgeräusch des Wassers verändert. Man erwacht und weiß, dass man reagieren muss, reffen oder ausreffen muss. Oder die Genua fängt an zu zappeln, und diese leichte Vibration geht durch das ganze Boot.

Hören und Fühlen kann das Sehen zumindest zum Teil recht gut ersetzen. Das ist gut und nützlich, aber einen ruhigen Schlaf fördert es keinesfalls. Dasselbe gilt für die Nachtwachen. Wir teilen die Nächte in Wachen von jeweils sechs Stunden auf. Wer Wache hat, bleibt nicht die ganze Zeit wach, sondern checkt jede halbe Stunde AIS und Radar, Kurs und Segel und schaut einmal sorgfältig 360 Grad rundum. Es gibt viele Segler, die ein solches Vorgehen für riskant halten. Aber speziell Oliver ist der Meinung, dass wir nachts so oder so keine Chance haben, einen vor uns schwimmenden Container, Baumstamm oder Wal rechtzeitig zu sehen. Wenn der Vollmond nicht scheint, ist es oft stockfinster. Die Wellen haben immer Schaumkronen, egal ob mit oder ohne Container, und ob der Schaumkamm direkt vor dem Boot von einem Hindernis stammt oder nicht, ist für den Wachgänger nicht ersichtlich. Deshalb verbringen wir die

Wache nicht auf dem Steuersitz, sondern in der Kajüte oder im Cockpit. Lesend, dösend, mit Computerspielen – eben allem, was man alleine so tun kann, um sich die Zeit zu vertreiben.

All das läuft darauf hinaus, dass tiefer und erholsamer Schlaf auf einer Passage unmöglich ist. Wir schlafen, so oft es geht, auch tagsüber, um dies auszugleichen und einigermaßen fit zu bleiben.

Wir haben uns die praktische Tragweite des „Unternehmens Passage" vor Antritt nicht wirklich klargemacht. Wir wussten nur: Wir wollen das. Wir wollen über den Atlantik segeln. Wir sind 19 Tage unterwegs. Tag und Nacht den Bewegungen des Ozeans ausgesetzt, dem Wetter, der Müdigkeit, dem einsamen Umgang mit den eigenen inneren Themen. Es ist menschlich, in dem Moment, in dem die Dinge unangenehm werden, in dem die eigenen Gefühle schwer zu handhaben sind, nach Möglichkeit abzudrehen und zu türmen, so gut und so schnell es geht. Das heißt in der Folge, dass ich im normalen Alltag unter Umständen über lange Zeiträume nie ernsthaft mit meinem jeweiligen inneren Thema konfrontiert war, beziehungsweise war ich vielleicht damit konfrontiert, aber bevor ich einem Problem zu lange ins Gesicht starren musste, rannte ich lieber. Und das heißt: Meine Themen blieben mir treu erhalten, denn zu ihrer Lösung gehört das Aushalten ohne Ablenkung, das „Kochen im eigenen Saft".

Ich ahne schon seit Beginn unserer Reisevorbereitungen, dass sich die Auseinandersetzung mit einigen meiner Lebensthemen wie Angst, das Gefühl des Fremdseins oder das Annehmen der Gegebenheiten während der Reise und besonders auf Passagen verschärfen wird. Ich werde meinen gewohnten Mustern im Umgang mit diesen Themen nicht mehr folgen können.

Bisher war mir das zwar theoretisch klar, es ist ja sogar einer der Gründe, warum ich zu dieser Reise aufgebrochen bin. Nun aber füllt sich das, was bislang Theorie und abstrakt war, ganz schnell mit Leben.

Aus meinem Logbuch

7. Tag

… Wir bemerken die beginnende Routine in den zu erledigenden Dingen: Für die Verpflegung sorgen, nach der Energie schauen, Wasser machen, Leinen prüfen, Logbuch schreiben, einen Punkt auf der Karte setzen, die elektronischen Geräte laden. Sehr viel mehr findet einfach nicht statt. Ich bin körperlich angestrengt, auch wenn das vielleicht seltsam klingt bei so einem Sparprogramm. Ich sitze lange auf dem kleinen Sitz an der Rumpfspitze in der Sonne und schaue aufs Meer. Mein Blick nimmt die vielen Farben des Wassers auf, die sich permanent wandelnde Wasseroberfläche, die Reflektionen des Lichts, des blauen Himmels und der Wolken. Ich verliere mich darin, gehe tiefer und tiefer in eine hellwache Trance. Ich werde dieses Spiels nicht müde. Bereits in den Jahren vor der Reise entwickelte sich die Erinnerung an solche Situationen zu meinem wichtigsten mentalen Rettungsanker. Ich habe mich unzählige Male in Gedanken hierher versetzt, wenn es im realen Leben so eng wurde, dass ich glaubte, nicht mehr weiterzukönnen. …

8. Tag, Heiligabend

… Ich trage heute zum ersten Mal den ganzen Tag kurze Hosen. Ich spüre, dass ich in diesem Seinsmodus „angekommen“ bin. Die Dinge sind gut. Die Sonne hat Kraft, der Wind ist stet, Oliver und ich haben tierisch gute Laune. Was sich bei ihm darin äußert, dass er ständig singt und keine Gelegenheit versäumt, um zu blödeln und zu lachen. Ich selbst verbringe Stunden damit, leckere Sachen zu kochen und zu backen. Schließlich haben wir Weihnachten. In mir rumort die Sehnsucht nach all denen, die mir nah sind und die wir zurückgelassen haben. Solche Gefühle melden sich wohl besonders gern zu diesem Fest. Dass wir vorhin kurz über Satellit mit Johannes telefonieren konnten, ist die Krönung des Tages. Am Nachmittag sehen wir den ersten fliegenden Fisch – wir hatten uns schon gefragt, ob es auf dieser Route keine Tiere gibt …

10. Tag, 2. Weihnachtsfeiertag

… Die Feiertagslaune ist heute perfekt. Die Nacht war gut, wir erwachen zu blauem Himmel, gemäßigter Welle und einem freundlichen 20-er Wind.

Nachdem ich in den vergangenen Tagen unter erschwerten Bedingungen das in unserer Familientradition unverzichtbare Weihnachtsmarzipan hergestellt habe, rufe ich heute eine weitere Ausprägung der Disziplin „Stilbrüche im Gesamtbild" ins Leben: atlantischer Sauerbraten mit dem kleinsten Hefekloß der Welt. Und da ich selbst auf dieses Essen nicht wirklich stehe und es als Liebesdienst für Oliver koche, der auf alle weiteren Gemüsebeilagen am liebsten verzichtet, lasse ich jegliches Gemüse weg und mache das Glück des Essers vollkommen …

12. Tag

… Letzte Nacht gegen drei Uhr: ich bemerke hinter uns die Lichter eines Schiffes, die garantiert eine Stunde vorher noch nicht da waren, und zwar weder achteraus noch vorn. Das AIS sagt uns, dass es sich um „Cassandra" handelt und dass sie auf dem gleichen Kurs ein ganzes Ende langsamer unterwegs ist als wir. Ich bin ziemlich über ihr plötzliches Erscheinen erschrocken und wecke Oliver. Wir überlegen, was passiert sein kann. Im Grunde genommen gibt es nur eine Möglichkeit: „Cassandra" war aus Energiegründen ohne Beleuchtung und mit abgeschaltetem AIS unterwegs. Wir hatten keine Chance, sie zu bemerken, hatten aber Glück und überholten sie, ohne sie zu rammen. Irgendwann bemerkte der Wachgänger auf der „Cassandra", was vor sich ging und beschloss dann doch, Navigationsleuchten und AIS anzuschalten – allerdings nur für eine Weile, denn bei der nächsten Kontrolle sehe ich sie zwar noch als Licht am Horizont, aber erneut nicht mehr auf dem AIS.

Ich bin verunsichert. Wozu ist man mit AIS ausgestattet, wenn man es nicht nutzt? Kann es wahr sein, dass Leute ohne Beleuchtung in der Gegend herumsegeln? Und was können wir, die wir im Leben nicht auf die Idee kämen, so ein Risiko einzugehen, überhaupt tun, um Unfälle zu verhindern? Eigentlich fällt mir da nur Beten ein, aber das haben wir bei der Segelausbildung nicht gelernt. Ich bin fassungslos. Aber ich lerne dazu: Ab jetzt werden wir bei jedem Kontrollgang einmal das Radar mit einer 10-Meilen-Reichweite zuschalten. Was im Radar nicht sichtbar ist, kann uns auch nicht gefährlich werden.

17. Tag

Ich bringe in gewisser Weise das Kapitel des Tumors in meiner Brust, das äußerlich im August mit der Diagnose begonnen und Ende November mit Abschluss der Radiotherapie geendet hat, kraft meiner eigenen Entscheidung auch innerlich zu einem vorläufigen Ende. Diese Passage über den Atlantik habe ich als meine „Anschlussheilbehandlung" definiert. Sie besteht darin, es mir gut gehen zu lassen, meistens draußen zu sein, gut und maßvoll zu essen, meinem Körper mit den empfohlenen Nährstoffen zu füttern, zu ruhen, zu lachen – mehr, als ich seit Jahren gelacht habe –, zu schreiben und meine Brust- und Armmuskulatur durch gesteigerte Aktivität an der Winsch zu trainieren. Wenn wir ankommen, ist diese „Reha" abgeschlossen. Ich betrachte mich ab da als gesund.

Zum einen fühle ich mich so und wem oder was soll ich denn glauben, wenn nicht meinem eigenen Empfinden? Zum anderen weigere ich mich, ab jetzt über mich selbst in Begriffen wie „Betroffene" oder „Tumorpatientin" zu denken, die womöglich ihr Dasein von einem Nachsorgetermin zum nächsten „verwaltet", die womöglich in einem hinteren Winkel ihres Gehirns darauf wartet, bis „es wieder passiert".

Nein. Ich bin gesund. Ich bin heil. Ob das eine Aussage für den Rest meines Lebens sein darf oder nur bis irgendwann zu einer nächsten unerwünschten Diagnose, kann ich nicht wissen – wer kann das schon? Das heißt nicht, dass ich auf sämtliche empfohlene Nachsorgen verzichten werde. Ich werde weiterhin die verordneten Medikamente nehmen und ich werde zur Nachsorge gehen, wenn schon nicht alle drei Monate, dann doch einmal im Jahr. Und ich werde mit ziemlicher Sicherheit mit Anspannung und Angst hingehen, wenn es so weit ist. Aber das Nachdenken über das, was passieren könnte, wenn es blöd läuft, hat, wenn überhaupt, Zeit bis dahin. Ich gebe dem jetzt keinen Raum. Das kann und will ich so handhaben. Der Rest liegt ohnehin nicht bei mir.

***

Und doch: Bei allem Ernst, bei aller Herausforderung: Was für ein Erlebnis, das Eintauchen in die Wasserwelt, den Ozean, der mit Farbe, Form, Geräusch, Geruch, Geschmack und Bewegung alle Sinne anspricht, der sich mitteilt, 24 Stunden am Tag. Ich spüre seine Kraft, neben der wir so klein sind, so bedeutungslos. Wale, die eine halbe Stunde mit uns reisen: Wir hören sie atmen, wir sehen ihre enormen Schatten unter Wasser im letzten Sonnenlicht, wir sehen sie auftauchen. Wir sind mitten auf dem Ozean und die Größten heißen uns willkommen, geben uns für eine Weile ihr Geleit und machen uns durch ihr bloßes Dasein klar, dass wir Gäste sind, abhängig von ihrem Wohlwollen.

Nachtfahrt, die mich bei aller Angst, die sie mir zu Beginn einjagt, fasziniert, denn sie ist wie ein Abbild unseres Daseins auf der Erde: Ich sehe nichts, kann mich auf nichts vorbereiten. Und aus diesem Nichts trifft mich die Bö, die Welle mit voller Wucht.

Wenn der Mond scheint, dann gleiten wir auf einer glitzernden Straße dahin, über uns eine unendliche Sternenkuppel. Und irgendwann wird die Dunkelheit transparenter, silbriger, bis der Horizont mir im Osten den ersten schmalen Lichtstreifen zeigt. Das Kennenlernen der Einzelheiten unseres Kats, dem wir uns für diese Reise anvertraut haben und zu dem mit jeder Welle, die er abfängt, unser Zutrauen wächst. Unsere Zweisamkeit in einer Art Reinkultur, wird sie doch durch keinen Termin, keine Zeitnot, keinen Menschen gestört. Sie nimmt eine neue Qualität an. Noch nie haben wir uns so allumfassend aufeinander verlassen, noch nie haben wir so pausenlos auf engem Raum zusammengelebt.

Dann kommt unser letzter Tag auf See. Wir sehen die ersten Möwen. Wir drehen ein großes Reff in die Genua, um langsamer zu werden und damit eine Ankunft mitten in der Nacht zu vermeiden.

Ich merke deutlich, dass so eine Ankunft zwei Seiten hat. Banal eigentlich, denn jede Ankunft ist ein Abschied von etwas, das zu Ende geht. Mein Denken geht einerseits zu all dem, worauf ich mich freue und, noch stärker, zu dem, worauf ich neugierig bin. Auf der anderen Seite bin ich erfüllt von den vergangenen beinahe drei Wochen, die reich waren an Eindrücken und innerlichen wie äußerlichen Erfahrungen, die morgen früh zu einem Abschluss kommen.

Karibik:
Zuhause ist, wo ich dazugehöre

Nach dem aufregenden und anstrengenden Novum der Überquerung des Atlantiks landen wir auf Barbados. Unser Weg wird uns ab da von Insel zu Insel führen, zunächst in die südliche und nach Erreichen des Horseshoe Reef in die nördliche Richtung. Die Antillen sind für uns ein wunderbares Revier zum Üben und um uns an unseren neuen Lebensrhythmus zu gewöhnen. Wir haben hier in den vorangegangenen Jahren mehrfach Katamarane für den Zeitraum von ein bis maximal zwei Wochen gechartert. Das heißt, dass wir das Revier ein wenig kennen. Wir wissen, dass die Entfernung zwischen den Inseln selten mehr als einen Tagestörn beträgt. Wir wissen, dass die Ankergründe weitgehend unproblematisch sind. Die Versorgung ist hervorragend, haben wir es doch mit einem hoch entwickelten Revier zu tun, in dem viele Chartersegler unterwegs sind. Das hat den Vorteil, dass wir uns langsam an die zum Teil sehr anderen Bedingungen gewöhnen können, die uns anderswo auf der Welt erwarten werden.

Die Kehrseite dieser Annehmlichkeiten liegt auf der Hand: In jeder Bucht, in die wir einlaufen, liegen bereits 50 oder mehr Yachten vor Anker. Als würde das nicht schon reichen, haben wir es zum Teil mit touristischen Seglern zu tun, die sich oft in gnadenloser Selbstüberschätzung keine Ahnung von irgendwas haben und sich in einer Weise rücksichtslos verhalten, die für sie selbst und andere gefährlich ist. In der Folge werden wir in den Antillen nicht besonders lange verweilen, obwohl wir uns Zeit lassen, viel sehen, und uns ausgiebig ausruhen wollten.

Unsere Ankunft auf Barbados ist für uns beide wie das Eintauchen in eine andere Welt. Bei der Abfahrt von Teneriffa trugen wir warme Kleidung und Schwerwetterjacken. Mit fortschreitender Passage pellten wir uns Stück für Stück aus dieser Kleidung wie aus einer Schale, bis wir uns in kurzen Hosen und Shirts wiederfanden. Hier ist nicht einmal daran zu denken, mehr als das unbedingt Notwendige am Leib zu tragen, denn die Luft ist heiß und sehr feucht. Das Wetter ist unberechenbar. Die Sonne scheint kräftig, nur um von jetzt auf gleich von Böenwalzen mit Starkregen abgelöst zu werden, die meist nur zehn Minuten dauern. Danach scheint die Sonne wieder.

Wir lernen die Gewohnheiten, das gegenseitige Geben und Nehmen unter den Fahrtenseglern kennen. Unsere Ankernachbarn führen uns in den nächsten Tagen in die Geheimnisse des Seglerlebens in dieser Stadt und dieser Bucht ein: wo man sich kostenlos ins Internet einloggen kann, wo man einkauft, wie man sich als Ehrenmitglied für eine Woche im Yachtclub registriert, an dessen Bar es den besten Rumpunsch der Karibik gibt, wo man Duschen mit Wasserdruck und warmem Wasser findet und mehr solch angenehme Dinge.

An einem Nachmittag bemerkt Oliver, dass sich zwei der Nachbaryachten selbstständig gemacht haben und abtreiben. Das finnische Boot neben uns wird sofort wieder geankert und liegt danach stabil. Die Eigner des anderen Bootes sind offenbar nicht an Bord. Die unmittelbar in der Nachbarschaft Ankernden bemühen sich, größeren Schaden vom eigenen Boot abzuwenden und gleichzeitig das treibende Schiff, einen Zweimaster aus Dänemark, irgendwie aufzuhalten. Innerhalb kurzer Zeit sind vier Männer mit ihren Dinghis und ein wenig später auch die Barbados Coast Guard vollauf mit dem Schiff beschäftigt.

Auf der abtreibenden Yacht steckt kein Zündschlüssel, alles ist abgeschlossen. Die Kettenlänge beträgt eineinhalb Mal die

Wassertiefe – normalerweise gibt man ungefähr die fünf- bis siebenfache Wassertiefe. Zwei Stunden Chaos später liegt das Boot im Päckchen mit einer englischen Yacht, gepolstert durch ungefähr 20 Fender, Leihgaben der umliegenden Schiffe, und bewacht vom englischen „Päckchengastgeber" sowie einem weiteren Nachbarn. Irgendwann müssen die Besitzer doch kommen.

Das tun sie auch. Ziemlich spät am Abend, es ist längst dunkel, treffen sie ein, finden ihr Boot und sind vermutlich sehr froh. Und ein bisschen Reue spüren sie auch. Am nächsten Abend geben sie am Strand für die Helfer einen aus.

So läuft das. Du schaust nach den Booten der Langfahrtnachbarn genauso, wie sie nach deinem schauen. Du kennst ihre Namen, fährst auf einen Kaffee vorbei, wäschst eine Runde Wäsche für sie, weil du eine Maschine hast und sie nicht, schreist Alarm, weil du beim Mittagessen siehst, dass das Dinghi der Finnen neben dir das Weite sucht.

Diese Art von Kontakt fühlt sich bisher gut und richtig an, vermittelt ein Gefühl der Zugehörigkeit und Sicherheit. Und dass die Anderen sich um dich ebenso kümmern wie du dich um sie, zeigt sich nur wenige Tage später.

Gegen 11 Uhr fährt Oliver mit dem Dinghi zum Ausklarieren, denn morgen wollen wir die Fahrt Richtung Grenadinen antreten. Ich freue mich auf mindestens zwei Stunden Ruhe und setze mich an den Laptop, um eine Weile zu arbeiten. Das Wetter ist wie mittlerweile gewohnt: sehr warm, mit immer wieder durchkommenden Güssen, die von Böen angekündigt werden. Heute erscheinen mir diese Böen besonders stark, aber ich muss wohl sehr konzentriert gearbeitet haben, denn ich nehme um mich herum absolut nichts wahr.

Irgendwann schaue ich auf und sehe zu meinem Schrecken, dass der große Zweimaster aus Holland, der in ziemlicher Entfernung schräg hinter uns gelegen hat, gerade mal noch 30 Meter von uns entfernt ist. Mein Hirn sagt „Der treibt!", macht sich dann aber doch an die Analyse und kommt zu dem Schluss, dass das Boot in diese Richtung gar nicht treiben kann. Nach weiteren Nanosekunden die Erkenntnis: „ICH treibe!"

Ich starte die Motoren. In diesem Moment kommen die finnischen Nachbarn, die gesehen haben, was sich tut, um zu helfen. Wir lichten den Anker, um im Bogen dahin zurückzufahren, von wo ich abgetrieben bin, und dann neu zu ankern. Bis hierher bin ich ziemlich ruhig und konzentriert. Es kann ja eigentlich nichts passieren, wenn ich am Ruder sitze und notfalls so lange im Kreis fahre, bis Oliver zurück ist.

Leider muss ich feststellen, dass mein Boot nicht tut, was ich ihm sage. Das heißt, ich steuere zwar, aber die Schiffsbewegung folgt dem Steuer nicht. Ich versuche diverse Vorwärts- und Rückwärtsbewegungen und merke, dass der linke Antrieb offenbar gar nicht funktioniert. Jetzt bekomme ich Panik, rufe hektisch Oliver an, bei dem mein Zustand deutlich ankommt und der verspricht, so schnell wie möglich zurückzukommen. Dann fahre ich mit nur einem Motor weiter. Das geht zwar, aber bei engeren Manövern ist es eine Zitterpartie. Wir kriegen zu dritt das Boot wieder ungefähr an die Ausgangsstelle und lassen den Anker fallen. Er hält nicht gut, aber für den Moment geht es. Oliver kommt, die Finnen gehen. Oliver glaubt mir zunächst nicht, dass der linke Propeller nicht funktioniert. Nach dem Essen taucht er, um zu prüfen, ob etwas zu sehen ist. Und, oh Mann, ist da was zu sehen! Er zieht nach und nach ein ganzes Kleid in Fetzen aus dünnem Stoff vom Propeller. Es tut mir ehrlich gesagt schon ein bisschen gut, dass ich nicht ganz hysterisch bin.

Zwei Fragen bleiben natürlich bestehen: Wieso, zur Hölle, passieren erstens solche Sachen grundsätzlich, wenn ich alleine bin? Das muss dem gleichen Gesetz folgen, das dafür verantwortlich ist, dass, wenn Kids sich so verletzen, dass man mit ihnen zum Arzt muss, es grundsätzlich Wochenende ist. Und hätte es zweitens für den Anfang nicht gereicht, wenn einfach der Anker nicht gehalten hätte? Wieso muss dazu auch noch jemand ihr Kleid verlieren und ich es aufsammeln?

Nachdem Oli bei der Immigration unsere Papiere abgeholt hat, beschließen wir, uns ganz zu verlegen, und zwar so nah wie möglich an den Strand, wo das Wasser helltürkis ist, was bedeutet, dass wir dort Sandboden haben. Ab da liegen wir so schön, dass es richtig schade ist, am nächsten Tag abfahren zu wollen.

Wir segeln nachmittags los Richtung Bequia, das zu den Grenadinen gehört. Bis dorthin sind es um die 110 Seemeilen, wir werden über Nacht unterwegs sein und morgen früh ankommen.

In Bridgeport haben wir uns einen neuen Köder zum Schleppangeln montieren lassen, den wir an diesem Tag ausprobieren. Nach zwei Stunden ist es so weit – ein Fisch hat angebissen. Oliver kurbelt mit einiger Mühe das an der Angelschnur zerrende Tier Richtung Boot. In ungefähr 30 Metern Entfernung springt der Fisch aus dem Wasser und bäumt sich auf. Er ist groß. Er kämpft um sein Leben mit allem, was er hat. Aber gegen die Technik, die wir einsetzen, um ihm dieses Leben zu nehmen, hat er keine Chance. Wir finden später heraus, dass es sich um eine Goldmakrele handelt, sie ist 60 Zentimeter groß und atemberaubend schön. Ihre Farbe changiert zwischen leuchtendem Grün und Blau. Wie wir es gelernt haben, gießt Oliver dem Fisch Alkohol in die Kiemen, um ihn zu töten, woraufhin er sich zunächst nicht mehr bewegt. Ich will ihm die Kehle durchschneiden und ihn ausbluten. Aber plötzlich bewegt er sich wieder, und ich kann an seinen Kiemen immer noch einen schwachen Herzschlag sehen. Sein Sterben fühlt sich ewig an. Irgendwann ist er tot. Ich öffne ihm den Leib und entferne die Eingeweide. Ich filetiere ihn, so gut ich es verstehe. Es ist entsetzlich.

Als ich fertig bin, breche ich regelrecht zusammen. Ich kann nicht mehr aufhören zu weinen und dem toten Fisch zu sagen, wie leid mir tut, was ich ihm angetan habe. Dann werfe ich die Fischreste ins Meer und weine weiter. Oliver ist in einem ähnlichen Zustand.

Wir können an dem Tag nicht mehr wirklich irgendetwas essen, wir sind wie vor den Kopf geschlagen. Wir können uns nur trösten, indem wir miteinander darüber sprechen, was das Erlebnis für uns bedeutet. Wir sind uns sicher, dass unsere Anglerkarriere hiermit beendet ist. Wir können zwar angeln, aber wir wollen es nicht. Und es gibt keine Angelpflicht, bloß weil wir auf dem Meer unterwegs sind. Trotzdem essen wir am nächsten Abend die Hälfte des Filets. Die andere Hälfte gibt es einen Tag später. Wir sind es dem Fisch schuldig.

Unser Weg führt uns in südliche Richtung über die Privat- und Prominenteninsel Mustique bis zum Horseshoe Reef. Da unser Zeitplan es ausschließt, noch weiter in den Süden zu segeln, kehren wir hier nach Norden um, denn unsere Reise soll von den Antillen über die Bahamas nach Florida führen. In mehreren Etappen segeln wir über Canouan, Bequia und St Vincent nach St Lucia.

Das Reisen in kurzen Schlägen tut uns zu diesem Zeitpunkt gut. Wir beginnen langsam, die Getriebenheit unseres bisherigen Alltags hinter uns zu lassen. Seit 30 Jahren kannten wir nichts anderes als einen termingetakteten, übervollen Berufsalltag und den verzweifelten Versuch, daneben auch noch für unsere Kinder und für uns selbst da zu sein. Ein Leben, wie wir es jetzt führen, kannten wir nicht: ein Dasein mit überschaubaren Aufgaben, viel Ruhe und Raum zum einfachen Sein, zum Fühlen und Denken, zum Fokus auf uns selbst. Die Vielschichtigkeit meines bisherigen Alltags macht einer schon vom räumlichen Aspekt her gesehen kleinen Welt Platz. Der Tagesablauf richtet sich nach Tageszeit, Temperatur und Sonneneinstrahlung und, sofern wir segeln, nach Wetter- und Wellenverhältnissen.

Unter Fahrtensegeln stellt man sich zunächst ja automatisch ein mehr oder weniger ständiges Unterwegssein vor. Das trifft so nicht zu. Tatsächlich verbringen wir deutlich mehr Zeit vor Anker, als dass wir unterwegs sind. Am Morgen stehe ich aufgrund der zunehmenden Wärme in der Kabine früh auf. Ich mache ein paar Yogaübungen, bevor ich ins Wasser springe. Oft ist die Unterwasserwelt in den Ankergründen nicht besonders schön. Was dort vielleicht einmal belebt war, ist im Lauf der Zeit durch unzählige Ankermanöver zerstört worden. Ich schwimme ein gutes Stück und kehre zum Frühstücken an Bord zurück.

Manchmal aber, besonders in Buchten mit angelegten Bojenfeldern, beginnen direkt neben dem Schiff unter Wasser Korallenfelder, deren bunte Schönheit zu „erschnorcheln" wunderbar ist. Im kristallklaren, türkisfarbenen Wasser offenbaren sich, gesprenkelt von den Reflexen des glitzernden Sonnenlichts, unendlich viele Farben und Formen, neugierige kleine und größere Fische, unglaublich geformte Gewächse, Seeanemonen, Korallen und Seegrasfelder. Mit ein wenig Glück durchpflügt sogar eine grasende Wasserschildkröte die Szenerie. Nach dem Frühstück machen wir uns an die Erledigung von Alltagsaufgaben. Wir haben sie ziemlich traditionell verteilt. Während Oliver sich in der Hauptsache um die Instandhaltung des äußeren Schiffes und um die Technik kümmert, sorge ich für die klassischen Haushaltsdinge: Lebensmittel beschaffen, kochen und backen, die Räume an Bord sauber halten, die Wäsche waschen. So puzzelt jeder vor sich hin und wir treffen uns zwischendurch zum Essen, zum Trinken oder zu kurzen „Schnacks".

Über die Mittagsstunden ist es in diesen Breiten zu heiß, um aktiv zu sein. Wir verwandeln vor Anker das Cockpit durch eine Zeltbahn, die sich am Bimini befestigen lässt, in einen angenehmen Schattenraum, in dem man es gut aushalten kann. Wir hüpfen ins Wasser, um uns abzukühlen, und überlassen uns dem Nichtstun, bis die Temperaturen es am späteren Nachmittag wieder zulassen, aktiv zu werden. Dann brechen wir auf zu Landgängen, zum Schnorcheln oder zu Besuchen bei unseren Nachbarn.

Sobald wir segeln, reduzieren sich unsere Aktivitäten noch mehr. Wenn das Schiff in Bewegung ist, erledigen wir Arbeiten an Bord selbst bei ruhigem Wetter nur, falls etwas sofort gemacht werden muss. So ergibt es sich von selbst, dass wir viel Zeit damit verbringen, einfach nur zu sitzen und zu schauen.

Das Meer wandelt sich ständig. Präsentierte es sich vor dem Lichten des Ankers noch in hellem Türkis, so verdunkelt sich seine Farbe, sobald wir die Bucht verlassen haben. Der Wind frischt auf und setzt den immer noch freundlichen kleinen, dunkelblauen Kabbelwellen Schaumkrönchen auf.

Eine Stunde später, auf dem offenen Meer zwischen den Inseln, ist jede Freundlichkeit wie weggefegt. Das Wasser ist schwarz, die Schaumkronen beginnen zu fliegen. Für eine Weile ändert sich auch das Geräusch, das uns begleitet. Aus dem gemütlichen Knattern der Segel, dem Knarzen der Wanten und dem leisen Platschen der Wellen gegen die Bordwand wird eine alles übertönende Geräuschkulisse. Das Wasser scheint zu kochen.

Nur eine weitere Stunde später beruhigt sich der Wind und mit ihm die See. Und wie um den Frieden wieder einzuläuten, sind wir plötzlich umgeben von einer mindestens 30-köpfigen Delphinschule, die uns begleitet und um den Katamaran herum und zwischen seinen Rümpfen spielt und deren Mitglieder sich gegenseitig an Kunstfiguren überbieten.

Auf St. Lucia mieten wir ein kleines, auf dem letzten Loch pfeifendes Auto, um damit die Insel zu erkunden. Hier zu sein ist mir ein besonderes Freudenfest, weil einer meiner Lieblingsdichter, Derek Walcott, auf St. Lucia geboren und aufgewachsen ist,. Sein Werk besingt immer wieder die tiefe Verbundenheit mit seiner Heimat. Er stammt aus Castries und daher ist diese kleine Stadt auch unser erstes Ziel. Ich hoffe, dort einen Buchladen und vielleicht ein Museum zu finden. Beide Hoffnungen erfüllen sich nicht. Aber seine Beschreibungen von St. Lucia beginne ich nachzuvollziehen. Und das macht mir große Freude.

Oliver, mein Held, übernimmt das Fahren auf der linken Straßenseite. St. Lucia kann man sicher nicht „groß" nennen. Trotzdem sehen wir von unserer Abfahrt um 9 bis zur Rückkehr um 16 Uhr nicht mehr als einen Teil der Insel. Die Qualität, die wir buchstäblich erfahren, ist Langsamkeit. Eilig darf man es hier nicht haben. Wir fahren ungefähr 100 Kilometer, von Rodney Bay im Norden der Westküste bis zu den Pitons bei Soufrière, wo wir vor einigen Tagen einklariert haben. Der große und der kleine Piton, die Spitzen von zwei nicht mehr aktiven Vulkanen, ragen als Wahrzeichen von St. Lucia dunkel und schroff aus dem Wasser. In ihrer kargen Schönheit wirken sie von der Seeseite aus überwältigend, fast beängstigend.

Aus meinem Logbuch

Ein schlafender Hund am Straßenrand. Und noch einer. Ein angebundenes Pferd, das seinen Hintern mitten auf die Straße streckt und uns neugierig entgegenschaut. Ein alter Mann im Lendenschurz mit nacktem Oberkörper, der barfüßig ein in Stoff gewickeltes Paket auf seinem Kopf die Straße entlang trägt. Ein sehr junger, sehr dunkelhäutiger Polizist, der uns fragt, ob alles in Ordnung sei und ob wir auch finden würden, was wir suchen. Szenen auf dem Fischmarkt, der schlecht riecht und lebhaft besucht ist. Bananenplantagen. Frauen, die bis zu den Knien im Fluss stehen und ihre Wäsche waschen. Männer mit großen Mützen, unter denen sie ihre Rastas verstaut haben. Das deutsche Honorarkonsulat in Soufrière mit schwarz-rot-gelbem Zaun, in dem außerdem ein deutscher Schönheitssalon und ein Bierlager untergebracht sind. Die Straße, die sich durch eine Art Urwald schlängelt. Ein Straßenarbeiter auf einem gelben Raupenbagger, der uns lachend durch die Baustelle winkt. Ein Mann mit einer großen Schlange um den Hals, mit der er versucht, Touristen zum Anhalten zu bewegen. Elende Hüttensiedlungen. Stattliche, farbenprächtige Häuser. Kinder und Jugendliche in Schuluniformen, die kleinen Mädchen mit dicht am Kopf in Mustern geflochtenen Haaren, geschmückt mit ungefähr 20 bis 30 bunten Bändchen und Spangen pro Kopf. Vorzugsweise dicke, schwitzende, weißhäutige Touristen von den beiden riesigen Kreuzfahrtschiffen in Castries. Farben über Farben, Gerüche, Bewegung, Form. Meine Sinne werden heute satt.

Nachdem wir in Soufrière zu Mittag gegessen haben, suchen wir uns den Weg zum Botanischen Garten mit seinem Wasserfall. Er ist klein, ein ungefähr anderthalbstündiger Spaziergang. Wir sind fast allein dort. Es ist wundervoll. Grün in tausend Schattierungen, jede erdenkliche Blatt- und Baumform, Riesenfarne, Lianengewächse, Bambus von enormer Dicke, Blüten in Vielfalt, Kolibris und andere Vögel und das Wasser des Falls und des Bachlaufs in einem Grauton, den ich noch nie gesehen habe. Es wechselt angeblich täglich seine Farbe, weil es außer

Schwefel auch Kadmium und andere Mineralien enthält, und je nach dem gerade vorherrschenden Mineral erscheint das Wasser gelb, grün, rot oder grau. Wir lustwandeln durch diesen Garten, lesen Informationstafeln zu den verschiedenen Pflanzen, schauen und lauschen, riechen und fühlen. Dieser Tag ist ein weiteres unter so vielen Geschenken, die uns täglich überreicht werden.

***

Von St Lucia nach Martinique unternehmen wir die kurze Passage von 22 Seemeilen. Wir fahren mit zweifachem Reff, denn der Wind ist in den Böen teilweise heftig. Der Seegang ist auch nicht wirklich gemütlich, aber unser Tempo passt offenbar gut zur Länge und Höhe der Wellen. Es macht Spaß, sich mit ihnen anzulegen. An ein Segeln unter Autopilot ist auf unserem Kurs mit dieser Art Welle allerdings nicht zu denken, also sitzen Oliver und ich abwechselnd am Steuer.

Es ist Freitag und daher sind viele Boote in die gleiche Richtung wie wir unterwegs. Freitagabend müssen die Charterboote zurück im Heimathafen sein. Le Marin ist ein typischer Charterstützpunkt, den wir aus den Zeiten kennen, als wir selbst zu den Einwochenbesuchern zählten.

Wir planen, *Fat Cat* an eine Mooringboje zu legen und kommende Woche auf einen Platz in der Marina umzuziehen, damit die Reparaturen, die wir hier machen lassen wollen, unkomplizierter ablaufen. Ich will auch einen Großeinkauf machen, um mal wieder die Nahrungsmittelvorräte aufzustocken, denn wir befinden uns in Frankreich, und es gibt alles, auch wenn es teurer ist als auf dem französischen Festland. Bezahlt wird mit Euro, das Telefonieren ist europäisch bezahlbar. Ich freue mich sehr auf Le Marin, es ist ein wenig wie Nach-Hause-Kommen.

Die Erfahrung lehrt uns anderes. Wir versuchen während der Annäherung auf Le Marin unentwegt, uns auf dem zuständigen Sprechfunkkanal anzumelden, erhalten aber keine Antwort. Daher suchen wir uns eine passende Mooringboje aus, legen uns dorthin, und Oliver geht einklarieren. Die Dame im Hafenbüro teilt ihm unfreundlich mit, sie könne keinerlei Auskunft geben, er müsse Kanal 9 anrufen. Olivers Einwand, das habe er ergebnislos versucht, interessiert sie nicht. Wir versuchen nach seiner Rückkehr nochmals Kanal 9 und tatsächlich ist diesmal jemand zu Hause. Dieser Mensch ist allerdings noch unhöflicher als seine Kollegin. Es gebe weder freie Marina- noch Bojenplätze, teilt er uns mit. Die Frage, ob wir vielleicht reservieren könnten, würdigt er keiner Antwort. Wir verlassen die Boje und suchen uns einen Ankerplatz. Den finden wir in einer Seitenbucht, in der nicht viel los ist. Es scheint ein Platz zu sein, an dem diverse Segler mit gemischtem Erfolg vor Hurrikanen Schutz gesucht haben – hier und da sehen wir halbe oder ganze Bootswracks in den Mangroven hängen. Ich bemerke zum ersten Mal Boote von Leuten, die ganz augenscheinlich nicht mehr von hier wegkommen werden. Es ist sichtbar, dass auf diesen Booten jemand wohnt, dass jemand versucht, sich auf einer zugemüllten Schiffsruine einzurichten. Das berührt mich. Wer auch immer hier lebt, hat sich den Ausgang seiner Segelreise ganz sicher so nicht vorgestellt.

Ich bin unglücklich mit diesem Liegeplatz, kann aber erst nach längerem Nachdenken sagen, warum. Ich habe meine Erwartungen an ein französisches Département, ohne es zu merken, sehr hoch gehängt. Bei unserer Ankunft stellt sich dann eben heraus, dass hier keiner auf uns gewartet hat und dass diese Leute offenbar so gut im Geschäft sind, dass sie nicht einmal die Grundformen der Höflichkeit nötig haben.

Nun ist das Gefühl, irgendwo nicht willkommen zu sein, für mich ein schwieriges persönliches Thema. Vielleicht verdanke ich das der Tatsache, dass ich die Tochter von Flüchtlingen aus Ostpreußen bin. Heute weiß man, wie viel an traumatischen Erlebnissen sich stillschweigend von einer Generation auf die nächste überträgt. Wenn ich den Eindruck habe, nicht willkommen zu sein, drehe ich gewöhnlich sofort ab und bin weg. Das kann ich hier erst mal nicht und das ist auch gut so. Ich glaube, es ist sehr gesund, mich dem Nicht-erwünscht-Sein auch einmal nicht entziehen zu können, leben doch viele Menschen auf der

Welt ständig mit solchen Erfahrungen. Schön ist es trotzdem nicht. Nachdem mir aufgegangen ist, worum es bei meinem miesen Gefühl wirklich geht, bin ich auch schon wieder fast im Frieden.

Zumindest zeigt sich noch am selben Abend, dass wir einen guten Teil unserer Reparaturpläne auf den Weg bringen können. Wir profitieren dabei enorm von der Tatsache, dass hier viele Yachten unterwegs sind. Das Angebot an Handwerkern, Reparaturmaterial und Ersatzteilen lässt nichts zu wünschen übrig.

Der humorige Spruch, um die Welt zu segeln sei gleichbedeutend damit, sein Boot an den schönsten Stellen der Welt zu reparieren, ist hinlänglich bekannt. Auch wir werden immer wieder gefragt, ob an unserem Boot eigentlich noch irgend etwas im Originalzustand sei, nachdem wir ständig Teile ersetzen und rumbasteln. Vielleicht lohnt es sich, das Thema ein wenig in die richtige Perspektive zu setzen.

So ein Boot ist ja so etwas wie eine multiple Persönlichkeit, und das mit allen Vorzügen und Macken, die man sich vorstellen kann. Es ist Behausung, es ist Fahrzeug, es ist Elektrizitäts- und Wasserwerk. Und was auch immer wir davon gerade betrachten, es ist im Vergleich zu den Entsprechungen zu Hause Extremen ausgesetzt: dem Salzwasser, den Kräften des Ozeans, Wind und Wetter, dem tropischen Klima mit seiner hohen Luftfeuchtigkeit und der Sonne.

An das Material und seine Verarbeitung sowie an die Technik sind höchste Anforderungen gestellt. Alles bis zum kleinsten Schäkel braucht regelmäßige Aufmerksamkeit und Pflege, denn wo wir zu Hause bei egal welchem Schaden den Handwerker rufen oder in die Werkstatt fahren oder – falls das nicht mehr möglich ist – vom Straßenrand weg abgeschleppt werden, bedeutet ein Schaden auf hoher See unter Umständen eine Katastrophe, für die es keine Hilfe von außen gibt. Die Dichtigkeit der Türen und Luken, die Sauberkeit an Bord, die wichtig ist, um Ungeziefer und Schimmel zu vermeiden, der intakte Sonnenschutz am Cockpit, das laufende und stehende Gut und die Segel. Technische Ausstattung wie Autopilot, AIS, Radar, Funk,

Satellitentelefon mit all ihren Bildschirmen. Die Motoren. Das Dinghi mit seinem Außenborder. Der Wasserentsalzer und die Wassertanks. Der Generator. Die Solar- und Windanlagen. Die Batterien. Die elektrische Ausstattung an Bord. Die Heizung und Kühlung. Die sanitären Anlagen mit all ihren Pumpen und Verrohrungen. Die Seeventile. Die Kühlschränke und der Herd. Die Waschmaschine …

Materialchecks, Öl- und Filterwechsel, Salzentfernung, Reinigung und Spülungen – all das ist an der Tagesordnung. Und wo auch immer der kleinste Schaden zu finden ist, da wird entweder repariert oder ersetzt, denn, siehe oben, mitten auf dem Ozean oder irgendwo in der Südsee sind wir auf das angewiesen, was wir an Bord haben, oder wir müssen sehr lange Wartezeiten in Kauf nehmen, bis bestellte Teile ihren Weg zu uns finden.

Konkret heißt das für uns: Der Wassermacher ist ein System, das mit 50 bar arbeitet und deshalb ab und zu ein bisschen Liebe und Wartung benötigt. Und er braucht Energie, weshalb wir einen Generator an Bord haben, der uns fernab der Marina mit 230 Volt versorgt. Auch er verlangt Aufmerksamkeit. Gerade haben wir das Öl gewechselt und die Filter erneuert, eben den Aufwand betrieben, den es kostet, ein verlässliches Gerät zu haben.

Und weiter mit der Energie: Wir haben für die Stromversorgung nicht nur etwas mehr als eine dreiviertel Tonne Batterien an Bord, sondern auch Solarpaneele und einen Windgenerator, um diese Batterien zu laden. Nicht wirklich überraschenderweise brauchen auch Batterien und Solarpaneele Zuwendung und gelegentliche Reparatur. Deshalb werden einige korrodierte Kabel an den Batterien ausgewechselt und die Solarpaneele mit größerem Querschnitt angeschlossen. Außerdem montieren wir einen Batterie-Monitor, sodass wir nicht mehr raten müssen, wann wir als Nächstes den Generator anwerfen müssen.

Dann liegen wir – auch wenn es manchmal so aussieht – nicht immer nur faul in irgendwelchen Buchten herum, sondern segeln natürlich auch. Die alten Segel des Vorbesitzers haben wir vor der Abfahrt erneuert, aber auch die Leinen sind zum großen

Teil bereits 10 Jahre alt. Leinen sind teuer, speziell wenn man die neuen Leinen aus Dyneema oder Spectra haben will, die sich praktisch gar nicht mehr längen. Glücklicherweise findet Oliver hier im Werftbereich einen Zubehörhändler, der vorkonfektionierte Dyneema-Leinen zum halben Preis anbietet, die irgendein Segler bestellt, aber nicht abgeholt hat. Oliver wühlt lange in der Ecke des Ladens, bis er die richtigen Farben in den richtigen Längen findet. Wir sparen bei diesem Schnäppchen viel Geld und haben ab jetzt nur noch zwei alte Leinen im Gebrauch.

Wir lassen den Fahr-Dieseln einen Öl- und Filterwechsel angedeihen, wobei wir entdecken, dass der eine Auspuff einen kleinen Riss hat – deshalb liegt jetzt hier ein neuer, der morgen eingebaut wird.

Unser Außenborder bekommt zum ersten Mal seit zwei Jahren eine Wartung und dabei zeigt sich prompt, dass seine Wellendichtung undicht ist. Das kostet uns nur 17 Euro für Teile und 30 Euro für den Einbau. Es wäre aber, wenn wir es nicht entdeckt hätten, irgendwann richtig teuer geworden – Seewasser im Motor fördert die Korrosion.

Wir haben zwei Wassertanks von je 300 Litern, benutzten aber bisher den einen nur ungern, weil sein Füllstandsanzeiger schon seit der Übernahme von *Fat Cat* defekt war. Bekanntlich ist so ein Tank genau dann leer, wenn man eingeseift unter der Dusche steht ... Seit heute haben wir wieder zwei Anzeigen und können daher beide Tanks stressfrei benutzen.

Wir lassen unsere Lazy Bag nachnähen und verstärken, da sie ein paar Löcher bekommen hat. Ich nähe das Bimini nach, wo sich eine Naht gelöst hat. Wir stellen die Navigationslampen auf LED um. Wir erledigen also ein ordentliches Pensum. Gottseidank nimmt die Sorge ums Boot nicht immer dieses Ausmaß an. Schön ist, dass Oliver die meisten Arbeiten richtig Spaß machen. Er liebt das „Basteln" generell und lernt ständig dazu, indem er dem jeweiligen Spezialisten über die Schulter schaut. Die meisten Sachen wird er beim nächsten Mal selbst erledigen können.

Und was mache ich die ganze Zeit über, wenn Oliver unsere Geräte wartet? Ich stehe daneben, schaue, als ob ich verstünde, was er tut. Und in ganz hellen Momenten reiche ich ihm das richtige Werkzeug zur richtigen Zeit.

Nachdem wir mehr als eine Woche in Le Marin verbracht haben, ziehen wir weiter. Morgens lasse ich mich noch mithilfe eines zweiten Sicherungsmanns an die Mastspitze ziehen, um dort auch das Ankerlicht auf LED umzurüsten. Dann unternehmen wir eine kleine Tour nach Sainte-Anne, um Müll wegzubringen und Früchte und Gemüse einzukaufen.

Die heute geplante Segelstrecke von drei Stunden in Richtung Dominica ist ereignislos. Wir sind faul und haben uns auf das Setzen der Genua beschränkt. Sie zieht uns an der Küste entlang nordwärts, einige Buchten weiter.

Aus meinem Logbuch

Ich lege mich vorn auf eines der Trampoline, schließe die Augen und horche. Stell dir vor, du liegst auf dem Rücken. Du kannst die Sonne „sehen", sogar durch deine geschlossenen Augenlider hindurch. Sie wärmt deine Haut, ohne aufdringlich zu sein. Der Wind streicht über dein Gesicht, ganz sanft, als wolle er dich streicheln. Die Unterlage ist geschmeidig, fester als eine Hängematte, aber doch nachgiebig und weich. Wenn du die Augen öffnest, siehst du über dir das große weiße Segeltuch mit den schmalen roten Streifen, es ist in ständiger Bewegung. Aber die Augen lange offen zu halten ist viel zu anstrengend. Sie fallen ganz von selbst wieder zu. Und du lauschst. Dein gesamtes Hören ist erfüllt von den Geräuschen des Wassers. Glucksen, schmatzen, fließen, spritzen, platschen. Je länger du da liegst, desto mehr verlierst du dich in dieser Kulisse aus Wassertönen. Je länger du darin eintauchst, desto mehr werden diese Laute zu Sprache, zu Musik. Es scheint dir, als seien dies Laute, die dich dein Leben lang begleitet haben, die mit dir gespielt haben und zu deiner Freude da waren, die dich getröstet haben und ermahnt oder die ganz einfach mit dir geplaudert haben, ganz gleich, ob du durch den Wald gegangen bist, ob du auf windigen Höhen unterwegs warst, ob du geträumt hast oder im inneren oder äußeren Zwiegespräch warst. In diesem Soundtrack sind alle nur möglichen Stimmen, alle Geräusche, alle Gedanken und Gefühle und Träume, Farben und Empfindungen enthalten. Alles, was du tust, ist, zu erlauben, dass die Töne dich umhüllen, umschmeicheln, durchdringen und halten. Dass sie durch dich hindurchfließen und alles das aus dir herausspülen, was du in diesem Moment nicht brauchst. Für eine kleine Weile hörst du auf, zu sein, verschmilzt mit allem, was dich umgibt.

Dieser Zustand ist für mich das, was dem Glück am nächsten kommt. Und es ist nicht mehr schlimm, wenn dieses Gefühl unterbrochen wird. Es hat eine Tür, durch die ich jederzeit wiederkommen kann, wenn ich es nur möchte.

***

Dominica gehört zum Commonwealth und ist selbstständig. Im Jahr fallen hier 10 Meter Regen, wovon wir auch ein Stück abbekommen. Die Insel ist wundervoll grün, die Vegetation üppig. Wir segeln bis in die Prince Rupert Bay im Norden. Als wir vor einigen Jahren hier waren, war unsere Yacht die einzige in der Bucht. Heute ist dieselbe Bucht sehr belebt. Wir sind noch nicht richtig da, da besucht uns bereits der erste Boat Boy. „Wanna mooring?" – Ja, wollen wir. Der Nächste: „Wanna make a tour on the Indian River?" – Ja, wollen wir, aber erst morgen.

Weitere junge Leute machen ihre Aufwartung: Ein Obst- und Gemüseboy, der eine Bestellung aufnimmt, die er später an unseren Ankerplatz liefert. Ein Boat Boy, der uns eine Reservierung für ein Restaurant anbietet. Wollen wir nicht. Einer, der uns zum Strandbarbecue überreden will. Wollen wir auch nicht. Und dann noch ungefähr zehn weitere, die in Wiederholung Früchte, Touren und Restaurants anpreisen. Zum Glück verstehen sie sofort, wenn wir Nein sagen, und lassen uns dann auch in Ruhe.

Am nächsten Morgen brechen wir zu einer Tour auf dem Indian River auf. Ein Führer namens Charlie holt uns mit seinem Boot ab, wir preschen über die Bucht bis zur Mündung des Flusses. Kurz darauf schaltet Charlie den Motor ab und ab da wird gerudert.

Dieser Teil des Flusses liegt in einer Art Naturschutzgebiet, das Fahren unter Motor ist verboten. Charlie ist kommunikativ und freundlich und hat nicht nur eine Menge über Geschichte, Flora und Fauna von Dominica, sondern auch über die Dreharbeiten bei der Entstehung von „Pirates of the Caribbean" zu berichten. Ich höre den Stolz auf seine Heimatinsel in seinen Sätzen und kann ihn sehr gut verstehen.

Auf der nächsten Insel, Guadeloupe, verweilen wir einige Tage. Wir erforschen mit einem kleinen Auto das Inselinnere, kaufen ein, essen gut und hängen ab. Als wir ausklarieren wollen, um die Passage nach Antigua anzutreten, erreicht uns die Nachricht, dass der Makler in Deutschland unser Haus verkauft hat. Mindestens einer von uns wird nach Stuttgart reisen müssen, um es vollends auszuräumen und das, was uns am Herzen liegt, einzulagern, diverse Papiere zu unterschreiben und was man so alles tut, wenn man auf der Schwelle zur „Obdachlosigkeit" steht. Im Ernst, ab jetzt werden wir wohnsitzlos sein! Und da ich im Mai ohnehin nach Stuttgart kommen soll, um meinen ersten Brustkrebs-Nachsorgetermin zu absolvieren, werden wir den Termin vorziehen und die Reise gemeinsam unternehmen.

Das bedeutet, dass unser Katamaran eine Weile allein hier liegen bleibt. Wenn wir zurückkommen, werden wir ohne lange Aufenthalte mit der groben Richtung USA-Ostküste aufbrechen. Wir müssen bedenken, dass ab Ende Mai in dieser Region die Hurrikansaison beginnt. Bis dahin wollen und müssen wir schon ein ganzes Stück in nördlicher Richtung vorangekommen sein.

***

Ich sitze im Zug nach Paris, von wo aus wir morgen das Flugzeug zurück nach Guadeloupe nehmen werden. Eine anstrengende Zeit von zehn Tagen liegt hinter uns. Der Immobilienmakler hatte einen Käufer für unser Haus gefunden und bereits den Notartermin vereinbart. Aus diesem Grund sind wir sehr kurzfristig nach Stuttgart gereist. Wir haben mit Unterstützung meines Bruders, unseres Sohnes Johannes und meiner besten Freundin unser Haus geräumt und endgültig verlassen.

Innerlich ist es jetzt ein noch ausgeprägteres Auf-die-Reise-Gehen als bisher.

Es ist ein Unterschied, ob ich die Tür meiner Wohnung schließe und mich aufmache in dem Wissen, jederzeit genau hierher zurückkommen zu können, oder ob ich mich ohne einen solchen Fixpunkt auf die Reise begebe. In gewisser Weise sind wir ab sofort also in Deutschland obdachlos. Ich denke viel darüber nach, was es mit dem Begriff „Heimat" auf sich hat. Ich habe mich immer für eine heimatlose Person gehalten, dazu geworden durch meine Eltern, die im Krieg ihre Heimat verloren und innerlich nie wieder eine neue gefunden haben. Mit unserer Abreise habe ich die Idee verbunden, diese meine Heimatlosigkeit gewissermaßen zu kultivieren, indem ich mich auf Wanderschaft begebe und dabei meine Heimat in mir selbst und in meiner Bindung zu Oliver finde. Ich habe seither gelernt, dass ich diesen Heimatbegriff auf die Menschen ausweiten muss und will, mit denen ich in Liebe verbunden bin, ganz gleich, wo sie sich befinden.

Während der letzten Tage im Haus hat sich irgendwie dieser Kreis geschlossen. Unser Haus, in dem ich gewohnt und gearbeitet habe, war mir Heimat, auch wenn ich das erst jetzt wirklich realisiere. Von diesem Haus habe ich mit offenem Herzen und Dank Abschied genommen. Von dem Heim, das mich zehn lange Jahre während meiner Trauer um unsere Tochter Margret beherbergt und gehalten hat, bis ich sagen konnte, dass ich wieder im Leben bin. Das Haus, in dem Johannes seine Gymnasialzeit verbracht hat, aus dem heraus er sich auf turbulente Weise selbstständig gemacht hat. In das wir viel Mühe und Arbeit gesteckt haben. Das so lange Zeit Raum für meine intensive Arbeit mit Menschen, für ihr Leid, ihre Tränen und ihr Wachstum geboten hat. Das Rückzugsort für Oliver während der anstrengenden Zeit des Firmenverkaufs mit all den damit verbundenen Schwierigkeiten war. Das uns schließlich im letzten Jahr vor unserer Abreise Stützpunkt und Ort der Sammlung und Vorbereitung gewesen ist.

Ich habe es bisweilen nicht leicht gehabt mit diesem Haus. Eine richtige, tiefe Liebe habe ich nie gespürt. Jetzt erscheint mir nur noch wichtig, dass ich 14 Jahre lang hier gelebt habe, Freude und Kummer und Krisen und viel Liebe erfahren habe, Menschen getroffen habe, lebendig war. Es war gut. Und es ist ein schöner Gedanke, dass in sehr absehbarer Zeit eine andere Familie diese Räume mit Leben füllen wird.

Neben all dem habe ich meine erste Krebsnachsorge hinter mich gebracht, die mir Gesundheit bescheinigt hat, so gut sie das vermag. Ich kehre gelassen und mit Freude zu *Fat Cat* zurück, mit dem wir unseren Weg Richtung USA-Ostküste über die Virgin Islands, Puerto Rico und die Bahamas fortsetzen werden.

Wieder zurück auf Guadeloupe lassen wir keine Zeit mehr verstreichen. Wir laufen aus, segeln um den westlichen Teil von Guadeloupe herum bis zu den Îlets à Goyave, wo wir uns an eine Mooringboje legen. Auf dem Weg dorthin verkündet mir mein Mann, dass an dieser Bucht ein Unterwasser-Naturreservat liegt, das für Taucher ein Traum sein soll. Er hat beschlossen, dass wir uns einen Lehrer suchen, der mit „Problemfällen" wie mir umgehen kann, und dass wir am nächsten Tag tauchen gehen werden.

Dazu ist zu sagen, dass er mit dieser Aktion meinem Wunsch nachkommt, mich auf diese Weise quasi zum Tauchen zu zwingen. Ich habe ihm schon im Voraus versprochen, dass ich zustimmen werde, auch wenn sämtliche inneren Ich-hab-aber-Angst-Mädels aus voller Kehle das Gegenteil behaupten. Ich habe einfach gemerkt, dass ich über diese Schwelle nicht von selbst rüberkomme. Zusätzlich zu meiner Skepsis gegen jeglichen Aufenthalt unter Wasser dauerte die Pause seit unserem Tauchkurs sechs Monate lang, weil mir nach OP und Bestrahlung das Tragen eines Taucheranzugs nicht ohne Schmerzen möglich war. Jetzt geht es wieder, wenn es auch mit einigen Ängsten einhergeht. Wir finden nicht nur einen Tauchlehrer, sondern sogar eine Tauchlehrerin, die am nächsten Tag mit uns tauchen gehen wird.

Ich will nicht behaupten, dass ich meinen inneren Schweinehund von der Größe eines Kalbs heute gekillt hätte. Aber ich denke doch, ich habe ihm zumindest ein Bein amputiert.

Die Französin, die mit uns den Tauchgang macht, ist super. Keine Spur von tröstendem Handauflegen, sie ist vollkommen sachlich. Und dabei so klar, dass ich problemlos in ihre Fähigkeiten vertrauen kann. Die übelste Überwindung kommt im Grunde gleich zu Anfang. Da verlangt sie doch allen Ernstes, ich solle mich mit der gesamten Ausrüstung auf den Bootsrand setzen, meine Maske festhalten und mich nach hinten fallen lassen. Wäre ich nicht so außerordentlich wohlerzogen, so würde ich in diesem Moment mein gesamtes Arsenal an französischen Schimpfwörtern zum Besten geben, und es ist ziemlich umfangreich! Da ich aber eben wohlerzogen bin, entschließe ich mich stattdessen, vor ihren Augen zu sterben. Soll sie doch sehen, was sie davon hat, das kostet sie mindestens ihre Lizenz! Ich lasse mich nach hinten fallen.

Ich überlebe! Ich überlebe auch den Tauchgang. Und er ist wunderschön und technisch wirklich nicht anspruchsvoll. Wir gehen bis auf 17 Meter unter Wasser spazieren und bestaunen unendlich viele verschiedene tropische Fische und Pflanzen. Ich bin entspannt und zeitlos. Und danach bin ich sehr glücklich, dass ich mich überwunden habe und dass das Unternehmen gelungen ist. Gleich in einer Woche möchte ich so etwas noch einmal machen und wieder mit einem Lehrer.

Von Guadeloupe nach Antigua segeln wir 45 Seemeilen am Wind mit Vollzeug. Vorbei an Montserrat, wo der Vulkan keinen Zweifel daran lässt, dass er höchst aktiv ist, und mit einer Welle, die gerade hoch genug ist, um angenehme Bewegung ins Boot zu bringen. Von Antigua aus beschließen wir nach dem Studium der Wettervorhersage, direkt zu den British Virgin Islands hinüberzusegeln.

120 Seemeilen sind tagsüber nicht zu schaffen, deshalb planen wir einen 24-Stunden-Schlag. Und der geht diesmal wunderbar auf.

Wir segeln mittags von St. Kitts los und setzen nur die Genua. Später ersetzen wir sie durch den Gennaker, da der Wind nachgelassen hat. Wir gönnen uns dieses Vergnügen bis zum Sonnenuntergang. Der Gennaker lässt sich nicht reffen. Um ihn zu bergen, braucht man zwei Leute auf dem Vorschiff. Das ist etwas, das wir uns bei Nacht noch nicht zutrauen.

Wir haben uns vorgenommen, in regelmäßigen Abständen Manöver durchzuführen, um den Notfall zu proben. Zu den wichtigsten gehört das Mann-über-Bord-Manöver. Auf der Passage von St. Kitts nach den British Virgin Islands sind wir gerade dabei, den Gennaker hochzuziehen, als die Genua mir die Mütze vom Kopf wischt. Ich bin für einen Augenblick verwirrt. Oliver beschließt, dass das genau der richtige Moment für ein „Mütze-über-Bord"- Manöver ist.

Man lernt in der Segelschule diverse Formen dieses Manövers, meist aber trainiert man die Abfolge: eine kurze Strecke weitersegeln, dann eine Q-Wende, die so heißt, weil sie von oben betrachtet dem Buchstaben Q ähnelt. Dann kehrt man an den Punkt zurück, an dem das Objekt oder der Mensch über Bord gegangen ist, und hält die Nase (den Bug) in den Wind. Dies nennt sich: einen Aufschießer in den Wind machen. Das Manöver ist auch Teil der praktischen Prüfung.

In der Praxis allerdings kann man alles vergessen, denn das Wichtigste, das Einzige, was zählt, wenn man plötzlich und unfreiwillig zum Einhandsegler geworden ist, ist, so dicht wie möglich bei der Person im Wasser zu bleiben. Nur so hat man eine Chance, sie auch wieder an Bord zu bekommen.

Wir haben uns daher auf eine andere Vorgehensweise verständigt: Vorausgesetzt, dass man das Überbordgehen des anderen – in diesem Fall der Mütze – überhaupt bemerkt hat, wollen wir folgendermaßen vorgehen: Als Erstes werfen wir den Rettungsring mit daran gebundenem wasserdichtem Handfunkgerät so nah wie möglich dem Verunfallten hinterher. Die nächsten Schritte: So schnell es geht die Motoren anmachen, die

MOB-Taste (ein Notknopf im Funkgerät – wörtlich „Man Over Board") drücken, falls möglich die Segel bergen und dann unter Motor umdrehen und den gleichen Kurs zurückfahren.

Auch wenn man von Bord aus einen Menschen im Wasser nicht immer sieht, so sieht dieser das Boot noch eine ganze Weile. Voraussetzung ist natürlich, dass die Person bei Bewusstsein und handlungsfähig ist. Wenn die im Wasser treibende Person über Funk mitteilen kann, in welche Richtung man gerade fährt, kann man den Kurs so lange korrigieren, bis man wieder genau bei ihr ankommt. Im vorliegenden Fall „Mütze über Bord" schenken wir uns das Nachwerfen des Schwimmrings, denn die Mütze ist nicht sehr kommunikativ. Wir lassen die Motoren an, rollen die Genua ein und es geht zurück. Nach einer Minute tröpfelt die Mütze am Bootshaken.

Einziger Wermutstropfen: Wir haben das gesamte Manöver zu zweit durchgezogen, und das ist einer mehr als im Ernstfall zur Verfügung steht. Aber als Übung ist es gut genug.

Wir kommen in den British Virgin Islands an und ankern im Gorda Sound. Die Gegend ist traumhaft schön: Palmen am Sandstrand, Riffe zum Schnorcheln und Tauchen und dazwischen ein durch die Inseln abgeschirmter Bereich, in dem wir in Ruhe segeln können, wenn es weiter draußen ungemütlich ist.

Am Morgen nach dem Frühstück setzen wir das Großsegel und rauschen mit 8 bis 9 Knoten weiter, um mittags Peter Island zu erreichen. Wir wollen um die Mittagszeit ankommen, weil man in Revieren mit Riffen eine hoch stehende Sonne braucht, um gefährliche Untiefen an ihrer braunen Farbe zu erkennen.

Korallen sind lebende Organismen, die sich ständig durch Wachstum in ihrer Form und Ausdehnung verändern. Daher darf man sich auf die Einzeichnungen einer Seekarte niemals gänzlich verlassen. Grundsätzlich sollte man irgendwann zwischen 9 und 15 Uhr in solche Gegenden einlaufen. Mit der Planung, durchschnittlich 5 Knoten Fahrt zu laufen, haben wir uns dieses Mal den maximalen zeitlichen Freiraum nach vorne und hinten geschaffen. Wir erreichen unsere Ankerbucht dann auch ziemlich genau um 12 Uhr mittags.

Um gefährliche Stellen unter Wasser gut sehen zu können, zieht mich Oliver meistens im Bootsmannsstuhl den Mast hinauf bis auf die erste Saling, von wo aus der Blick nach unten ins Wasser perfekt möglich ist. Heute steht allerdings die Sonne so gut und das Wasser ist so glatt, dass ich einfach vorne auf dem Beam, dem vorderen Querträger zwischen den Rümpfen des Katamarans, stehe und unseren Weg kontrolliere. Die Korallen in der Einfahrt zum Riff erweisen sich als harmlos und so liegen wir bald sanft schaukelnd an unserem Ankerplatz in einer nahezu kitschig schönen tropischen Bucht.

Bahamas: Nehmen, was es gibt

Wir haben die Karibik verlassen und segeln zunehmend abseits der häufig angesteuerten Inseln. Das Segeln in diesem Revier und vor allem das Ankern sind eine völlig andere Angelegenheit, als wir es bisher gewohnt waren. Hier gibt es keine bergigen Inseln, die in ihren Buchten den Booten zum Ankern Schutz vor Wind und Welle bieten. Jede Insel ist im Höchstfall gefühlte 3 Meter hoch, denn sie ist eigentlich nur eine der Spitzen der Rifflandschaft, durch die wir bei niedrigsten Wassertiefen angesegelt kommen. Das hat zur Folge, dass die Welle von den Riffen um die Insel herum wohl gebremst, aber nicht gestoppt wird, und der Wind schert sich nicht um das bisschen Landmasse – er bläst einfach ungehindert weiter.

Auch der Wind zeigt sich hier anders als bisher gewohnt. Wir verabschieden uns mit leichter Wehmut vom Passat. Seit unserem Aufbruch in Teneriffa waren zwei Dinge immer klar: Es gibt mehr als genug Wind und er kommt aus der groben Richtung Ost. Das ist jetzt nicht mehr gegeben. Es passiert immer wieder, dass wir eine Front erleben, die mit viel Regen über uns hinwegfegt, und danach hat sich die Windrichtung völlig geändert. Die Planung unserer Kurse ist durch die Wechselhaftigkeit des Wetters und vor allem der Winde komplexer geworden.

Es ist einsam hier. Auf den kleinen Antillen sind immer eine Menge Segelboote unterwegs. In der Bucht von Bequia und in den Tobago Keys liegen gut 100 Boote, vor Le Marin auf Martinique sind es mehrere Hundert. In den British Virgins begrüßt uns schon beim Einlaufen eine ganze Flotte von Segelkatamaranen. Von dort aus haben wir unseren Weg fortgesetzt. Es zeigt sich schnell, dass das anscheinend nur wenige tun. Vor St. John und St. Thomas treffen wir in den Buchten noch einige Boote an. Dann Culebra in den Spanish Virgins, wo die Yachten deutlich dünner gesät sind. Vor Vieques liegt noch ein einziges Boot mit uns in der Bucht. Auf der Passage nach Puerto Rico sichten wir in zwei Tagen drei Schiffe.

Ein Nacht-Törn bringt uns gegen Ende April nach Grand Turk. Wir liegen auf dem in der Karte eingezeichneten Ankerplatz mutterseelenallein. Von dort segeln wir in 24 Stunden um die Lagune von Caicos herum, denn wir trauen uns nicht, uns über 50 Meilen auf durchschnittlich 3 Metern Wassertiefe fortzubewegen.

Wir segeln weiter, 36 Stunden nach Clarence Town auf Long Island. Der weitere Plan sieht vor, uns von Insel zu Insel durch die Bahamas Richtung Florida zu bewegen, von wo aus wir während der Hurrikansaison die Ostküste der USA bis Boston hinaufsegeln wollen.

Von unserem nächsten Ankerplatz vor Clarence Town auf Long Island, geschätzte 26 Einwohner, erwarte ich mir nicht viel Gutes – viel Schwell – Wellen also, die nicht in unmittelbarer Nähe durch die Wirkung des Windes auf dem Wasser entstehen, sondern die in einiger Entfernung aus ihrem Entstehungsgebiet herausgelaufen sind. Dazu immer wieder durch nichts gebremster Wind und sehr flaches Wasser. Wir laufen am Abend des Ostersonntags hier ein und finden uns wieder im Paradies. Ich habe in meinem Leben noch nie so klares Wasser gesehen. Die Lagune ist nicht sehr groß und an allen Seiten eingefasst von Palmenwäldchen und weißem Sandstrand.

Ja klar, es gibt Schwell, und wenn ich es nicht lassen kann, morgens beim Yoga eine Haltung auf einem Bein stehend zu üben, dann kann ich sicher sein, dass ich umfalle. So ist das, es ist wundervoll und voller Wunder. Das glasklare türkisfarbene Wasser. Der große Raubfisch, ein Barrakuda mit gefährlich spitzen Zähnen, der uns beim Schwimmen begegnet und neugierig beäugt. Der kleine Hai, der in der Marina, in die wir zum Einklarieren fahren, am Grund liegt und sich ausruht. Die Farben am Himmel. Die grenzenlose Ruhe, die mich erfüllt, wenn ich daran denke, dass wir eine Weile hierbleiben werden, bevor wir weitersegeln.

Long Island heißt Long Island, weil es mehr oder weniger aus einer 90 Meilen langen Straße besteht, die von mehreren Metern festem Land gesäumt ist. Dass es hier für neugierige Touristen viel zu entdecken gibt, halten wir für unwahrscheinlich. Dann lernen wir Judy und Tony kennen, zwei amerikanische Fahrtensegler, teilen mit ihnen die unsterbliche Erfahrung des Einklarierens Bahama-Style sowie mehrere Biere zur Verdauung dieser Erfahrung und dabei fragen sie uns, ob wir am nächsten Tag mit ihnen ein Mietauto nehmen wollen, um das angeblich tiefste Blue Hole der Welt zu beschnorcheln, Höhlen anzuschauen, einzukaufen und bei all diesen Programmpunkten einen schönen Tag zusammen zu verbringen. Wir wollen!

Erster Programmpunkt ist besagtes Blue Hole – ein großes Loch im Dach des Riffs, das in dunkelblaue Tiefe führt. Wir kommen dort an, nur um sofort von einem jungen Mann darüber informiert zu werden, dass eine sehr wichtige Crew einen sehr wichtigen Film über einen sehr wichtigen Apnoetauchmeister dreht und wir gar nicht willkommen sind. Wir sollen doch bitte in ein paar Stunden wiederkommen. Wir fahren weiter.

Zweiter Punkt: die Höhlen. Ich habe als eingetragene Vertreterin der Gattung „Höhlenangst" die Idee, ich könne gemütlich draußen im Schatten warten, während der Rest der Reisegruppe da reingehen muss. Das findet so leider nicht statt, denn es gibt keinen Schatten und es ist mörderisch heiß. Und ich denke, dass es sich in meiner Vita doch gut macht, wenn ich diese Angst aufs Korn nehme. Also eine Stunde Höhle. Mit Fledermäusen und viel Erdreich über mir. Im Nachhinein finde ich es natürlich ganz toll, was wir da alles gesehen und von unserem Führer gehört haben. Und ich habe es überlebt, was mich ziemlich erstaunt.

Wir haben Hunger und finden ein Geschäft, an dessen Front auf einem Schild zu lesen steht, es sei ein Eisenwarenladen, der aber auch Mittagessen serviert. In Ermangelung einer großen Auswahl an Alternativen betreten wir den Laden. Er ist genial. Vom Nagellack in fünf gängigen Farben über Gartengeräte, Badehosen für Kleinkinder bis hin zum hundertzwanzigteiligen Silberbesteck ist alles da. Und ganz hinten in einer Ecke finden wir das Café.

Das Essen ist gut, die beiden jungen Frauen, die es vor unseren Augen zubereiten, sind süß. Und wir haben so viel Spaß, wie wir in einem deutschen Sternerestaurant im Leben nie haben könnten.

Dann kaufen wir ein, und auch das ist ziemlich ergiebig, denn „The boat has been here yesterday". Was das für die Menschen hier bedeutet, erfahren wir erst später. Danach kehren wir zurück zum Blue Hole. Die Stars sind immer noch nicht mit Filmen fertig, aber die Kassiererin im Laden hat uns augenzwinkernd geraten, falls sie noch dort seien, uns einfach nackt auszuziehen, das wirke Wunder. Das tun wir jetzt, wir werden nicht vertrieben, nur ein wenig schräg angeschaut. Wir können baden und schnorcheln gehen. Die „blauen Löcher" sind beeindruckend. Und es ist tatsächlich so, dass man beim Schwimmen plötzlich in einen Krater blickt, der bodenlos in die Tiefe abfällt, angeblich mehrere Hundert Meter. Leider schwimmt in diesem Loch derart viel Plastikmüll, dass wir schnell keine Lust mehr haben und lieber Richtung Marina fahren, wo wir unsere Unternehmung mit einem kalten Bier beschließen.

Am nächsten Tag segeln wir mit unseren neugewonnenen amerikanischen Freunden weiter nach Rum Cay. Die Insel hat 70 Einwohner, davon sind drei weiß. Es gibt einen Lebensmittelladen mit dem schönen Namen „Kaye's Last Chance Food Store", zwei Kneipen und eine total verfallene Marina, die schon länger auf bessere Zeiten, sprich einen neuen Besitzer, wartet.

Wir gehen an Land und sind noch keine fünf Schritte weit gekommen, als der erste Golfkarren anhält. Es gibt auch ein paar Autos, aber diese Golfvehikel scheinen das Hauptverkehrsmittel der Insel darzustellen. Der Fahrer begrüßt uns, erzählt uns in drei Sätzen sein Leben und teilt uns mit, am Samstag gebe es eine Party, weil eine Frau Geburtstag feiere und eine andere ihren 22. Hochzeitstag. Wir seien herzlich eingeladen und sollten doch auf alle Fälle kommen. Wir sagen zu. Mittlerweile ist ein zweiter Inselbewohner dazugekommen und braucht für seine Lebensgeschichte ein wenig länger. Ich bemerke diverse Anzeichen für eine bereits erfolgte Alkoholaufnahme, was die Probleme beim stringenten Berichten erklärt. Jeder, der in dieser Zeit vorbeifährt, hupt und winkt oder hält sogar kurz an. Es ist klar, dass wir diese Party nicht verpassen dürfen.

Aus meinem Logbuch

Brüllend laute Reggaemusik. Essensdüfte. Spielende Kinder und ungefähr 30 Erwachsene, die herumsitzen oder -stehen und sich Essen, Bier und Punsch schmecken lassen. Die Männer schlank, die Frauen größtenteils extrem übergewichtig. Ein junger Mann trägt eine elektronische Fußfessel – er muss wohl ein sogenannter Drug Runner sein, in den Bahamas sieht man diese Leute angeblich nicht selten. Jeder grüßt, jeder bietet uns Essen und Trinken an, keiner macht einen Akt aus unserer Anwesenheit, aber dass wir willkommen sind, können wir deutlich spüren.

Dann lerne ich Dolores kennen. Sie ist 82, dünn wie ein Strich, führt eine der Bars auf der Insel und ist offensichtlich eine, die hier etwas zu sagen hat. Den Respekt, den die jüngeren Inselbewohner vor ihr haben, sieht man in jeder Geste und hört man in jedem Wort.

Dolores geht nicht durchs Leben. Sie tanzt. Sie ist in ihrer Lebendigkeit, mit ihren knallfarbenen Klamotten, ihrer Aufmerksamkeit für andere eine eindrückliche Erscheinung. Während sie mir Bier verkauft, erfahre ich etwas von ihrer Geschichte. Ihr Mann hat sich nach der Geburt ihres vierten Kindes davongemacht, von ihren Kindern sind zwei im Lauf der Jahre verstorben. Die anderen beiden haben die Insel verlassen

– als Letzter der Sohn, der mit ihr zusammen die Bar führte. Sie meint: „So ist das eben. Du musst essen, was dir serviert wird. Und ich bin nicht dafür gemacht, lange Trübsal zu blasen." Am Schluss seufzt sie und sagt: „Ich bin froh, wenn der Rummel hier vorbei ist. Dann gehe ich nach Hause, schalte den Fernseher ein und drehe mir einen Joint." Sie kichert und ist dann sofort wieder ganz Business.

***

Von den großen touristischen Zentren abgesehen sind die Inseln der Bahamas von Armut geprägt. Durch die Kargheit des Bodens, der größtenteils aus Riffmaterial und Sand besteht, wächst hier abgesehen von Kokospalmen so gut wie nichts. Die Menschen leben von dem, was der Ozean hergibt, und von den Lieferungen der periodisch ankommenden Frachter, die einmal alle zwei Wochen Grundnahrungsmittel und frisches Obst, Gemüse und Fleisch zu den Inseln bringen. Tatsächlich gibt es auf diesen Inseln so etwas wie eine eigene Zeitrechnung, die von der Ankunft dieser Frachtschiffe bestimmt wird: Entweder gibt es frische Lebensmittel, denn „The boat has arrived", oder es gibt keine, denn „The boat will only arrive next week."

Die Betrachtung solcher Lebensbedingungen rundet eine Entwicklung ab, die ich seit Antritt dieser Reise in mir beobachte. Würde ich hier so verfahren wie zu Hause in unserem reichen Deutschland, mir nämlich erst auszudenken, was wir essen und trinken wollen, was ich kochen will, und dann loszugehen, um die geeigneten Zutaten dafür zu erwerben, so würden wir schnell verhungern.

Das Angebot ist karg. Unser Besuch eines sogenannten „Dry Goods Store" auf einer der kleineren Inseln macht diese Gegebenheit überdeutlich: Im Innenraum einer Hütte stehen ein paar wenige hölzerne Regale mit Dosen, Nudeln und Putzmitteln, davor drei Säcke mit Mehl, Reis und Bohnen. Ein alter Mann, der beim Lachen eine leere Zahnleiste entblößt, sitzt auf einem Hocker und deutet stolz auf einen kleinen Korb mit frischen Eiern. Von seinen eigenen Hühnern.

Ich kaufe, was ich brauchen kann, und weiß, dass mir ein schmackhaftes Gericht mit diesen Zutaten einfallen wird. Es stellt sich zwangsläufig die Frage, wie viel wir beide wirklich brauchen, und es zeigt eindrücklich, wie abgehoben von allen Notwendigkeiten unsere Konsumgewohnheiten zu Hause sind. Tatsächlich werde ich mich nach unserer Rückkehr nach Deutschland in den normalen großen Supermärkten und ihrem immensen Angebot an Waren nie mehr mit Selbstverständlichkeit bedienen.

Wir können dankbar sein, dass sich unser Seglerrepertoire ganz allmählich erweitert. Bei unserer Ankunft in Georgetown blüht uns mal wieder ein deftiger Lernschritt auf diesem Entwicklungsweg. Wir sind von Conception nach Georgetown gesegelt – ein gemütlicher Tagestrip mit gutem Wind. Georgetown auf Grand Exuma gehört zu den wenigen Orten hier, die in den Wintermonaten reichlich bevölkert sind. Eigentlich ist es nur ein kleines Dorf, aber es hat einen wunderschönen Naturhafen mit viel Platz und tollen Ankerbuchten. Aus diesem Grund und weil das Gebiet der Bahamas von der amerikanischen Ostküste nicht allzu weit entfernt liegt, ist Georgetown für amerikanische Segler zu einem beliebten Winterquartier geworden. Bis zu 200 Yachten liegen dort immer vor Anker und jeder Laden, der was auf sich und seinen Umsatz hält, besitzt ein Dinghi-Dock.

Der Hafen ist deshalb so schön, weil er zwischen Grand Exuma und Stocking Island sowie einigen weiteren Inselchen liegt und nur zwei Zufahrten hat, die auf verschlungenen Pfaden hinein- und auch wieder herausführen. Wir sind gerade auf dem Weg in besagten Hafen hinein, als ein Gewitter losbricht, wie wir es bis dahin noch nicht erlebt haben.

Eine schwarze Wand nähert sich in schnellem Tempo, und noch bevor es anfängt zu schütten, ereilt uns eine Böenwalze, die unseren Windmesser über die 40 Knoten jagt. Zum Glück lässt sich unser Boot durch den Seitenwind nicht aus der Ruhe bringen. Die Segel haben wir geborgen, denn unter Segeln durch ein Revier mit so vielen Riffen zu fahren trauen wir uns einfach nicht zu. So heißt es nur noch, einen geeigneten Ankerplatz möglichst weit in Luv – der dem Wind zugewandten

Seite – zu finden und dort den Anker fallen zu lassen, damit wir Raum genug zum Ufer haben. Der scheinbar richtige Platz findet sich, der Anker fällt, aber dann zerrt das Boot so stark an der Ankerkette, dass diese von der Winsch springt und fröhlich weiter ausrauscht, ganz gleich, wie sehr Oliver den Winschknopf drückt.

Zunächst versucht er, auf die Kette zu treten und sie dadurch zu stoppen. Das klappt auch jedes Mal, aber immer nur so lange, bis das Boot die Kette wieder strafft. Irgendwann kommen wir auf die Idee, dass ich am Steuer das Boot kräftig in Richtung Anker fahren muss, wodurch Oliver dann in der Lage ist, das weitere Abrollen der Kette zu stoppen, sie wieder auf die Winsch zu legen und um ungefähr 40 Meter wieder einzuholen. Die gesamte Aktion findet bei Starkregen statt.

Die nächsten zwei Tage verbringen wir ohne Zwischenfälle in Georgetown. Das bedeutet traumhafte Strände, Volleyball-Plätze hinter der Strandbar, ein großer, beinahe zahmer Stachelrochen, der im knöcheltiefen Wasser vor sich hindümpelt, und jeden Morgen über Funk das „Cruisers Net", eine Plattform für die Segler, die hier vor Anker liegen, auf der man sich an- und abmeldet, Wetterberichte abhört, Dienste anbietet oder annimmt. Wir können schon verstehen, warum manche Segler hier teilweise seit Jahren über den Winter bleiben. Aber unser Programm sieht anders aus …

Unser Weg führt uns weiter über Staniel Cay, an Nassau vorbei nach Chub Cay, wo unser Startpunkt für die Passage nach Florida sein wird.

Johannes: Eine ungeplante Etappe.

Jede Krise hat ein Ende – jede!

An einem Morgen im Mai rüsten wir uns nach dem Frühstück für die Passage nach Fort Lauderdale. Da klingelt Olivers Telefon. Es meldet sich eine Ärztin aus dem Katharinenhospital in Stuttgart. Sie teilt uns mit, dass unser Sohn Johannes sich bei einem Sturz den fünften Halswirbel gebrochen hat, was eine Querschnittlähmung nach sich zieht, die alle vier Gliedmaßen betrifft. Die Operation sei gut verlaufen, er sei wach und ansprechbar. Wir dürfen kurz mit ihm sprechen. Das Gespräch dauert lange genug, um zu verstehen, dass Johannes einigermaßen bei sich ist, und um ihm zu versichern, dass wir so schnell wie möglich nach Stuttgart kommen werden. Er wirkt rational und ist seiner Sprache mächtig, obwohl er unter starken Medikamente stehen muss. Er mahnt uns, nichts zu überstürzen, sondern gut für uns und unser Schiff zu sorgen, bevor wir in den Flieger steigen.

Mir treibt es bei der Erinnerung an diesen Moment die Tränen in die Augen: In der allerschlimmsten Situation machte sich mein Sohn Gedanken darüber, dass wir zurechtkämen! Dann ist seine Stimme weg und wir sind allein mit dieser Nachricht.

Ist es möglich, dass in einem einzigen Leben sich zum zweiten Mal die Hölle auftut? Dass alles, was gerade noch Gültigkeit hatte, zu Staub zerbröselt? Ich stehe da und habe schlagartig nichts mehr, an dem ich mich festhalten könnte. Vor mittlerweile vielen Jahren überwältigte mich die Nachricht, dass meine

Tochter Margret mit 17 Jahren auf dem Weg in die Schule im Auto ihrer besten Freundin an einem Baum zerschellt und gestorben ist, auf die gleiche entsetzliche Art und Weise. Damals hörte ich schlagartig auf, zu sein, versank in eben jener Hölle, in die ich nun ein zweites Mal blicke.

Das ist unmöglich, das kann ich nicht überleben. Mein 30-jähriger Sohn, mein Kind, ein Ausbund an jugendlicher Kraft, Lebendigkeit und Schönheit, soll sich plötzlich nicht mehr bewegen können? Und schlimmer noch: Er muss mehr leiden, als menschenmöglich ist. Ich kann das nicht aushalten! Lieber leide ich selbst, als dass ich es bei meinem geliebten Kind miterleben muss.

Nach Margrets Tod begann ich, Ängste zu entwickeln, wenn Johannes oder Oliver das Haus verließen. Oliver sagte mir damals: „Niemals kann so etwas Schlimmes zweimal in einem Leben passieren!" Daran hielt ich mich die ganzen ersten Jahre fest, das war Medizin gegen meine Angst, noch einen geliebten Menschen zu verlieren.

Und jetzt plötzlich bricht jede vermeintliche Sicherheit zusammen, denn ich habe zwar niemanden verloren, aber sozusagen das Zweitschlimmste ist tatsächlich passiert.

Ab dem Moment dieses Anrufs aus Stuttgart spalte ich mich in zwei Parallelpersonen auf. Die eine steht da, nimmt nichts mehr um sich herum wahr, ist erstarrt und ringt ums Begreifen. Das wird auch ziemlich lange Zeit so bleiben. Die andere geht in den Krisenmodus und übernimmt das Ruder. Vernünftig und umsichtig sorgt sie für unsere äußere Sicherheit und kümmert sich um Lösungen für die unmittelbaren praktischen Fragen. Wie kommen wir am schnellsten nach Florida? Wo und wie können wir *Fat Cat* aus dem Wasser holen lassen und an Land sichern? Auf welchem Weg gelangen wir am schnellsten nach Deutschland?

Wir machen uns auf den Weg, und in den nächsten Stunden navigiere ich *Fat Cat* durch das flache Wasser der Bahama Banks, während Oliver telefonisch versucht, eine Marina zu finden, die unseren Katamaran aus dem Wasser heben kann. Für das Handling einer Schiffsgröße wie der unsrigen sind lange nicht alle Marinas ausgerüstet. Wir stehen kurz vor Beginn der Hurrikansaison und werden das Boot an Land entsprechend sichern müssen. Nach schwierigem Hin und Her finden wir schließlich eine Marina in St Augustine im Norden Floridas, die in der Lage und bereit ist, uns zu helfen. Wir sind dankbar für den Golfstrom, der uns mit ungeahntem Tempo an der Küste entlang nach Norden trägt. Wir sind dankbar für Menschen, die uns in dieser Zeit höchster innerer Not Hilfe gewähren, ob sie nun dafür sorgen, dass der Katamaran rasch aus dem Wasser kommt, oder uns beim Buchen eines Fluges in unglaublich liebevoller Weise unterstützen.

Es wird Herbst werden, bevor wir uns erneut auf die Reise begeben können.

Wir sind seit Mitte Mai in Deutschland. Friedgard, unsere Freundin und in den kommenden Jahren Mitseglerin auf so mancher Teilstrecke, hat uns aus ihrem großen Herzen heraus Unterschlupf gewährt, den wir gern angenommen haben. So wohnen wir nun in Herrenberg, von wo aus wir mit dem Auto weniger als eine halbe Stunde zur Unfallklinik in Tübingen brauchen, wo Johannes sich bis auf Weiteres befindet.

Es hat sich so viel ereignet seit unserer Ankunft. Olivers Bruder holt uns vom Flughafen ab und fährt uns direkt in die Klinik. Johannes ist gerade erst hierher nach Tübingen gebracht worden. Er liegt in seinem Bett, ist ganz offensichtlich stark sediert, kämpft sichtbar um jeden Atemzug, um jedes Husten und vermutlich um seine Fassung. Ich darf ihn nicht anfassen, denn in dieser Phase des spinalen Schocks so kurz nach dem Unfall ist, so sagt man uns, jede Berührung der Haut höchst unangenehm. Ich stehe da, will einfach nur laut schreien und versuche, so gut ich kann, mich zusammenzureißen. Dieser erste Besuch dauert nur sehr kurz und ich weiß nicht, ob diese ärztliche Anweisung zu Johannes oder zu unserem Wohl gegeben worden ist.

Zunächst treten Oliver und ich beide mit der völlig unreflektierten Vorstellung an, die da heißt: „Wir müssen unseren Sohn retten!" Wie sich denken lässt, ist das nicht nur völlig unsinnig, sondern es geht auch nicht lange gut. Unser Sohn ist 30 Jahre alt und hat seit über zehn Jahren nicht mehr bei uns gelebt. Er hat ein äußerst feines Gespür dafür, was ihm guttut und was nicht. Und er kennt zum Glück keine Angst, laut zu sagen, wie er die Dinge will und braucht. Wir lernen sehr schnell, dass wir niemanden retten können oder sollen – wie denn auch? Unser tägliches mehrstündiges Verweilen an seinem Bett hindert Johannes am Training und treibt ihn in den Wahnsinn. Uns auch, aber wir glauben zunächst, das müsse so sein.

Nach einer sehr emotionalen Aussprache mit ihm fahren wir nur noch dreimal die Woche zu Johannes in die Klinik. In der restlichen Zeit kümmern wir uns um Aufgaben, für die wir Zeit und Nerv haben und er nicht – zum Beispiel die Suche nach einer neuen, behindertengerechten Wohnung. In seine geliebte Wohnung im fünften Stock eines Altbaus an einer steilen Straße im Süden Stuttgarts kann er unmöglich zurückziehen. Ansonsten gehen wir unserer eigenen Wege. Wir treffen Freunde, besuchen unsere Familien, arbeiten ein wenig und versuchen, in Friedgards Leben und Wohnung ein bisschen nützlich zu sein, indem wir Dinge reparieren, einkaufen und kochen.

Johannes legt unterdessen ein schier unglaubliches Tempo vor, was die Wiedererlangung von Bewegungsfähigkeit und Funktionen betrifft. Keiner kann am Anfang sagen, wie weit diese Entwicklung gehen wird und inwieweit er wieder in der Lage sein wird, sich selbst zu versorgen oder zu arbeiten. Eines Tages sitze ich mit einem Buch bei Friedgard auf dem Sofa. Mein Telefon meldet den Empfang einer Nachricht. Es ist ein Video. Ungläubig starre ich auf die Großaufnahme einer Hand, deren Daumen sich millimeterweise, kaum sichtbar, hin und her bewegt. Kein Zweifel, das ist Johannes Hand! Ich kann meine Tränen nicht zurückhalten. Was ich da sehe, erscheint mir wie ein Wunder. Das ist der Anfang. Ab da gibt es fast täglich sichtbare Fortschritte.

Johannes ist unermüdlich im Training und lässt sich von gelegentlichen tiefschwarzen Momenten anscheinend nicht beirren, nicht davon abbringen, aus sich selbst „alles rauszuholen, was geht". Seine Freunde und seine Freundin Myriam sind in dieser Zeit regelmäßig bei ihm.

Für mich verändert sich das anfangs beinahe zwanghafte Warten auf Fortschritte völlig. Wo ich zu Beginn darum bete, dass Johannes irgendwann wieder auf seinen eigenen Füßen stehen und gehen kann, da ist das bald zwar immer noch mein Wunsch, aber in erster Linie hoffe ich und wünsche ihm, dass er das, was nun seine neue Realität ist, irgendwann annehmen und zu seiner positiven Lebendigkeit zurückfinden kann. Noch steht er ganz am Anfang dieses langen Weges. Aber ich kann jetzt schon sagen, dass ich von seinem Mut und seiner Beharrlichkeit mehr als beeindruckt bin.

Viele der offenen Fragen lassen sich im Laufe der fünf Monate dauernden Klinikzeit zunächst nicht beantworten, allem voran die Frage, wie weitgehend Johannes sich selbst wird versorgen können. Natürlich steht auch die Möglichkeit im Raum, dass er Pflege brauchen wird und dass wir als seine Eltern in diese Pflege involviert sein werden. In dieser Frage weist Johannes uns allerdings im Laufe eines Gesprächs deutlich den Weg: „Unter keinen Umständen", so sagt er, „werdet ihr meine Pflege übernehmen. Dafür gibt es in unserem Land Menschen, die das professionell machen. Unter allen Umständen hingegen werdet ihr eure Reise fortsetzen. Schon deshalb", sagt er mit einem Augenzwinkern, „weil ich sonst nichts mehr habe, mit dem ich angeben kann. Im Übrigen", setzt er hinzu, „müsst ihr damit rechnen, dass ich euch irgendwo, irgendwann an Bord besuchen komme."

Trotz dieser lapidaren Aussagen ist es lange Zeit ungewiss, ob und wenn ja, wann wir den Rückweg zu unserem Boot antreten werden. Ich kann zunächst auch nicht einmal sagen, ob ich das will. Offenbar habe ich immer noch die irrige Vorstellung, dass es ohne mich nicht geht. Ganz sicher werden wir uns erst dann von hier wegbewegen, wenn klarer erkennbar ist, wie es für Johannes weitergeht.

Für mich ist auch diese Zeit eine „Reiseetappe". Vielleicht hört sich das seltsam an. Nachdem ich nach Deutschland zurückgekommen war, dachte ich darüber immer nur unter dem Begriff „Reiseunterbrechung" nach, die wir uns ja nicht aktiv ausgesucht haben. Mir ist im Laufe der Zeit klar geworden, dass das für mich so nicht stimmt. Die Zeit, die ich hier verbringe, was ich unternehme, die Begegnungen, die ich erlebe, und die vielen Gefühle, die mich begleiten, von tiefstem Kummer, Hilflosigkeit und Furcht über Hoffnung und Staunen bis hin zur reinen Freude – all das ist doch Lebenszeit.

Selbst wenn ich die ganze Zeit nur mit Heulen und Zähneklappern beschäftigt wäre, hätte ich die Aufgabe, „Ja" zu sagen und es anzunehmen. So ist es zum Glück aber gar nicht, denn es geht mir bei aller Härte der Situation in weiten Teilen richtig gut.

Der Ursprung dieser Tatsache liegt in der Vergangenheit. Ein halbes Jahr, nachdem Margret gestorben war, erlebte ich einen Moment, fast eine Art Offenbarung, der meinen weiteren Umgang mit harten Schicksalsschlägen ein für alle Mal veränderte.

Ich saß damals zu Hause am Kamin und weinte verzweifelt. Dann, aus dem Nichts, plötzlich dieser Gedanke: „Die zerstörerische innere Qual, die du erlebst, wenn dir das Herz gebrochen wird, entsteht nicht aus dem, was passiert ist. Sie hält nur so lange an, wie du dich wehrst. Sobald du zustimmst, dass es passiert ist, gibt es nur noch den reinen Schmerz. Er kann dich überwältigen und zerreißen. Aber er zerstört dich nicht mehr im vergeblichen Kampf gegen eine höhere Macht, die dir Schweres auferlegt hat – wie immer du sie auch nennen magst."

In diesem Sinne lebe ich diesen Reiseabschnitt sehr intensiv, statt nur darauf zu warten, dass er vorübergehen möge. Und völlig gleich, wohin die Reise weiter geht und wann, wie lange sie dauern wird und wie wir sie mit Leben füllen werden, diese Zeit in dem Deutschland, in dem unsere Heimat momentan im Heim und im Herzen unserer Freunde und unserer Familien liegt, gehört untrennbar dazu, ist Teil unserer Reise im inneren wie im äußeren Sinne.

Bahamas reloaded –
die Perspektive macht's!

Oliver ist vor einer Woche nach St. Augustine zu unserem Boot zurückgeflogen. Er wird anstehende Arbeiten erledigen und einige Dinge organisieren. Und er wird mich in Kürze, so Gott will, in Jacksonville vom Flughafen abholen, damit wir unsere Reise fortsetzen können.

So richtig real erscheint mir diese Idee noch nicht. Ich sitze hier in Deutschland, schaue in einen feuchten Herbsttag, finde ihn schön. Ich genieße das Modern, das Altwerden der Welt, das gerade jetzt beginnt mit Farben und Düften und neuen Empfindungen auf der Haut, wenn die neblige Feuchtigkeit mein Gesicht berührt. Kein Zweifel, dass dies das Klima ist, das ich tief in mir trage, das mir angeboren ist. Das hindert mich allerdings nicht im Geringsten, mich auf meinen Aufbruch in die Sonne und zum Ozean zu freuen. Auch wenn ich noch tausend Dinge und Termine erledigen muss, bis ich gehe, kommt meine, unsere Aufgabe hier zu einem sehr runden Abschluss.

Oliver und ich haben Johannes so gut wir konnten durch die vergangenen viereinhalb Monate begleitet. Was für ein langer Weg! Ich habe im Laufe der Jahre begriffen, dass, wenn ein schwieriges Gelände vor mir liegt, es mich am meisten schwächt, die Situation als Ganzes wahrnehmen zu wollen. Sie ist dann einfach zu groß. Ich habe, teils mit großer Mühe, gelernt, mich auf den jeweils vor mir liegenden Schritt zu konzentrieren und mir das große Bild für später aufzuheben. Das funktioniert ziemlich gut. Wenn es mir gelingt, dann habe ich weniger Angst und weiß meist auch, was ich wie zu tun habe. Ich verliere mich nicht.

So sind mir die letzten Monate gelungen. Ich habe einen Schritt nach dem anderen gemacht, musste manchmal auch welche zurückgehen. Ich habe meinen Fokus auf das gerichtet, was gerade aktuell war. Oliver und ich waren täglich im Austausch darüber, wie wir die Geschehnisse innerlich erleben, bewerten und verarbeiten und welche Emotionen dabei jeweils losgetreten wurden.

Spätestens seit Margrets Tod haben wir begriffen, dass intensive Nähe ohne eine gute Kommunikation nicht funktioniert. Wir kennen uns zwar seit unserer Jugend, ticken aber eigentlich in jeder Hinsicht völlig unterschiedlich und können bis heute nicht wissen, wie die Wirklichkeit des anderen gerade aussieht. Wenn wir einander verstehen und so sein lassen wollen, wie wir sind, so geht das nur, wenn wir uns wieder und wieder erzählen, „in welchem Film" jeder von uns gerade unterwegs ist. Nur so addieren sich unsere oftmals gegensätzlichen Charaktere zu einer Einheit, nur so ergänzen wir einander, anstatt uns gegenseitig kleiner zu machen.

In der gerade zurückliegenden Zeit ermöglichte dies auch immer einen Blick aufs „große Ganze", zusammengesetzt aus Olivers und meiner Perspektive. Wir haben uns gestützt, wo wir einzeln glaubten, nicht mehr aufrecht bleiben zu können. Wir haben uns ermuntert und getröstet. Wir haben zusammen in den schrecklichsten Momenten über ihre trotz allem innewohnende Komik gelacht oder zumindest leise gelächelt. Wir haben zusammen darauf vertraut, dass auch diese Krise ihr Ende haben wird, dass die Dinge gut werden.

Und die Dinge sind gut geworden, so sehe ich das. Als wir hier ankamen, konnten wir nicht im Entferntesten damit rechnen, dass Johannes aus der Klinik in ein nahezu eigenständiges Leben entlassen werden würde. Dass er das Stehen und Gehen zumindest im Ansatz neu erlernen könnte, auch wenn er fortan im Alltag auf den Rollstuhl angewiesen bleiben wird. Dass er mit seiner Freundin eine schöne gemeinsame Wohnung beziehen würde. Dass er zum Jahreswechsel an seinen Arbeitsplatz zurückkehren würde.

Wir sprechen nicht von einer Wiederherstellung seines Zustands vor dem Unfall. Aber darum geht es auch nicht. Es geht vielmehr darum, dass Johannes zu dem, was ist, „Ja" sagen kann und es mit Leben, mit seiner ganzen großen Lebendigkeit füllt. Dass er sich die Welt zurückerobert. Im Oktober wird er aus der Klinik nach Hause und in eine ambulante Reha entlassen.

In mehreren arbeitsamen Wochen bereiten wir nach meiner Ankunft in St. Augustine die Fortsetzung unserer Reise vor. Oliver hat Wunder an *Fat Cat* vollbracht. Ein neuer Kartenplotter, an mehreren kleinen Stellen reparierte und danach auf Hochglanz polierte Rümpfe und ein bis in die Einzelheiten gereinigtes Deck lassen unser Boot erstrahlen, das vor Ungeduld in den kleinen Wellen am Steg zu hüpfen scheint. Leider müssen wir vor unserem Aufbruch ein neues Dinghi erwerben, denn das bisherige Modell, in Deutschland gebraucht gekauft, ist nicht für tropische Sonneneinstrahlung gemacht und ist inzwischen dabei, sich aufzulösen.

Es ist mittlerweile November. Wir sitzen bei Temperaturen, die sich des Nachts um den Gefrierpunkt herum bewegen, und beißendem Nordwind in St. Augustine, Florida. Die Heizung läuft Tag und Nacht. Als wir Heizung und Kühlung in dieses Boot einbauten, meinte Oliver, die Kühlung würden wir zu schätzen wissen, wenn wir in Florida bei abartiger Hitze in der Marina liegen würden. Kein Kommentar ...

Eigentlich hätten wir inzwischen auslaufen wollen. Es sollte nicht sein. Das neue Beiboot ist wohl angekommen. Es hat aber aus Gründen, die wir nicht näher hinterfragen wollen, keine Ruderdollen und keine Ruder. Das ist ein bisschen so, als würde man sich ein Fahrrad kaufen und es käme ohne Pedale. Allerdings, um der Wahrheit die Ehre zu geben, umfasst die Lieferung ein schreiend rotes, 30 Zentimeter langes Stechpaddel für Notfälle. Bei einem Ausfall des Außenbordmotors und schlimmstenfalls ablandigem Wind sind die Ruder zwingend erforderlich. Sie wären dann unsere Lebensversicherung. Wir bestehen darauf, dass die fehlenden Teile nachgeliefert werden. Sie sind uns für Freitag versprochen worden. Unser Dinghi-Händler, den wir mittlerweile zwangsläufig zum näheren Freundeskreis zählen, wird sie am Samstag für uns montieren. Dann warten wir ein weiteres aufregendes Mal auf das richtige Wetterfenster. Johannes schrieb mir heute morgen dazu: „Wenn du Gott zum Lachen bringen willst, erzähl ihm von deinen Plänen!"

Ich bin seit zehn Tagen wieder hier. Der Übergang ist groß von Deutschland hierher. Nach allen täglichen Aufgaben und Herausforderungen der vergangenen Monate bin ich zurück auf diesem Katamaran, von dem ich selbst überrascht bin, wie sehr er mir zu einem Zuhause geworden ist.

Für mich ist das, was mich solche Übergänge gut meistern lässt, hauptsächlich, mir Zeit zu lassen. Nein, ich kann in meinem Alter nicht erwarten, dass ich zwei Tage nach einer langen Reise körperlich wie neu dastehe. Ich kann und will nicht so tun, als bestünde die Flexibilität in geistigen und seelischen Übergängen darin, möglichst schnell zu sein und einen Haken hinter möglichst viele Themen machen zu können. Ich muss das gar nicht.

Das einzig große, wirklich wichtige Thema, nämlich bei Johannes zu sein und ihm in dem Moment beizustehen, in dem er am Tiefstpunkt aller nur möglichen Lebenssituationen aufschlägt, ist „in trockenen Tüchern". Was bleibt, sind alltägliche Schwankungen und Störungen, für die es immer Lösungen gibt. Wir müssen sie nur finden.

Ich habe in den vergangenen vier Tagen unsere Bordvorräte so weit aufgestockt, dass wir, so hoffe ich, bis Panama völlig zivilisationsunabhängig leben könnten, wenn wir das wollten oder müssten. Das heißt in der Praxis, dass ich natürlich einkaufen werde, wenn es frisches Obst und Gemüse gibt. Aber wo nichts angeboten wird, kann ich uns trotzdem gut und gesund ernähren. Ich bin überrascht, wie lang die Liste der Dinge ist, die ich zu besorgen habe. Was brauchen wir? Wie viel davon brauchen wir? Wie haltbar ist es? Wie viel Platz braucht es? Ich setze weitgehend auf die Einlagerung von Rohmaterialien wie

Getreide, Nüsse, Saaten und Trockenfrüchte. Ich mache selbst Joghurt, und da das Lagern von haltbarer Milch zu viel Raum einnimmt, geschieht das mit Milch, die ich aus Milchpulver anrühre. Brot, Kekse und Kuchen backe ich selbst.

In meinem bisherigen Leben galt ich als beruflich erfolgreiche Frau, für die die lebenserhaltenden Haushaltsangelegenheiten nebenherliefen, weil für mehr gar keine Zeit war. Ich merke, dass ich mit Freude begonnen habe, mich in diesem Punkt zu verändern. Nichts soll mehr nebenher laufen. Ich erlebe den Luxus, mit meiner gesamten Aufmerksamkeit bei genau der Sache zu sein, mit der ich mich gerade beschäftige. Ich bin dann völlig im Kontakt und in einer Art Zwiesprache mit dem, was ich tue. Zu Olivers endlosem Vergnügen äußert sich das oft darin, dass ich mit dem Objekt meiner Aufmerksamkeit laut rede, egal ob es eine Möhre ist, die ich schneide, oder ein Handtuch, das mir runterfällt oder die Schildkröte, die sich bei der Nahrungssuche um unser Boot herum durch nichts stören lässt.

Das Brotbacken ist ein gutes Beispiel für das, was ich meine. Ich mahle den Weizen selbst und atme dabei seinen Duft ein. In diesem Geruch ist alles drin, was Weizen ausmacht – die Erde, auf der er gewachsen ist, die Sonne und der Regen und der Wind, die Arbeit der Menschen, die ihn gesät, gepflegt und geerntet haben. Das muss ich mir nicht erzählen oder überlegen, das ist einfach anwesend, ich muss es nur „riechen". Sobald sich das Mehl mit Hefe, Salz und Wasser verbindet, entsteht etwas Neues, das auch wieder eine eigene Sprache hat, die ich mit der Nase, den Augen und den Händen aufnehme. Es ist gut, dass wir uns entschlossen haben, zum Ausgleich für die reichlich vorhandene Ausrüstung mit großen Elektrogeräten wie den Kühlschränken und der Waschmaschine für die Arbeiten in der Küche so gut wie keine elektrischen Kleingeräte an Bord zu haben. Wären sie da, so würde ich sie natürlich benutzen und mich dadurch um solche Erfahrungen der Hand-Arbeit bringen.

Das „Aufnehmen" mit allen Sinnen setzt sich nach dem Backen fort: Ich liebe es, dass ein Brot, das aus dem Ofen kommt, Töne macht, an denen ich erkennen kann, ob es fertig gebacken ist. Vielleicht bedeutet diese Art der völligen Anwesenheit im Augenblick das allergrößte Geschenk unserer Reise überhaupt.

Am 29. November legen wir endlich ab und nehmen Richtung auf die Bahamas. Wir wollen beide weg aus St. Augustine, wir haben durch das unvollständig gelieferte Beiboot schon einen möglichen Abfahrtstermin verstreichen lassen. Die Lage sieht so aus: An der Küste von Florida zieht der Golfstrom, 40 Seemeilen breit, mit 3 Knoten nordwärts entlang. Das kann zu einem Problem werden, wenn man nach Süden will. Von der Richtung her wäre dafür ein kräftiger Nordwind ideal, aber Wind gegen Strom baut extreme Wellen auf, gegen die man auf keinen Fall segeln möchte. Also benötigen wir ein Wetterfenster, das zwei Tage Südwind oder Südwestwind verspricht.

Zunächst sieht die Vorhersage gut aus, aber schon bald zeigt sich, dass der Wind in Kürze nach Südosten drehen und also genau von da blasen wird, wo wir hinwollen. Noch ein wenig später sagt uns der Wetterdienst für volle elf Stunden Wind genau auf die Nase mit Windstärken von 4 bis 7 voraus. Aber wir wollen ja unbedingt weg. Als dann für drei Tage später reiner Nordwind vorhergesagt wird, der es einmal mehr bis auf Weiteres unmöglich machen würde, loszukommen, steht unsere Entscheidung fest. Wir fahren trotz aller Bedenken.

Aus meinem Logbuch

Wir verabschieden uns von unseren neuen Freunden, legen ab, füllen an der Tankstelle unsere Dieselvorräte auf, warten, bis die Klappbrücke sich öffnet und fahren los. Feiner Südwestwind, wie im Prospekt, keine Probleme. Bis abends – da dreht der Wind plötzlich auf Süd. Leider können wir nicht einfach mitdrehen, denn auf diese Weise gerieten wir auf dem resultierenden Südostkurs ziemlich bald in den Golfstrom, und der würde unser Fortkommen nach Süden verhindern. Also streichen wir die Segel, starten einen unserer Motoren und folgen weiter der Küste nach Süden mit der Hoffnung auf den nächsten Tag.

Am nächsten Morgen sieht es allerdings nicht besser aus. Der Wind hat deutlich zugenommen und er kommt genau von den Bahamas. Wir beraten kurz und beschließen, trotzdem weiterzufahren. Der zweite Motor wird angemacht und wir steuern hinaus in den Golfstrom. Der Wind hat mittlerweile noch weiter zugenommen, weht zeitweilig mit 7 bis 8 Windstärken. Nicht dass das *Fat Cat* sonderlich beeindrucken würde – er überwindet klaglos eine Welle nach der anderen.

Dann sind wir mitten im Golfstrom, fahren mit der Kraft beider Motoren nach Südosten, nur um auf dem Kartenplotter zu sehen, dass das tatsächliche Resultat ein Nordostkurs ist. So stark ist der Stromversatz, insbesondere deshalb, weil wir gegen die Welle nur noch mit 3 Knoten, nicht einmal 6 Stundenkilometern, vorwärtskommen. Bei einer Gesamtstrecke von 245 Seemeilen, also rund 450 Kilometern, ist das verdammt wenig.

Irgendwann nachts gerate ich während meiner Wache in Unterzucker und lasse das Glas mit dem rettenden Orangensaft fallen. Als ich Oliver wecke und um Hilfe bitte, ist es um seinen Magen geschehen – schnell aufstehen, Scherben unter dem Tisch aufsammeln, wobei das Boot tanzt wie ein Derwisch – das ist des Guten zu viel. Von diesem Moment an ist er handlungsunfähig und ich, wiederhergestellt, übernehme das Kommando komplett.

Schließlich stellt sich der Nordwind ein, zum Glück erst, als wir den Golfstrom so gut wie hinter uns gelassen haben. Er kommt uns sehr gelegen, schiebt er uns doch mit 8 bis 9 Knoten in die richtige Richtung, sodass wir nicht noch eine Nacht auf See verbringen müssen. Eigentlich wollten wir jetzt schon auf den Bahamas vor Anker liegen. Alles in allem ist dies eine sehr unangenehme Überfahrt. Und leider gibt es ja nur genau zwei Leute, die wir dafür verantwortlich machen können – uns selbst. Der Wetterbericht war klar, auch wenn er sich jeden Tag etwas negativer entwickelt hat. Ein Gutes hat die Überfahrt: Sie zeigt uns, dass unser Boot spielend mit dieser Art von Widrigkeiten fertig wird. Und zu guter Letzt, bei der Einfahrt auf die Bahama

Banks, nimmt uns eine Delfinschule in Empfang und lässt uns ganz schnell die Härte der vergangenen Tage vergessen.

***

In den nächsten Tagen segeln wir bei schönstem Wetter, meist unter Genua, vor dem Wind in Richtung Georgetown, unserem letzten längeren Aufenthaltsort vor der bevorstehenden Passage an die nordöstliche Ecke von Kuba. Die schöne Ereignislosigkeit dieses Reiseabschnitts erlaubt mir, die hinter uns liegende Passage nachwirken zu lassen, sie gedanklich zu verarbeiten und einzuordnen.

Was ich in vielen Berufsjahren in der Konfrontation mit den oft lebensbedrohlichen Erkrankungen meiner Klienten gelernt und lange nicht wirklich begriffen habe, verdichtet sich durch das Erleben von Herausforderungen wie der gerade überstandenen ganz von selbst: Die Größenordnung von Geschehnissen, die unmittelbar bedrohlich sind, relativiert den gewohnten Umgang mit vielleicht lästigen, aber doch lösbaren Themen. Ich glaube nicht, dass es mir nach Momenten, in denen ich genau weiß, dass es ums Überleben geht, noch möglich sein wird, über alltägliche Probleme zu jammern und mir damit die Laune zu verderben. Ich entdecke mehr und mehr in mir eine Gelassenheit im Alltag, eine Haltung, die mir bisher weitgehend fremd gewesen ist.

In den vergangenen zwei Wochen hörte ich mich immer wieder zu Oliver sagen, ich sei schläfrig. Seine Antwort darauf war jedes Mal: „Geh dich ausruhen!" Und ich sagte: „Nein, ich will diesen Zustand wach erleben." Mir wird immer klarer, dass ich einer Fehlinterpretation aufsitze, dass ich meinen Zustand falsch einordne: Ich bin gar nicht schläfrig, sondern tief gelöst und frei von der Getriebenheit, die ich aus meinem bisherigen Leben so gut kenne. Ich kann in diesem Raum der Ruhe einfach sitzen und atmen, denn die Menge dessen, was es zu tun und zu beachten gilt, ist sehr überschaubar.

Ich stelle fest, dass die Klageweiber auf meiner inneren Bühne ihre Kraft verlieren. Was konnte ich mich in der Vergangenheit über Dinge aufregen, die nicht so liefen, wie es meiner Ansicht nach ideal, angemessen oder verdient gewesen wäre. Was konnte ich diese Aufregung in höchst haltbare schlechte Laune bis hin zu echter Verzweiflung verwandeln. Und jetzt verlieren diese inneren Dramen ihre Überzeugungskraft und ich bin perplex, wie es sich leben lässt, ohne auf die Idee fixiert zu sein, ich hätte ein Recht auf irgendeinen bestimmten Zustand, ich könnte Nein sagen zu irgendetwas, das ist.

Wenn ich zurückschaue, kann ich die große Anstrengung, die mich diese Verweigerungshaltung in der Vergangenheit gekostet hat, noch spüren. Ich denke, diese Veränderung ist die Frucht dessen, was ich seit Mai durch und mit Johannes erlebt habe. Dafür bin ich dankbar und wünsche doch niemandem, etwas Ähnliches zu erfahren.

Vielleicht können Meisterinnen der Sturheit, wie ich eine bin, die tieferen Lektionen des Menschseins nur lernen, wenn sie überhaupt keine Hintertür mehr finden. An diesem Punkt empfinde ich, was ich ganz altmodisch Demut nenne. Letztendlich verändern wir uns nicht in irgendwelchen Therapien. Das Wunder geschieht anderswo und anders. Das soll nicht bedeuten, dass ich meine, es bedürfe in unserer Welt keiner psychotherapeutischen Arbeit. Wenn sie gut ist, dann ist sie in vielerlei Hinsicht sinnvoll und wertvoll, das wissen alle, denen sie zurück auf ihren Weg geholfen hat, inklusive meiner selbst.

Und doch glaube ich heute, dass der ultimative Weg zu uns selbst, der Weg nach innen, zum wesentlichen Kern, nach Hause ohne das, was uns das Leben auflädt, nicht möglich ist. Wir müssen Verluste erleiden, die uns wieder und wieder das Herz brechen. Wir müssen geschliffen werden, bis wir Ecken und Kanten verlieren, bis unsere eigentliche, wesentliche Form zum Vorschein kommt. Wir müssen viele Male fallen und wieder aufstehen, uns den Dreck aus den Augen wischen und weitergehen. Wir müssen über lange Strecken im dichten Nebel wandern und nicht im Geringsten wissen, wo es weitergeht. Wenn es gut läuft, finden wir uns dann endlich im Kontakt, im Gespräch mit uns selbst und allem, was uns umgibt.

Kuba: Auch eine schwierige Etappe ist Lebenszeit

Wir lichten drei Tage vor Weihnachten früh um 6 Uhr den Anker vor Great Inagua zu unserem Schlag nach Baracoa am Nordostzipfel von Kuba, das wir uns im Revierführer zum Einklarieren ausgesucht haben. Wir erleben einen schönen Segeltag mit kräftigem raumem Wind, Wind also, der uns von hinten anschiebt, und der uns nach 70 Meilen schon um halb vier in die Hafenbucht von Baracoa bringt.

Die Instruktion aus unserem Revierführer für die Region lautete: Ankern und an Bord bleiben, bis die Offiziellen kommen. Auf keinen Fall an Land gehen! Dann kämen nacheinander in nicht festgelegter Reihenfolge Leute von Immigration, medizinischem Dienst, Landwirtschaftsressort und Kuba-TÜV an Bord, mit Hunden oder ohne, freundlich oder nicht, sorgfältig oder nachlässig, aber jedenfalls immer dankbar für ein Bier. Diese Besuche könnten bis zu einem ganzen Tag dauern. Sie seien zwar lästig, aber würden kein Problem darstellen.

Wir sind vorbereitet, haben zehn Kopien von unserer Crewliste und eine von den ärztlich attestierten Medikamentenlisten gemacht. Sämtliche Bootspapiere und Pässe liegen bereit. Wir machen es uns gemütlich. In der kleinen Bucht, in der wir liegen, gibt es ein paar Fischerboote und ein Ladedock.

Kinder spielen am Strand, Erwachsene sind sonntäglich zu Fuß unterwegs, auf dem Wasser ist niemand zu sehen. Ich fange an, das Abendessen vorzubereiten und bin kein bisschen sicher, ob da heute überhaupt noch jemand kommt oder erst morgen.

Oli sagt: „Da kommt jemand". „Jemand" besteht aus einem Fischerboot, von dessen Motorgeräuschen her gesehen nicht klar ist, ob es die Fahrt bis zu uns und wieder zurück an Land schaffen wird. Die Besatzung besteht aus fünf Personen. Es gibt einen jungen Mann in Uniform, der zunächst nicht spricht und immer wieder von einem Mann im Sportdress neben ihm etwas zugeflüstert bekommt. Ein weiterer junger Mann vorne am Bug hält sich an einem unserer Rümpfe fest und spricht sehr freundlich mit uns – auf Spanisch. Neben ihm steht ein Mann mit nacktem Oberkörper, der sich nach Kräften bemüht, uns zu erklären, was der Typ am Bug sagen will – auf Spanisch. Und schließlich, um das offizielle Bild abzurunden, steht am Ruder ein Mann in Unterhosen. Der Mann steht da und freut sich.

Der Uniform-Mann nimmt unsere Pässe entgegen und studiert sie hochkonzentriert. Dann will Sportdress wissen, aus welchem Land wir kommen. Ich denke, „Mann, das steht da doch." Ich sage „Alemania". Dann will er wissen, wie wir heißen. Er beginnt, fein säuberlich auf die Rückseite eines kleinen gefalteten Zettels abzuschreiben, was in unseren Pässen steht. Es steht eine Menge in solchen Pässen. Das dauert.

In der Zwischenzeit habe ich mein mittlerweile zur Dürftigkeit verkommenes Italienisch ausgepackt, mit dem ich mich Spanisch sprechenden Gesprächspartnern gegenüber einigermaßen verständlich machen kann, und bespreche mit dem Mann am Bug die wichtigen Dinge des Lebens. Ob wir Fische gefangen haben. Die Antwort ist nein, wir sind Angelidioten, was er zum Brüllen komisch findet.

Dass wir kein Haus mehr haben, dass man in den Rümpfen unseres Dampfers schlafen kann, dass wir um die Welt segeln und dergleichen mehr. Zwischendurch zuckt er dezent mit den Schultern und wirft mir bedauernde Blicke zu, die ich nicht deuten kann. Der Mann mit dem nackten Oberkörper sieht währenddessen die ganze Zeit wichtig aus, scheint aber sonst keine

Funktion zu haben. Der Mann am Ruder verhält sich ruhig und ist während der ganzen Zeit der Einzige, der wirklich freundlich schaut.

Schließlich läuft der Mann in Uniform zur vollen dienstlichen Form auf. Er erklärt uns, sie seien kein internationaler Hafen mehr, und deswegen könnten wir hier nicht einklarieren. Da wir aber nach dem Gesetz umgehend einklarieren müssen, müssten wir nach Santiago de Cuba weiterfahren, und zwar sofort. Über Nacht bleiben ginge leider nicht. Nach dieser niederschmetternden Nachricht fahren die Herren wieder weg.

Wir lichten unseren Anker, packen alles, was mit Gemütlichkeit zu tun hat, wieder weg und machen uns auf den langen Weg nach Santiago. Erstaunlicherweise nehme ich – nehmen wir – diese verhinderte Einreise sehr gelassen.

36 Stunden später. Es sind 150 Seemeilen von Baracoa nach Santiago. 40 davon fahren wir gegen Wind und Welle. Als wir ankommen, ist es zwar erst halb acht Uhr abends, aber trotzdem bereits pechschwarze Nacht. Wir sehen Lichter, deren Entfernung in der Dunkelheit nicht auszumachen ist, vor allem nicht für nachtblinde Vögel wie mich. Wir suchen die Leuchttonnen für die Einfahrt in den Hafen, der in seiner ganzen Größe wie eine ausgefranste Beule ins Land hineinragt. Schließlich sehen wir die rote und die grüne Boje und hangeln uns nun anhand der Karte auf dem Bildschirm und der realen blinkenden Tonnen den Einfahrtskanal entlang.

Was ich vor lauter Konzentration leider nicht realisiere, ist, dass ich mich im Unterzucker befinde. Er ist nicht extrem, verzerrt aber meine Wahrnehmung, lässt die einfachsten Dinge zum Problem werden und macht alles noch beängstigender, als solche unbekannten Einfahrten bei Dunkelheit sowieso schon sind. Als wir am designierten Ankerplatz ankommen, erklärt uns ein Hafenmeister über Funk sehr ausführlich und auf Englisch, wo wir den Anker genau fallen lassen sollen. Wir verstehen kein Wort und ignorieren ihn deshalb. Wir ankern, ich esse und zumindest mein inneres Drama beruhigt sich.

Dann kommt er. Der erste Offizielle. Ein rundlicher Mann, der ein wenig Mühe hat, aus dem Dinghi, in dem er ankommt, an Bord zu klettern. Wir mutmaßen später, dass er auf der italienischen Yacht, auf der er zuvor in Ausübung seiner Pflichten war, schon ordentlich getrunken hatte.

Das Erste, was er braucht, ist etwas zu trinken. Er winkt meine Vorschläge (Wasser, Saft und Sprudel) durch, bis ich zum Bier komme. Das findet er gut. Er ist, das bekomme ich allerdings erst sehr viel später mit, nachdem ich mich doch ein bisschen wundere, wieso der Hafenmeister meine Temperatur messen will, der offizielle Vertreter des kubanischen Gesundheitsamtes. Der Doktor ist freundlich, jovial, unstoppbar redselig, er findet alles „nice" und nennt uns „my friends".

Ich fasse zusammen: „Willkommen in Kuba. Ich habe in Kanada und den USA studiert und war quasi überall und alle meine Angehörigen haben nach Amiland rübergemacht und ich bin zurückgekommen, denn hier ist es am besten. Pässe bitte, my friends. Und ich sage euch, geht auf keinen Fall in private Restaurants, denn nur die von der Regierung abgesegneten sind gut. Habt ihr Kinder? Ich habe einen Sohn, von dem ich nicht mal weiß, wo er ist, ist mit seiner Mutter weggegangen und ich sag euch, du setzt Kinder in die Welt und dann hast du keinen Einfluss mehr, das ist ein Jammer, nicht wahr, my friends?

Ah, die Crew List. Kann ich ein Handtuch für mein Gesicht haben? Wie heißt du? Almut? Ah. Ich lebe heute mit Sara zusammen und wir haben keine Kinder. Was seid ihr von Beruf? Physiker? Toll! Psychologin? Ts, ts. Sara sagt immer, ich sei verrückt und solle zu so einem gehen, hahahahahaha ... Wo kommt ihr jetzt her? Bahamas?

Schreib mir mal eine Liste der Häfen der letzten 30 Tage. Ich bin ein treuer Mann, weil ich mich für eine Frau entschieden habe, und dabei bleibt's, da brauch ich keine anderen. Jawohl. Impfpässe. Wir haben Denguefieber und Cholera hier, deshalb immer gegen Mücken einreiben und Wasser nur aus Flaschen trinken. Ah, Chips! Die sind ja gut! Wo kommen die denn her? Oh, Mexiko? Temperaturmessen bitte."

Wir sind dankbar, als er ein elektronisches No-touch-Thermometer zückt. „Alles gut. Fieber in den letzten Wochen? Nicht. My friend, kannst du mir noch ein Bier für Sara mitgeben, ein warmes? Super. Das Leben ist schwer. Mein Vater ist letztes Jahr in Miami am offenen Herzen notoperiert worden … hier ist die Rechnung (133.245,00 Dollar), die hat dann mein Bruder beglichen. Und die haben das Geld haben wollen, obwohl mein Papa drei Tage nach der Operation gestorben ist! Hat man Töne? Oh, und hast du eine Klarsichthülle, my friend? Unterschreib mal hier und hier und hier. Bootsstempel? Ah … Ich liebe die Deutschen, die haben alles parat, was ich brauche, das ist toll!"

Die Prozedur zieht sich über beinahe zwei Stunden. Mittlerweile ist es 22 Uhr, wir sind brotfertig, werden den Mann endlich los – mit vielen guten Wünschen und zwei ziemlich furchtbaren, feuchtschweißigen Küsschen auf meine Wangen. Wir trinken noch ein Bier und fallen ins Bett.

Ich möchte anmerken, dass der gute Doktor wirklich in Ordnung ist. Er ist freundlich und macht seinen Job. Dass er dabei ein bisschen, und ja, wirklich nur ein bisschen, für sich und die Seinen sorgt, ist total in Ordnung. Es ist uns nur streckenweise nicht ganz einfach, ernst zu bleiben, weshalb ich es tunlichst vermeide, meinen Gemahl auch nur ein einziges Mal anzuschauen, denn sonst käme es augenblicklich zu diplomatischen Verwicklungen.

***

Zwölf Stunden später nähert sich ein Boot, diesmal ein wirklich offiziell anmutendes. Mit einem Mann am Steuer und einem in Uniform, der dann auch an Bord kommt. Klein, schmächtig, ganz und gar korrekt und sehr zurückhaltend. Er nimmt ein Glas Saft an und regelt, was zu regeln ist. Nach 20 Minuten haben wir Visa für Kuba und er ist wieder weg. So einfach kann es gehen.

Die anderen Ämter, die uns eigentlich ebenfalls prüfen sollten, haben offenbar keine Zeit. Das ist ja auch kein Wunder, einen Tag vor Weihnachten.

Wir sind nun also offiziell in Kuba eingereist, die Q-Flagge, als internationales Signal für Quarantäne, ist abgenommen und das heißt: Wir dürfen an Land. Aus alter Tradition wird beim Segeln in fremde Länder ab dem Befahren der nationalen Hoheitsgewässer die Gastlandflagge gehisst und darunter eine gelbe Flagge (eben das „Q" für „Quarantäne" im Flaggenalphabet). Die Flagge bedeutet, dass man noch nicht einklariert hat.

In vielen Ländern begibt sich nach dem Ankern oder Anlegen der Kapitän samt Bootspapieren zum Zoll und zur Immigration. In anderen, wie hier auf Kuba, muss man an Bord warten, bis die Offiziellen da gewesen sind. Mancherorts sehen die Behörden den Vorgang ganz gemütlich und sagen auch nichts, wenn mit dem ersten Dinghi schon die komplette Besatzung von Bord geht. Eigentlich ist das nicht erlaubt, Länder wie Kuba handhaben das sehr streng.

Doch jetzt dürfen wir.

Wir fahren an Land. Schlendern durch die sparsam besetzte Marina, stellen uns beim Hafenmeister vor und holen uns eine Menge Anweisungen ab.

„Do not use your Dinghi except for going from Marina to boat and back – this is not authorized! Do not eat in private restaurants, this is not authorized!"

Es ist ein bisschen ermüdend. Der Hafenmeister erklärt uns den Unterschied zwischen den weitgehend wertlosen lokalen Pesos und den konvertiblen Pesos (CUC). Dann erzählt er uns noch, wie alt seine Kinder sind und wie praktisch es wäre, sollten wir auf unserem Boot für jedes Kind ein kleines Geschenk finden. Diese sollten wir ihm dann aber bitte diskret übergeben, denn seine drei Kollegen, mit denen er sich die 24-Stunden-Bewachung der Marina teilt, hätten schließlich auch Kinder.

Die Bitte wird sehr nett vorgetragen und ich habe auch sofort Ideen, welche Gegenstände an Bord altersgerecht und für uns Erwachsene entbehrlich sind.

Aus meinem Logbuch

Heute fahren wir mit einem Taxi (Lada, Baujahr 1970 oder so) nach Santiago, um uns die Stadt anzuschauen und hoffentlich ein bisschen Gemüse und Obst einzukaufen. Es verhält sich auf Kuba folgendermaßen: Du kannst ein offizielles Taxi nehmen. Das ist dann ziemlich neu und ziemlich langweilig und kostet mehr. Oder du kannst warten, bis der Hafenmeister oder wer auch immer einen Freund ruft, der im Besitz eines Autos ist. Dann musst du nehmen, was kommt. Es ist heute Feiertag, erster Weihnachtstag, der nach einer intimen Unterredung zwischen Castro und dem Papst wieder eingeführt wurde. Insofern ist angeblich auf der Straße nicht viel los. Der Fahrer heizt daher ohne Rücksicht auf Verluste und ohne Stoßdämpfer zwischen den Schlaglöchern, Pferdekarren, Hühnern, einer Ziegenherde, Radfahrern und Fußgängern hin und her, und wenn er links nicht vorbeikommt, dann eben rechts. Überall stehen Menschen in Grüppchen und warten vermutlich auf den Bus. Unser Fahrer sagt: Der Bus kommt auf jeden Fall. Er kann in fünf Minuten kommen oder in drei Stunden, das weiß keiner so genau, denn einen Fahrplan gibt es nicht. Wir werden im Zentrum abgesetzt und gehen los. Das ist nicht ganz einfach, denn auf einen Touristen kommen zehn „Agents", die dir sofort alles Mögliche anbieten. Es ist eine gute Übung, freundlich und klar „Nein" zu sagen, gefühlte zweihundert Mal am Stück. Wir gehen durch Straßen voller Menschen, Motorräder und zum Teil musealer Autos.

Ich muss immer wieder stehen bleiben, um eine solche Flut von Farben, Bewegungen und Geräuschen aufnehmen zu können, und kann es eigentlich doch nicht. Die Fußgängerzone ist gesäumt von Ständen, an denen von Schmuck über Gürtel und Schuhe bis hin zur Kinderbekleidung in kreischendem Tüll so ziemlich alles verkauft wird. Da wir nur ganz wenigen Touristen begegnen, realisiere ich irgendwann, dass all diese Waren für die Einheimischen sind. Und ja, da wird kräftig eingekauft. Leute, die Schuhe anprobieren, eine Mutter, die ihrer zweijährigen Tochter die Kleider ausgezogen hat, um sie in eine neongelbe Ungeheuerlichkeit aus besagtem Tüll zu stecken, wogegen sich das Kind verständlicherweise lautstark verwahrt. An einer Ecke ein Schuhmacher, der mit seinem Werkzeug dasitzt, daneben ein Mann, der einen Schuh am Fuß und den zweiten dem Meister überlassen hat. Dazwischen irgendwo ein Junge, der gegen die Hauswand gelehnt auf dem Boden hockt und völlig versunken in ein Heft auf einem Fußbänkchen schreibt oder malt, vielleicht macht er Hausaufgaben. All das findet in einem Klangraum aus vielen verschiedenen, sehr lauten und sehr rhythmischen Musiken statt, über die hinweg sich alle Anwesenden lebhaft unterhalten.

Auffällig ist, dass die Menschen nicht wegsehen, sondern mich anschauen, mir in die Augen schauen. Ein paar heben die Hand, einige grüßen mit ihrem Blick. Nachdem wir einmal vom zentralen „Park" weg sind, gibt es auch keine Verkäufer mehr, sondern es ist völlig selbstverständlich, dass wir da sind.

Wir gehen zurück zum „Park", wo ein großes klassizistisches Hotel steht, zu dem Einheimische keinen Zutritt haben. Ich merke, wie anstrengend so viele Reize für mich sind, was vermutlich noch dadurch verstärkt wirkt, weil wir aus der Ruhe des Ozeans kommen. Auf der Dachterrasse, von wo aus wir einen runden Ausblick auf die Stadt haben, essen wir ein Sandwich und trinken gegen die Hitze um die Wette.

Schließlich suchen wir den Weg zu einer Markthalle. Die Straße führt uns durch ein Viertel, das vom Tourismus völlig unberührt scheint. Gelegentliche Blicke in Hinterhöfe zeigen, wie die Menschen leben. Vor einer Tür sitzt ein Mann und rupft ein Huhn, hinter uns wird eine Wanne mit einer zweifelhaften Flüssigkeit ausgegossen, sodass wir einen Zahn zulegen, damit diese uns auf der abschüssigen Straße nicht „einholt". An der nächsten Ecke steht ein Mann, der einen offenbar frisch gekauften Schweinskopf am Ohr baumelnd mit sich trägt.

Der Markt ist nicht schön aber gut bestückt mit dem, was es eben gibt: Wurzeln, Zwiebeln, Paprika, Tomaten und Gurken, Bananen, Mandarinen, kleine Limetten und Ananas. Zum Vergleich mit unseren europäischen Preisen: Für einen Bund mit

15 Bananen bezahle ich umgerechnet 4 Cent. In die Halle fürs Fleisch gehen wir nicht, denn der Geruch schreckt mich ab.

Wir haben für heute genug. Am offiziellen Taxistand soll die Fahrt zur Marina das Doppelte vom Hinweg kosten. Oli verhandelt und schlägt schließlich 10 CuC (Cuban Convertibles), also ungefähr 10 Dollar statt der geforderten 25 vor. Daraufhin ruft der „Agent" einen Mann, der ohne weitere Worte mit uns um die nächste Ecke zu einem Privattaxi geht. Das Auto ist 50 Jahre alt und nicht mehr ganz intakt. Er öffnet zunächst alle Türen, dann geht er mit einer Zange daran, die Fenster herunterzukurbeln, die keine Kurbel mehr haben. Anschnallgurte gibt es nicht. Der Fahrer startet einen großen Ventilator, schaltet das Radio auf maximal, und los geht's. Er hat zwei funktionierende Gänge zur Verfügung und manchmal am Berg ein wenig Mühe.

Unser Fahrer spricht Englisch. Wir haben die Chance, über einige Dinge, die uns aufgefallen sind, mit einem Mann zu reden, der sich offenbar eine Menge Gedanken macht, der gern seine Meinung sagt und die unsere hört.

Wir kommen heil an, es war toll, und als ich den Fahrer um ein Foto mit ihm und seinem Wagen bitte, findet er das richtig klasse.

***

Die Allgegenwart sozialistischer Kontrolle fällt mir allerdings unangenehm auf. Die Reglementierung ist überall spürbar: beim Wachmann, der beim Verlassen und Betreten der Marina unsere Taschen kontrolliert – selbstverständlich nur während seiner Dienstzeit, danach können wir tun und lassen, was wir wollen; an den Checkpoints – wir werden auf dem Weg in die Stadt an zweien angehalten –, an denen Papiere zu zeigen sind, der Kofferraum geöffnet wird, es ein großes Palaver gibt; an der Tatsache, dass Einheimische in den besseren Hotels und Restaurants und in der Marina nicht geduldet sind; daran, dass Fidel Castro, als er noch am Leben war, bestimmt hat, dass in Kuba keine neuen Fischerboote mehr gebaut werden dürfen, weil sie Fluchtfahrzeuge nach Florida darstellen.

Mich bedrücken die riesigen Billboards an jeder Ecke, von denen einer der beiden Castro-Greise auf einen runterlächelt, immer mit mitfühlendem und freundlichem Gesichtsausdruck und doch ohne jeden Zweifel allmächtig und gefährlich, falls man nicht tun sollte, was angeordnet ist.

Ich glaube, das ist auch der Grund, warum ich mehr als bereit bin, von hier wieder abzufahren. Ich halte die Kluft zwischen meiner Ablehnung des Systems und meiner Zuneigung zu den Menschen schlecht aus, ohne meinem Unmut Luft machen zu können. Aber zum Luftmachen habe ich als Gast in diesem Land kein Recht.

Jamaica:
Eigene Erfahrungen sind besser

Wir lichten also den Anker und segeln weiter. Einen Tag vor Jahresende erreichen wir Jamaica. Es ist nicht zu leugnen: Unser Sohn Johannes hat recht gehabt. Als wir ihm erzählten, dass wir uns vor Jamaica fürchten, weil wir eine ganze Anzahl Geschichten über Einbrüche auf Yachten vor Anker, Übergriffe von Verwaltungsbeamten und allgemeinem Rassismus und Gewaltbereitschaft gegen Weiße gelesen hätten, meinte er nur: „Vielleicht ist es besser, ihr holt euch euren eigenen Eindruck ab."

Das tun wir, auch wenn wir mit einem gehörigen „Ja, aber" ankamen. Ergebnis: Wir können es hier sehr gut aushalten.

Wir haben uns für einen Yachtclub am Rand der riesigen Bucht entschieden, die den Naturhafen bei Kingston bildet. Hier hofften wir, einen Liegeplatz zu finden. Das erfüllt sich nicht, denn unser großes Boot hat keinen Platz in der eher kleinen und voll besetzten Marina. Also ankern wir und schlafen erst mal die Strapazen der Passage weg.

Am nächsten Morgen melden wir uns an und werden von Pat, der chinesischstämmigen Clubchefin in Empfang genommen und willkommen geheißen. Sie tut alles, um uns doch noch in der Marina unterzubringen, was ihr aber nicht gelingt. Als sie hört, dass wir einkaufen gehen wollen, holt sie ihre Auto-schlüssel und fährt uns zum Supermarkt, wartet dort auf uns und nimmt uns mit zurück.

Heute ist Silvester und am Abend ist Feiern an der Bar und im Restaurant angesagt. Kein Gedöns mit sieben Gängen und Polonaise, aber zur normalen Karte mit Cheeseburger, Pasta Alfredo und Sandwich gibt es heute zusätzlich Hummer. Wir sind schon recht früh dort, weil wir vor Mitternacht Zeit alleine verbringen wollen, um das alte Jahr gehen zu lassen und das neue willkommen zu heißen. Außerdem ist Feuerwerk angesagt. Welcher Platz eignet sich dafür wohl besser als das Trampolin von *Fat Cat*?

Pat gesellt sich zu uns und ab da werden wir herumgereicht und lernen eine Menge sehr unterschiedlicher Leute kennen. Sie sind weiß, spanischstämmig, chinesisch und schwarz und natürlich haben sie als Mitglieder des Royal Yacht Club das entsprechende Finanzpolster. Der Eindruck bleibt auch über diesen Abend hinaus bestehen: Ab einer gewissen Betuchtheit scheint die Hautfarbe egal zu sein. Es ist aber auch so, dass hier der Umgangston mit dunkelhäutigen Angestellten und Boat Boys freundlich und respektvoll ist, ganz bestimmt auch geprägt von der persönlichen Art der Chefin, die mit jedem in Kontakt geht und keinem das Gefühl gibt, er oder sie stehe unter ihr.

Als wir uns schließlich kurz vor Mitternacht mit einem Glas Sekt auf dem Trampolin wiederfinden, werden wir Zeugen eines ganz besonderen Hupkonzerts: Alle Ozeanriesen und sonstigen Schiffe in diesem großen Hafen lassen zum Jahreswechsel ihre Schiffssirenen dröhnen.

Am ersten Januar zeigt die Wettervorhersage, dass es auf der Route nach Panama Sturm und hohe Wellen gibt. Damit ist klar, dass wir eine Weile hier sein werden. Wir finden das sehr in Ordnung, denn es gibt uns die Möglichkeit, ein Auto zu mieten und die Insel kennenzulernen. Am nächsten Tag gibt es starken Wind mit heftigen Böen. Und einen Ankeralarm. Wir müssen unseren Ankerplatz verlegen. Unsere Tour wird warten, denn bei diesen Bedingungen verlassen wir *Fat Cat* auf keinen Fall. Der Wind hält auch am nächsten Tag weiter an, aber wir beschließen doch, wenigstens mit dem Dinghi in den Club zu fahren und dort schwimmen zu gehen und zu essen. Von dort aus können wir unseren Mast sehen und sofort an Bord zurückkehren, falls er sich bewegen sollte.

An diesem Tag lernen wir einen deutschen Botschaftsangestellten kennen, mit dem wir bei einem Bier über unsere geplante Inseltour sprechen. Er erzählt uns, wo wir hinfahren sollen und wo es in der Stadt einen guten Supermarkt gibt. Was wir ihn nicht fragen, ist, wo man in Kingston parken kann und wo man vielleicht eher nicht hinfahren sollte. Wir hätten es tun sollen.

Nachdem der starke Wind sich ein bisschen beruhigt hat, mieten wir am Flughafen, zu dem wir von der Marina aus zu Fuß gehen können, ein Auto. Mit Steuer auf der rechten Seite, denn hier fährt man links. Es ist klar, dass ich mich diesmal nicht weiter drücken kann: Ich werde einen Teil der Strecke fahren. Wir brechen am nächsten Tag früh auf. Der Hafenmeister wird nach unserem Boot schauen und Oliver hat die Anker-App in seinem Telefon angeschlossen, die mein Handy anruft, sobald der Kat sich bewegen sollte. Dann können wir im Club anrufen und man wird sich darum kümmern.

Wir fahren die Uferstraße nach Osten. Großzügige Villenviertel, die an die britische Kolonialzeit erinnern, wechseln sich ab mit sogenannten Shanty Towns, bestehend aus ärmlichsten Bretter- und Wellblechhütten. Hier wird greifbar, dass auf Jamaica jeder Fünfte unterhalb der Armutsgrenze lebt. Die Straßen sind in den Ortschaften voller Menschen. Wo auch immer wir entlangfahren, werden wir freundlich gegrüßt, sobald wir Blickkontakt aufnehmen.

Wir fahren um den ganzen Ostzipfel der Insel herum auf die Nordseite bis westlich von Port Antonio, von wo aus wir irgendwann zurück nach Kingston abbiegen. Was wir zu sehen bekommen, ist nur ein kleinerer Teil der Insel und insofern sicher nicht repräsentativ, denn Jamaika scheint in seinem Charakter sehr vielseitig zu sein.

Wir sind auf unserer gesamten Runde in gebirgiger Landschaft unterwegs. Weite Teile dieser Gegend sind aus Naturschutzgründen zum Nationalpark erklärt worden. Nur gelegentlich passieren wir Kaffee-, Bananen- oder Zitrusplantagen. Die Höhen der Blue Mountains ziehen sich hier bis direkt an die Küste.

Der Hunger treibt uns bei Port Antonio in ein jamaikanisches Schnellrestaurant, in dem es außer uns nur einheimische Schüler und ein paar Arbeiter im Blaumann gibt. Das Essen hat verblüffende Ähnlichkeit mit dem, was Läden wie McDonald's überall auf der Welt servieren. Ich bin enttäuscht, denn mich hatte die Beschreibung der jamaikanischen Fusionsküche neugierig gemacht. Der Koch im Yachtclub hatte mir auf meine Frage hin in leuchtenden Farben die asiatischen, europäischen, indischen und afrikanischen Einflüsse auf die Kochkunst der Insel beschrieben. Ich hoffte, auf dieser Fahrt in ihren Genuss zu kommen. Aber wir werden satt und so ist es in Ordnung.

Den Rückweg nehmen wir durch den Bergwald der Blue Mountains auf einer wenig mehr als einspurigen Straße, die bei Gegenverkehr einem Hindernisparcours gleicht. Auch hier wird Kaffee angebaut und geröstet. Wir kaufen für unsere Vorräte eine größere Menge davon ein und freuen uns darauf, ihn zu kosten. Wir erreichen vor der Dämmerung unsere Marina und sind zufrieden und erledigt.

Aus meinem Logbuch

Die chaotischste unserer Stadttouren findet am nächsten Tag in Kingston statt. Wir haben uns vorgenommen, die Nationalgalerie zu besuchen, in einem typischen Viertel zu Fuß spazieren zu gehen, im teuersten Shoppingcenter der Stadt herumzubummeln, an einen bei den Einheimischen beliebten Strand auf der anderen Seite der Stadt zu fahren, um dort an einem seiner berühmten Food Shacks doch noch typisch Jamaikanisch zu essen und schließlich in einem gut sortierten Supermarkt einzukaufen.

Als Erstes geraten wir im Hafenviertel in ein Straßen- und Gassengewirr, das eine Art Markt zu sein scheint. Autos, Lieferwagen, Mopeds, Hunde, Ziegen, unzählige Menschen. Keiner scheint irgendwelche Verkehrsregeln zu kennen oder zumindest werden sie ignoriert. Von allen Seiten tönt Hupen, Stimmengewirr und extrem lauter Reggae. Wenn es links nicht weitergeht, dann rechts, aber da steht auch schon einer. Also hält man an und lehnt sich auf die Hupe. Das Ganze passiert nicht genervt oder unfreundlich, sondern mit totaler Gelassenheit, aber es ist so dicht, so viel, so laut, dass wir beide so schnell es irgend geht das Weite suchen. Hier den Wagen stehen zu lassen und zu Fuß weiterzugehen, scheint uns keine gute Idee zu sein.

Den Strand mit seinen bunten Bretterbuden finden wir zwar nach einigem Umherirren, aber unter der Woche ist dort einfach überhaupt niemand. Das ist eigentlich logisch, aber wir hatten es nicht bedacht.

Von den verbleibenden Punkten auf unserer Sightseeing-Liste gelingt uns bis auf den Supermarkt leider keiner. Eigentlich will ich sehen, wo die vielen Leute einkaufen gehen, die so schick und farbenfroh gekleidet sind. Sie fliegen garantiert nicht alle zum Shoppen nach Miami. Ich habe die Straßenadresse einer Shoppingmall und denke, damit sei es eine leichte Übung, sie zu finden. Im Unwissen über die Tatsache, dass die Stadt vor Autoverkehr fast platzt, machen wir uns mittels einer kleinen Papierkarte auf die Suche und finden zumindest das richtige Stadtviertel. Auch wenn es unglaublich klingt: Es gelingt uns nicht, das Auto irgendwo abzustellen, wo wir hoffen können, es später wiederzufinden. Parkplätze? Parkhäuser? Nein und nein. Straßenrand? Da steht kein einziges Auto, und das bedeutet, so vermuten wir, dass Parken hier verboten oder nicht empfehlenswert ist. Wir finden schließlich schon ziemlich genervt eine Art Businessgebäude, auf dessen Parkplatz wir fahren, obwohl auf einem großen Schild zu lesen steht, dass man nur parken darf, wenn man hier auch etwas zu tun hat. Ein Mann, den wir nach dem Weg fragen, sieht uns erschrocken an und meint, da seien wir aber so was von falsch, das Shoppingcenter liege ganz woanders. Es folgt eine unentzifferbare Wegbeschreibung, der wir – im Auto natürlich – irgendwie folgen. Nur um schließlich am anderen Ende derselben Straße, von der aus wir losgefahren sind, zu landen. Keine fünf Minuten weg, wenn man mal die gefühlten zweitausend Ampeln mit Bananenverkäufern, Scheibenwaschern und Anbietern überdimensional großer Joints abzieht, von denen sie je 20 in einem Sträußchen vor sich hertragen.

Hier gibt es einen wirklichen Parkplatz! Wir fahren rein und fragen die Uniformierte an der Einfahrt nach der Mall.

„Ooooooh, das ist hier nicht, das ist viel zu weit zu Fuß." Rausfahren, links, dreimal rechts, einmal Überschlag, dann sind wir genau da. Das haben wir dann auch noch gemacht. Genau zwei Sträßchen weiter, ganz sicher keine fünf Minuten zu Fuß, befinden wir uns auf der gesuchten Straße. Finden tatsächlich einen Parkplatz, der zu einer schmuddeligen Mall gehört und fragen eine Passantin nach der Adresse auf unserem Zettel. Die junge Frau schaut auf meine Frage etwas ungläubig. Hier gebe es nur Banken und Firmen, meint sie, zum Shoppen müssten wir … An dieser Stelle geben wir auf.

Für die Galerie haben wir keinen Nerv mehr, die hat wahrscheinlich auch keinen Parkplatz. Der Supermarkt hingegen ist cool, denn erstens finden wir ihn und zweitens können wir noch ein paar Dinge einkaufen, die es nicht überall gibt.

Wir haben heute gelernt, dass der Besuch einer fremden Großstadt leichter und wahrscheinlich erfolgreicher verläuft, wenn wir uns ein Taxi nehmen.

***

Zwei Tage später machen wir los zu unserem 550 Seemeilen langen Schlag nach Colon in Panama. Das Wetter wird nicht rosig sein, aber es hat sich so weit beruhigt, dass wir glauben, gefahrlos segeln zu können.

Als Paar an Bord:
Als Einheit sind wir stark

Das Reisen auf einem Boot zu zweit in einer Paarbeziehung, die unerprobt ist, wird nicht gelingen. Beim Segeln auf hoher See geht es um viel. Jeder muss sich hundertprozentig auf den anderen verlassen können. Jeder von beiden kann etwas anderes gut. Und in den meisten Fällen gibt es einen, der mehr Erfahrung, mehr Kraft hat, der ausdauernder ist, der es einfach besser kann. Das Boot ist kein Ort, um Grundsatzkonflikte auszutragen.

In einer Paarbeziehung geht es vor allem in den ersten Jahren auf dem Weg vom „Ich" zum „Wir" um das Austarieren der Machtverhältnisse einerseits und andererseits um den Abschied vom guten alten Märchen, ich könnte meinen Partner so gestalten, wie ich ihn mir wünsche. Wer hat recht? Wer weiß es besser? Wer kann es besser? Wer hat die Hosen an?

Nun stelle man sich eine kritische Situation vor, in der es schnell und korrekt zugehen muss. Wir sind beide angespannt, vor allem dann, wenn wir beim Segeln noch nicht so viel Erfahrung haben. Wenn ich nun anfange, mit meinem Partner darum zu kämpfen, wer das Sagen hat, ob er mich herumkommandieren darf, ob er – oder ich – die Dinge richtig oder falsch macht, dann kann das ganz schnell schiefgehen. Wie verbreitet diese

Problematik unter Paaren ist, bekommt man speziell in Marinas oder im Ankerfeld häufig vorgeführt.

Oliver und ich nennen das „Hafenkino". Da nähert sich eine Yacht mit einem Paar an Bord. Oft genug kann man schon von Weitem an der Haltung der Protagonisten sehen, dass sie extrem angespannt sind. Im Näherkommen hört man erhobene Stimmen und es ist nicht schwer, zu erkennen, dass sich die beiden beharken. Die Aufgabenverteilung ist nicht geklärt und man hat den Eindruck, dass beide sich mehr in die Quere kommen, als sich zu unterstützen. Meistens geht zum Glück alles gut und das Boot liegt irgendwann fest vertäut am vorgesehenen Platz. Wie es dann aber um die Laune und den nervlichen Zustand des Paares bestellt ist, will ich lieber nicht wissen.

Auch wir machen am Anfang diesbezüglich jeden nur denkbaren Fehler. Oliver wird laut, wenn er nervös ist. Das hat zur Folge, dass er bei ungewohnten Manövern gerne mal anfängt zu schreien. Darauf reagiere ich allergisch. Ich werde pampig und schreie zurück. Mehr als einmal haben wir dadurch kritische Situationen hervorgerufen, weil unsere Aufmerksamkeit mehr beim Streiten als beim Manöver lag.

Ein anderer Fall: Ich bemerke ein ungewöhnliches Motorengeräusch. Oliver beschwichtigt mich, anstatt nachzusehen. Ich denke daraufhin natürlich, dass er mich für hysterisch hält, und bin beleidigt. Tatsächlich ist es so, dass er gewohnheitsmäßig sich selbst durch Beschwichtigung zu beruhigen versucht. Er meint gar nicht mich – obwohl ich in diesem Fall am Ende recht behalten habe.

Wie alle Partner in einer Paarbeziehung sind Oliver und ich zwei Seiten einer Einheit. Einer Einheit, die wir beim Segeln auch sein müssen, um für maximale Sicherheit zu sorgen. Anstatt uns darüber zu streiten, wer von uns beiden besser ist, gelingt es uns im Laufe der Zeit, unsere unterschiedlichen Fähigkeiten zu vereinen. Oliver hat mehr Kraft als ich. Er hat deutlich mehr Segelerfahrung als ich. Er ist technisch um Klassen versierter als ich. Oliver hat weniger Angst im Wasser und kann daher die Arbeiten unter Wasser entspannter ausführen als ich. Ich wiederum habe das bessere Augenmaß. Ich kann besser einparken und auf den Punkt an einer Boje anlegen. Mein Geruchssinn und mein Gehör sind feiner. Ich bleibe in kritischen Situationen ruhiger und entspannter. Ich bin in großen Höhen weitgehend angstfrei; ich habe keine Mühe, mich am Mast hochziehen zu lassen, um an der Mastspitze eine neue LED-Birne einzuschrauben oder eine Reparatur vorzunehmen.

Es ist doch bedeutend besser, diese Fähigkeiten alle zu vereinen, anstatt sie dem anderen abzusprechen.

All dies ist uns bald bewusst. Daher haben wir für uns eine Routine entwickelt: Wir wechseln uns täglich beim Tragen des Skipperhuts ab. Das heißt, wenn Oliver Skipper ist, hat er die volle Weisungsbefugnis. Ich führe ohne Widerspruch das aus, was er mir aufträgt. Sind die Bedingungen schwierig und haben wir die Zeit, so besprechen wir vor einem Manöver kurz, was anliegt und wie wir es durchführen wollen. Nach jedem Manöver nehmen wir uns grundsätzlich ein paar Minuten Zeit, um Revue passieren zu lassen, was gut gelaufen ist und was schlecht. Das gibt uns die Chance, für die nächsten Male unsere Kooperation zu optimieren. Auf diese Weise hat sich für häufig durchgeführte Manöver wie das Bergen der Segel oder das Anlegen an einer Boje so etwas wie eine Choreografie ohne viele Worte zwischen uns entwickelt. Davon abgesehen übernimmt Oliver alle Arbeiten im und unter Wasser. Ich führe zum Ausgleich alles aus, was in der Höhe erledigt werden muss. Bei allem, was wir beide gleichermaßen gut können, aber nicht so gerne tun, wechseln wir uns ab. Das betrifft zum Beispiel das Handling des Wassermachers, wozu wir aus dem Cockpit aussteigen und bestimmte Handgriffe an der offenen Luke vornehmen müssen. Liegen wir dabei vor Anker, dann ist das überhaupt kein Problem. Beim Segeln hingegen ist die Aufgabe unangenehm, besonders bei wildem Wetter, denn man hat auf den Stufen hinten am Katamaran keinerlei Abstand zu den Elementen mehr.

Viele der Segelmanöver spielen sich mit der Zeit auf eine bestimmte Weise ein. Müssen wir halsen, Segel setzen oder bergen, reffen oder ausreffen, so sitze ich am Steuer, während Oliver die Segel handelt. Was viel Kraft kostet, ist eher sein Metier.

Die Frage, ob solch eine festgelegte Aufgabenteilung erlaubt ist oder nicht, stellt sich für uns nicht. Selbstredend müssen wir beide alles beherrschen, was dem Erhalt unserer Sicherheit dient. Und ja, wir kennen die Debatte um eine geschlechterspezifische Aufgabenteilung im normalen Leben. Mit dieser in meinen Augen nutzlosen Diskussion habe ich schon an Land meine Schwierigkeiten. Jawohl, die Küche, die Wäsche und die Pflege der Innenräume sind auf dem Boot meine Aufgabe. Na und? Das fällt mir leicht und ich tue es gern. Dass es althergebrachte Frauentätigkeiten sind, macht mir keinen Stress und Oliver auch nicht. Er wartet währenddessen den Motor, hält die Winschen sauber und gängig, schaut nach den Seeventilen und Abflüssen und kümmert sich um den niemals endenden Kampf gegen Salzverkrustung und Rost.

Wir sind uns einig, beim Segeln die Dinge so zu verteilen, dass jeder von uns möglichst das tut, was er gut kann und was ihm Freude macht. Alles, was für uns beide lästige Pflicht ist, erledigen wir abwechselnd. Wichtig ist doch nur die ungefähre Ausgewogenheit unserer beiden Arbeitsmengen. Und über einen Mangel an instandhaltenden Tätigkeiten an Bord können wir uns wirklich nicht beklagen.

So viel zur technischen Kooperation. Die Frage des Miteinanders an Bord geht aber noch weiter. Auf einem so stark begrenzten Lebensraum ohne Ausweichmöglichkeiten kommt es zwangsläufig zu Reibungen, vor allem zwischen zwei derart sturen und eigensinnigen Menschen, wie wir es sind. Ein Faktor, der bei Langfahrttörns erschwerend hinzukommt, ist die Müdigkeit. Auf Passagen ist tiefer, erholsamer Schlaf so gut wie unmöglich. Solange die Passage andauert, geht es in erster Linie um die Sicherheit an Bord und das Ankommen am richtigen Ort. Dieser Zeitraum ist ungeeignet für größere Auseinandersetzungen. Unser Augenmerk liegt auf einem verträglichen Miteinander ohne Diskussionen, für die man besser wach und ausgeruht sein sollte. Solche Gespräche werden auf einen Zeitpunkt nach der Passage verschoben.

Um ein gesundes und leichtes Miteinander aufrechtzuerhalten, behalten wir auch auf Passagen unsere angestammten Rituale bei, soweit das möglich ist. Wir trinken morgens beim Wach-wechsel zusammen einen Kaffee und lesen ein Stück Text aus einem Buch, das wir gemeinsam ausgesucht haben. Wir essen gemeinsam. Wir genießen abends gemeinsam einen Sundowner, auf Passage ohne Alkohol, aber trotzdem wohlschmeckend.

Um Vertrauen und Aufgehobensein zu erleben, müssen wir beide lernen, über unseren inneren Zustand, unsere Gefühle, un-sere Gedanken, unsere Tagesform zu sprechen. Das fällt manch-mal nicht leicht. Wie aber kann ich meinem Partner Rückhalt geben, wenn er Angst hat, solange ich gar nicht weiß, dass dies der Fall ist? Daher ist ein langfristiger Rückzug ins eige-ne Schneckenhaus sicherlich nicht wünschenswert. Die Kunst besteht darin, Ausgewogenheit zu schaffen zwischen einander sein lassen und schweigen einerseits und Kommunikation und Austausch miteinander andererseits. Jeder von uns muss sich immer wieder klarmachen, dass wir 24 Stunden sieben Tage die Woche auf engem Raum zusammen sind, dass wir einan-der nicht entkommen können, selbst wenn wir es wollten. Jeder braucht seinen eigenen privaten Raum, in den der andere nicht ohne Einladung eindringen darf.

Wir brauchen aber auch Interesse an dem, was den Partner beschäftigt, wir brauchen gemeinsames Erleben und das Teilen der schönen und der schwierigen Gefühle und Zustände. Es ist unsere Aufgabe, einander zu ergänzen und zu stützen. Es ist ja auch so, dass unsere Zustände einander bedingen. Ich kann zum Beispiel nur deshalb ein wildes Wetter sorgenfrei genießen, weil ich einen Partner habe, der dazu neigt, sämtliche Eventua-litäten und den möglichen Umgang damit im Voraus zu durch-denken.

Wir machen außerdem die Erfahrung, dass so gut wie nie beide Partner gleichzeitig Angst haben, traurig, mutlos oder orientierungslos sind. In schöner Abwechslung erwischt es mal den einen und mal die andere. Und wie im „richtigen Leben" ist es wichtig, nicht bei einer gefühlten Verstimmung des Part-ners sofort „helfend herbeispringen" zu wollen. Jeder von uns hat das Recht aufs „Kochen im eigenen Saft" ohne Interventi-on von außen. Und oft ist es ja gerade die Tatsache, dass mein

Partner gut gelaunt seinen eigenen Gefühlen nachgeht, die mir die Freiheit gibt, mich durch etwas Inneres hindurchzuarbeiten. Vielleicht kann die Regel heißen, nie zu intervenieren, bevor der andere darum bittet?

Was also brauchen wir als Paar, um harmonisch miteinander zu reisen? Viel ist es gar nicht, aber es geht ans Eingemachte, an unsere tiefen inneren Muster. Es ist bedingungsloses Vertrauen in die Fähigkeit und Ernsthaftigkeit des anderen. Die Bereitschaft, die Kontrolle abzugeben. Selbstreflexion, was das eigene Innenleben, den eigenen Zustand betrifft, und die Offenheit, sich darüber mitzuteilen. Eine gut funktionierende Kommunikation. Und, schließlich und endlich, eine gute Portion Humor, um die Stolpersteine im Alltagsleben als Paar nicht nur zu erkennen, sondern auch gemeinsam herzhaft darüber lachen zu können.

Alle Themen, die hier eine Rolle spielen, existieren natürlich auch in jeder Paarbeziehung an Land. Der große Unterschied allerdings liegt in ihrer Intensität. Das Leben auf engem Raum, das Fehlen von Ausweichmöglichkeiten, potenziell schwierige Situationen und überdurchschnittlich viel intensive Beschäftigung mit sich selbst und den eigenen inneren Themen potenzieren das Pulverfass, das wir als Paar mit uns führen.

Panama:
„The honeymoon is over"

Mitte Januar landen wir in Panama. Nach einer viertägigen anstrengenden Passage von Jamaica erreichen wir um 2 Uhr nachts Colon, den atlantikseitigen Hafen vor dem Kanal. Entgegen der ein oder anderen Befürchtung ist die nächtliche Einfahrt in den Hafen einfach. Ein kompetenter und gut organisierter Hafenmeister weist uns über Funk ein und sagt uns genau, wo wir zum Ankern hinfahren sollen. Die Besatzung eines kleinen Lotsenbootes klärt uns am nächsten Morgen darüber auf, dass wir von diesem Ankerplatz aus nicht wirklich viel bewegen können. Wir liegen auch nicht gut, der Anker hat sich bereits einmal verabschiedet und durch die Ozeanriesen, die sich ständig an uns vorbei Richtung Kanal oder Dock schieben, kann man von ruhigem Liegen nicht wirklich sprechen.

Die Marina, die wir uns ausgeguckt haben, um von dort aus alles Notwendige in die Wege zu leiten, gibt es nicht mehr. Wir buchen einen Liegeplatz in der Shelter Bay Marina. Von hier aus können wir einklarieren und unseren Agenten kontaktieren, der uns bei der Vorbereitung unserer Kanalpassage betreuen wird. Eine solche Passage ist mit einer Vielzahl von amtlichen Formalitäten verbunden, die ohne gute Kenntnis der spanischen Sprache sicherlich sehr mühsam wären. Nach dem Ausfüllen einer Flut von Formularen und dem Bezahlen der Gebühren bekommen wir Datum und Uhrzeit für unsere Passage sowie die Information, wann und wo der Lotse, den wir an Bord nehmen werden, zu uns stößt. *Fat Cat* muss offiziell vermessen werden. Es gilt, die sogenannten „Line handlers" zu engagieren. Diese Hilfskräfte fahren auf der Passage mit und sind an Bord dafür zuständig, die Leinen, die das Schiff in der Mitte der Schleusenkammer halten sollen, nachzusetzen oder zu lockern, je nachdem, ob der Wasserpegel gerade steigt oder sinkt. Da unsere nächste Station im Pazifik die Galapagos-Inseln sein werden, brauchen wir außerdem eine Begasung des Schiffsinneren zur Tilgung etwaigen Ungeziefers. Bei so vielen Einzelheiten, die organisiert werden müssen, denken wir nicht einmal daran, unser Glück ohne einen orts- und vorgehenskundigen Agenten zu versuchen. Am Nachmittag ist dieser telefonisch erreichbar und kündigt seinen Besuch an Bord für den kommenden Tag an.

Die Atmosphäre in dieser Marina ist ganz anders, als wir sie in anderen Marinas erlebt haben. Viel Erfahrung mit Yachthäfen haben wir zwar nicht, weil wir, wo es geht, lieber ankern. Aber hier liegt ein Fieber in der Luft, das nicht wirklich beschreibbar ist, eine Dringlichkeit, der sich offenbar niemand entziehen kann. Sicher, es gibt auch einige Yachten, die hier zu Hause sind. In der Mehrzahl finden sich in Colon aber Segler, die entweder von der Pazifikseite angekommen sind und sich hier ausruhen, oder es sind Leute wie wir, die sich auf die Kanalpassage in den Pazifik vorbereiten.

Und natürlich weiß ich nicht, wie oft die anderen diesen Übergang vom Atlantik in den Pazifik schon gemacht haben. Für uns ist es das erste Mal und wir sind beide unruhig und aufgeregt und neugierig und erwartungsvoll. Alles hier kommt uns ein bisschen vor wie die Schwelle zu einer neuen, noch unbekannten Welt.

Am Nachmittag des nächsten Tages kommt unser Agent an Bord. Er überschüttet uns mit Informationen über die Passagenanmeldung und die verschiedenen Möglichkeiten der Passage durch die Schleusen. Je nachdem, wie viele Yachten zur Passage anstehen und wie sie zusammenpassen, fährt man als Einzelyacht alleine in der Mitte oder im Zweier- oder Dreierpack, möglicherweise in Kombination mit größeren Schiffen. Über diese Frage kann man nicht selbst verfügen, das entscheidet das Hafenamt je nach Gegebenheit. Der Agent spricht über die Vermessung unseres Bootes durch das Hafenamt, über die besagten Line Handlers, von denen wir auf jeden Fall drei brauchen – ich werde dann die vierte sein.

Er erklärt, welche Erwartungen diese Männer an die Verpflegung stellen und dass sie an Bord schlafen werden, denn auf dem See in der Mitte des Kanals ist eine Übernachtung vor Anker vorgesehen. Er weist uns darauf hin, dass seine Leute nicht aus Gläsern trinken und erwarten, dass wir ausreichend Sprudel in kleinen Flaschen an Bord haben. Er vermittelt uns Fachleute für die Begasung gegen Ungeziefer.

Wir sind beide komplett überfüttert mit Informationen, als sich der Mann schließlich verabschiedet. Und ich merke, dass ich mich ärgere: Die Aktion kostet ziemlich viel Geld, das wir bezahlen, weil wir durch den Kanal wollen und keine Wahl haben. Und dann sitzt der Mann da und klärt mich in deutlichen Worten auf, woraus eine vollwertige warme Mahlzeit zu bestehen hat, dass ich bitte genug kochen soll, denn das sind Studenten, die wollen reichlich essen, was ich zum Frühstück und als dritte Mahlzeit servieren soll und so weiter. Sein Ton gefällt mir nicht. Ich ärgere mich eine Weile und besinne mich dann, dass diese Passage wirklich spannend ist und wir sie vermutlich nur einmal in diesem Leben machen werden. Also beschließe ich, das Ganze als Party zu betrachten, deren Gäste ein anderer eingeladen hat, die aber hoffentlich in Ordnung sein werden. Einmal diesen Beschluss gefasst, geht es mir wieder gut.

Wir arbeiten uns durch die ganze Liste mit Aufgaben: Einkaufen. Lebensmittel verarbeiten. Termin für die Begasung gegen Ungeziefer machen. *Fat Cat* vermessen lassen. Termin mit einem Motortechniker vereinbaren wegen eines kleinen Lecks, mit dem wir nicht so gerne weiterfahren wollen. Wir bekommen das alles und noch ein paar mehr Sachen geregelt und haben dabei keine Ahnung, wann wir unseren Transfer haben werden. Sobald der Agent unseren Passagetermin erfahren wird, wird er uns davon unterrichten …

Da am selben Tag das Boot vermessen wird und der Agent uns jemanden angekündigt hat, der es begasen will, hat Oliver vor Ort alle Hände voll zu tun. Ich muss deshalb einen großen Einkauf alleine stemmen. Ich habe Respekt davor, weil ich das Land nicht kenne, die Sprache nicht spreche und weil die Logistik mit größeren Mengen an Lebensmitteln nicht ganz einfach ist. Wir haben schon am Abend zuvor einen Taxifahrer verpflichtet, mich für einen Festpreis die 45 Kilometer zum Supermarkt zu fahren, dort auf mich zu warten und mich dann zurück zur Marina zu bringen. Ich steige ein und habe ein bisschen Schiss.

Der Mann spricht Englisch. Schon nach kurzer Zeit wird mir klar, dass ich mich mal wieder umsonst gefürchtet habe, denn was ich zu sehen bekomme zusammen mit seinen Erläuterungen, ist toll. Wir fahren durch undurchdringlichen Urwald mit riesenhaften Palmen und Bäumen und Strelitzien, die wie Unkraut am Straßenrand wuchern. Angeblich gibt es hier Affen, Panther, Tiger und Krokodile. Ich sehe nur ein Gürteltier und das ist auch schon ziemlich tot.

Wir passieren die militärischen Überreste aus der Zeit vor 1999, als die Amerikaner sich noch im Besitz des Kanals fühlten. Und dann: der Kanal. Wir fahren an ihm entlang bis zu einer Kreuzung mit roter Ampel. Es gibt vor der ersten Schleusenkammer nur ein kleines, einspuriges Klappbrücklein unten am geschlossenen Schleusentor entlang. Wenn man da ganz unten entlangfährt, ist die Höhe des Tores bombastisch. Dann die Baustelle des neuen Kanals, der zu diesem Zeitpunkt noch nicht fertig ist. Und Colon.

Der Fahrer setzt mich vor einem großen Supermarkt ab. Er ist keine Shoppingmall, aber er hat ein gutes Angebot. Ich kaufe zwei Stunden ein, frage mich mit Händen und Füßen gestikulierend und auf Englisch durch und erlebe die Menschen als offen, freundlich, sehr hilfsbereit und immer zu einem gemeinsamen Lachen aufgelegt. Dann fahren wir zurück. Mein Privatfahrer hilft mir ausladen. Es war tatsächlich ein sehr schönes Erlebnis.

Ich wüsste es ja zu schätzen, wenn die ängstlichen Stimmen in meinem Inneren daraus etwas lernen könnten, aber ich fürchte leider, sie sind dazu zu blöd. Jedenfalls verräume ich die Vorräte und stehe nun vor der Aufgabe, das frische Fleisch zu garen, das Gemüse sorgfältig abzutrocknen, alles Mehlhaltige zu vakuumieren und zwischendurch Oliver zu helfen, Diesel aus Kanistern in unsere Tanks zu füllen, denn der Tanksteg ist durch ein größeres Schiff besetzt.

Bei 40 Grad im Schatten koche ich die „warme Mahlzeit" für uns und unsere Line Handlers sowie unser Abendessen für heute und bin nahe dran, vor Hitze zu zerfließen. Wir haben immer noch keine Nachricht über unseren Passagetermin.

Dann passiert endlich etwas. Um 14 Uhr kommt unser Agent mit drei jungen Männern sowie zehn mit Folie bezogenen Reifen zur Verstärkung unserer Fender und vier sehr langen Leinen für die Schleusen. Um 16 Uhr legen wir ab, die Reifenfender werden angebracht und die Leinen vorbereitet. Unser Lotse kommt an Bord. Wir werden als Beigabe eines großen Frachters durch die Schleusen gehen.

Um 18 Uhr geht es richtig los, es wird langsam dunkel und fängt just an, stark zu regnen. Die ersten drei Schleusenkammern werden uns auf das höhere Wasserniveau des Gatun Lake bringen, der in der Mitte des etwa 80 Kilometer langen Kanals liegt, der Atlantik und Pazifik miteinander verbindet. An der ersten Schleuse kommt – oh Gipfel der High-Tech! – ein Ruderboot, um die Leinen des Frachters anzunehmen. Diese übergibt er dann an kleine Lokomotiven, die – zwei links, zwei rechts – den Frachter genau in der Schleusenmitte halten.

Panamax-Frachter, also solche, die gerade noch in die Schleusenbecken passen, haben dann links und rechts je einen halben Meter Platz. Die Lokführer haben Übung. Über Funk hören wir, wie der Lotse sie anweist, wann sie bremsen sollen. Bei uns geht das gemächlicher. Wir haben den Hauptgewinn gezogen – wir fahren „Center chamber". Das heißt, wir müssen weder an der Wand der Schleuse noch an einem anderen Schiff oder einem Schlepper längsseits gehen.

Als der Frachter festgemacht hat, fahren wir hinter ihm in die Schleuse ein und bekommen von vier Leuten Leinen mit einem kleinen Lederball am Ende, der sogenannten Affenfaust, zuge-

111

worfen. An die machen wir unsere Leinen fest, sie werden hochgezogen und oben an den Pollern belegt. Ich übernehme an einer der vier „Bootsecken" das Line Handling, „unsere" drei jungen Männer positionieren sich an den übrigen Ecken von *Fat Cat*.

Das Wasser beginnt zu steigen. Es ist meine Aufgabe, immer wieder die Leine zu straffen, damit sie das Boot auch wirklich hält. Sobald das Wasser ganz hoch gestiegen ist, wird die Leine oben losgemacht. Sie fällt ins Wasser und ich ziehe sie möglichst schnell ein und schieße sie wieder ordentlich auf, damit beim nächsten Hochziehen keine Verstrickungen entstehen. Dann sind wir die ersten 9 Meter höher und fahren in die nächste Schleuse ein.

An Professionalität ist das Personal schwer zu überbieten. Man kann förmlich sehen, dass sie das schon seit Langem machen. Die Lotsen geben klare Kommandos, sie werden sofort umgesetzt und nach kurzer Zeit ist allen klar, wie die Dinge ablaufen. Erst geht es drei Staustufen hoch. Dann befinden wir uns 27 Meter über dem Atlantikniveau im Gatun Lake. Am nächsten Tag müssen wir erst 30 Seemeilen unter Motor fahren, bis wir am Nachmittag zu den Pazifikschleusen kommen.

Am Ende der dritten Kammer bin ich erledigt. Die Leinen aufzufangen, zu knoten, auf Zug zu halten und wieder ordentlich abzulegen, nachdem sie losgeworfen wurden, ist körperlich eine große Anforderung. Aber es geht um meine Bootsfrauenehre und es ist daher ausgeschlossen, als Frau womöglich langsamer zu sein als die Männer oder Hilfe beim Ziehen zu benötigen. Ich scheine ein wenig Eindruck zu schinden, denn die Männer gehen ab da ein bisschen anders mit mir um. Es war bisher normal, dass man Oliver mit Handschlag begrüßte und ich, wenn ich Glück hatte, mit einem kurzen Kopfnicken bedacht wurde. Wir legen an einer Boje im Gatun Lake an, essen zu Abend, unterhalten uns noch eine Weile und fallen ins Bett.

Am nächsten Morgen erwachen wir zum Geschrei der Affen im Urwald, der ungefähr 100 Meter von uns entfernt beginnt. Nachdem wir um 7 Uhr den neuen Lotsen aufgenommen haben, geht es weiter, wieder bei strömendem Regen. Wir fahren den ganzen Vormittag den Kanal entlang, der zunächst noch ein

Teil des Gatun Lake und entsprechend seiner natürlichen Form gewunden und von Dschungel umgeben ist. Später geht er geradeaus und offensichtlich künstlich angelegt weiter und bietet ab da nur noch wenig fürs Auge. Es folgen noch einmal drei Schleusenkammern, diesmal fällt das Wasser und ich muss von meiner Leine in jeder Kammer so lange etwas „rauslassen", bis wir ganz unten angekommen sind.

Dann ist es so weit: Wir sind im Pazifik! Es ist noch eine kleine Wegstrecke bis zu der Marina, vor der wir an einer Boje festmachen. Von dort werden der Lotse und die Line Handlers abgeholt, und wir sind alleine. Ich brauche noch eine Weile, bis ich ankomme. Wie so oft bin ich langsam bei der Verarbeitung starker Eindrücke. Der Liegeplatz ist suboptimal, da er direkt an der Fahrrinne liegt und wir alle paar Minuten die Fahrwelle der passierenden Schiffe abbekommen. Wir sind so erschöpft, dass uns das reichlich egal ist.

In einem unserer Gespräche entdecken Oliver und ich, dass wir zur gleichen Zeit über das gleiche Thema nachdenken: dass unsere Reise sozusagen den Honeymoon hinter sich hat. Unser Leben an Bord, in der Fortbewegung und in der Fremde ist inzwischen für uns zum Normalzustand geworden. Das versteht sich im Grunde von selbst und ist insofern notwendig für unser Wohlbefinden und unsere Sicherheit, als wir Menschen nicht ohne Routinen auskommen. Und, wie jeder weiß, der das Autofahren erlernt hat, sind automatisierte Abläufe der Schlüssel zum sicheren Fahren. Diese Entstehung von Routine und Gewohnheit ist an sich eine spannende Sache. Oliver und ich schauen uns immer wieder bei diesem Prozess zu und stellen fest, wie sehr der technische Umgang mit *Fat Cat* auch heute noch einer Entwicklung unterliegt. Ich erinnere mich, wie ich ganz am Anfang unserer Reise ein kleines schwarzes Heft mit Gebrauchsanleitungen für mich gefüllt hatte: Wie mache ich den Generator an? Wie handhabe ich den Wassermacher? Wie prüfe ich die Ölstände am Generator und an den Motoren?

Ich weiß irgendwann gar nicht mehr, wo ich dieses Heft gelassen habe, denn ich brauche es nicht mehr. Und ich lerne immer weiter: den Umgang mit einer Segelnadel und dem dazugehörigen Handschuh. Das Auswechseln der Filter der Entsalzungsanlage. Das Ausnehmen und Schuppen von Fischen und das Backen eines guten Brotes an Bord. Das Flechten von Zugbändern für die Pelikanhaken, die nicht nur funktionieren, sondern auch hübsch aussehen. Mit jedem Ding, das mir vertraut ist, erscheint ein neues auf dem Plan, das erobert werden will.

Klar, dass Oliver sich auf einem komplett anderen Level bewegt als ich. Sein Gehirn scheint buchstäblich 24 Stunden am Tag und 7 Tage die Woche mit irgendwelchen Reparaturen, Verbesserungen, Vereinfachungen und Hilfskonstruktionen für fehlende und nicht zu beschaffende Ersatzteile beschäftigt zu sein. Manchmal beginnen mitten in einer Unterhaltung seine Augen verdächtig zu glänzen. Er scheint irgendwie abwesend zu sein. Dann frage ich ganz einfach „Hinter welcher Lösung für welches Problem bist du gerade her?" Ich bin unendlich froh, dass er diese Fähigkeit in überdurchschnittlichem Maße hat, gepaart mit Kreativität und technischem Geschick, denn es gibt laufend etwas, das Aufmerksamkeit erfordert, und seit Verlassen der Vereinigten Staaten nimmt die Dichte fähiger Handwerker doch merklich ab.

Die Feststellung, dass wir Alltag leben, hat noch eine andere Seite. Ich vergleiche es für das bessere Verständnis einmal mit einem tollen Urlaub: Für einen Urlaub bezahle ich gewöhnlich eine Stange Geld und begebe mich an einen Ort, an dem ich Besonderes, Unbekanntes erleben kann. Dafür habe ich eine bestimmte Zeit, sagen wir mal zwei Wochen. In diesen zwei Wochen muss alles passieren, was ich mir vom Urlaub erträumt habe. Ja, ich bin geradezu verpflichtet, das Land, die Menschen und das, was ich tue, toll zu finden, gut gelaunt und gesund zu sein, zu genießen und aufzutanken, so viel und so gut ich kann.

Wir sind aber nicht zu einem Urlaub aufgebrochen. Wir haben diese Reise auf mehrere Jahre ausgerichtet und haben dazu unsere bisherigen Lebensumstände beendet: Arbeit, Haus, Fahrzeuge, die Alltagspflege unserer Freundschaften und familiären Bindungen. Und so aufregend die meisten Dinge sind, die uns begegnen, so viel Freude und Leichtigkeit, wie wir erleben, gibt es doch auch die andere Seite des Alltags: schlechte Laune, Müdigkeit, Überforderung, Schmerzen, Reibungen in der Paarbeziehung – ja, wir finden uns manchmal gegenseitig ziemlich blöd! Und gelegentlich taucht sogar die Frage auf, ob es das wert ist, was wir hier tun.

Ich habe festgestellt, dass ich mir ganz explizit die Erlaubnis auch zu diesen Stimmungen und Problemen geben muss, denn ich ertappe mich immer wieder dabei, zu denken, ich müsse alles und jeden toll finden, denn schließlich lebe ich ja ein Privileg, das die allermeisten anderen nicht haben können. Diese innere Stimme hat Unrecht. Ja, wir leben ein Privileg und ich bin mir jede wache Sekunde darüber im Klaren. Und doch ist es unser Alltag. Und es ist völlig unsinnig, zu meinen, dass es dunkle Momente in diesem Alltag nicht geben dürfe.

Die Frage lautet doch eigentlich nur, wie ich mit diesen Momenten umgehe, oder? Denn sobald ich auch zu ihnen „Ja" sage, sind sie einfach nur noch Teil des Lebens, das durch mich hindurchfließt. Es war gut, festzustellen, dass Oliver mit diesem Thema innerlich genauso umgeht wie ich, dass unser Blick darauf ein sehr ähnlicher ist.

Der Pazifik: Zur Ruhe kommen.

Galapagos:
Hätte, Wenn und Aber …

Nach einigen Tagen des Ausruhens und der Ausflüge aufs Festland kommt Ende Januar unsere Freundin Friedgard an, bei der wir gewohnt haben, während unser Sohn Johannes nach seinem Unfall in der Tübinger Klinik lag. Der Weg nach Galapagos wird ihre erste Passage, die länger dauert als zwei Nächte. Da sie nicht ganz seefest ist, segeln wir am nächsten Morgen zum Eingewöhnen zunächst auf die Las Perlas Inseln. Den idealen Ankerplatz in diesem Archipel finden wir in einer großen, ruhigen Bucht. Dieser Ort hat einen Zauber. Wir lassen uns mit dem Beiboot in einen Mangrovenfluss hineinschwemmen, der von der Flut bis weit in die Insel hinein gefüttert wird. Die tiefe Stille, die hier herrscht, wird von den Vogelrufen und der Musik des Wassers intensiviert. Ich könnte mich stundenlang einfach nur immer weiter in den Fluss hineintreiben lassen. Tausend kleine Fische flitzen um uns herum. Zwei blau schillernde Papageienfische kommen neugierig angeschwommen, um zu schauen, wer oder was wir sind. Kleine Strandläufer, Pelikane und storchartige Vögel sind überall unterwegs und die Geräusche in den Mangroven verraten uns, wie viele von ihnen wir nicht sehen.

Leider haben wir den Zeitpunkt für diesen Ausflug ein bisschen zu früh gewählt: Der Wasserstand ist noch so niedrig, dass unser Boot ständig in Gefahr ist, an Stämmen, Wurzeln und Steinen hängen zu bleiben. Das zu kontrollieren ist mit Paddeln anstrengend, denn stellenweise ist die Strömung nicht zu verachten. Wir kehren irgendwann um, müssen dazu aus dem Boot aussteigen und es über eine Sandbank zurück ins tiefere Wasser ziehen. Sicher bin ich bei dieser Aktion nicht die Einzige, die froh ist, dass es hier auf den Inseln keine Krokodile gibt.

Nach ausführlicher Wetterberatung aus Deutschland treten wir die Passage nach Galapagos an. Wir rechnen mit einer Woche für ungefähr 1000 Seemeilen. Wir sind gerüstet: Die Dieseltanks sind voll. Da wir in südlicher Richtung durch die Kalmen müssen, besteht die Möglichkeit, dass wir ziemlich viel unter Motor fahren werden, bevor wir auf die Tradewinds, die von Ost nach West vorherrschenden Winde, treffen, die uns dann in westlicher Richtung mitnehmen werden.

Mit den Kalmen verhält es sich folgendermaßen: Nördlich des Äquators gibt es den Passatwind, der in westliche Richtung mit leichter Südtendenz bläst. Südlich des Äquators bläst der Wind ebenfalls nach Westen, hier aber mit einer kleinen Nord-Komponente. Ungefähr am Äquator stoßen die beiden zusammen. Weil es für die Luft keinen anderen Ausweg gibt, entweichen beide Winde nach oben. Das führt in der Höhe zu Quellwolken und Gewittern, während auf Meereshöhe Flaute herrscht.

Schon in der ersten Nacht zeigt sich, dass die Aufteilung der Wachen zu dritt deutlich entspannter und kräftesparender ist als zu zweit. Oliver und mir erscheint eine dreistündige Wache wie ein Spaziergang.

Heute habe ich mehrfach Besuch von Angstgefühlen: Es sickert langsam die Erkenntnis zu mir durch, dass wir auf Gedeih und Verderb unterwegs in die Südsee sind. Das bedeutet unter anderem, dass wir bis Papeete auf Tahiti nach allem, was ich gelesen habe, keine nennenswerte Einkaufs-, geschweige denn Reparaturmöglichkeit mehr haben werden. Mein wohltrainiertes Gehirn beginnt sofort, in einer langen Reihe sämtliche egal wie unwahrscheinlichen Ausfälle irgendeiner Technik an Bord sowie in noch längerer Reihe alle Lebensmittel, die verderben können, vor meinem inneren Auge defilieren zu lassen. Mit einem Wort, wir werden nicht nur schiffbrüchig auf dem Pazifik dahintreiben, sondern zusätzlich auch noch verhungern. Es braucht mal wieder Olivers und Friedgards liebevolle Aufmerksamkeit, um mich zu beruhigen. Wobei auch Oliver keineswegs krisenfest ist. Bei ihm klingt das allerdings so:

„Wie viel Sprit haben wir noch? Wenn wir den Inhalt des Generatortanks und der Kanister zu unseren normalen Tanks dazurechnen, dann kommen wir auf 600 Liter. Wie viel brauchen wir für die verbleibenden 465 Seemeilen bei einem Verbrauch von einem halben Liter pro Meile? Was ist, wenn starker Gegenwind aufkommt? Was, wenn das bestehende Leck in einem der beiden Motoren größer wird? Dann fahren wir nur noch mit dem anderen Motor. Dann allerdings müssen wir Diesel transferieren. Wie viel Diesel brauchen wir, sollten wir auf gar keinen Wind mehr treffen?"

Und so fort. Auch das ist eine Facette des Langstreckensegelns: Außer uns kann und wird keiner die Probleme lösen, die auftreten. Des Nachts mischen sich überreizte Befürchtungen mit Müdigkeit. Das Ergebnis ist eine Gedankenschleife, die kein Ende findet.

Ich habe Wache von 4 bis 7 Uhr morgens. Mittlerweile ist klar, dass die „Tradewinds" genannten Winde, die über Jahrhunderte Segelschiffen Handelswege eröffneten, sich nach Süden verlegt haben und wir daher auf dieser Strecke nicht in ihren Genuss kommen werden – eine weitere kleine Lektion zum Thema „Nehmen, was ist". Seit gestern Abend begleiten uns zwei Möwen, die unermüdlich neben *Fat Cat* herfliegen und ganz eigenartig vor sich hinzirpen. Es ist, als wollten sie mich immer wieder der Tatsache versichern, dass ich nicht alleine bin. Nachts zu segeln ist seltsam. Ich würde es gern vermeiden, wenn ich könnte.

Mein Gefühl des vollständigen Ausgesetztseins ist überwältigend. Und jedes Mal, wenn ich mich richtig darauf einlasse, weil ich es ja eben nicht vermeiden kann, und es bloß noch darum geht, ob ich es annehme oder nicht (eine Frage, die ungefähr so nützlich ist wie „Bin ich einverstanden, dass morgen früh die Sonne aufgeht, oder stimme ich dagegen?"), stelle ich fest, wie schön es ist, wenn ich mich von der tiefen Schwärze der Nacht und des Wassers einhüllen lasse, anstatt mich von ihr bedroht zu fühlen.

Nach acht Tagen kommen wir an, treffen unseren Agenten und stellen leider fest, dass er ein sehr schlecht Englisch sprechender junger Mann ist, der auf die Hälfte unserer Fragen schlicht keine Antwort weiß. Er kündigt uns den Besuch der Offiziellen für den Nachmittag an. Genau genommen ist schon dies eine Dreistigkeit, wenn man bedenkt, dass wir gerade einmal 20 Tage hier sein dürfen und dafür 1000 Dollar bezahlen, wir uns aber bis zum Besuch der Beamten nicht von Bord bewegen dürfen. „Aber sei's drum", denken wir, „es wird schon alles gut werden." Denken wir.

Aus meinem Logbuch

Sie kommen zu fünft mit unserem Agenten und eine Stunde später als angekündigt. Der Hafenmeister, zwei Leute vom Umweltministerium, eine Taucherin und ein weiterer Mann. Der Besuch dauert zwei Stunden. Wir haben unzählige Formularpapiere auszufüllen, die meisten davon für Frachter und Kreuzfahrtschiffe aufgesetzt und daher für unsere Schiffsgröße nutzlos. Die Taucherin begutachtet das Boot von unten und befindet, dass es nicht sauber genug sei (sie findet und fotografiert zwei Seepocken, die Oliver nicht erwischt hat).

Ich begleite den Mann und die Frau vom Umweltamt durchs Bootsinnere. Sie sind mit einem Staubsaugerrohr bewaffnet (zum Ansaugen von Insekten, wie sie mir auf Anfrage erklären). Sie öffnen jede Schranktür und schauen sich an, was in den Schränken lagert.

Das Staubsaugerrohr erlegt eine Pferdebremse, von denen es hier viele gibt und die todsicher nicht aus Panama stammt. Aber egal. Dieser Jagderfolg führt dazu, dass beschlossen wird, unser Fumigationszertifikat aus Panama sei nicht ausreichend und es müsse noch eine weitere Begasung vorgenommen werden. Außerdem finden sie eine Tüte Sprossensaat, die ihnen verdächtig vorkommt. Die Tüte wird konfisziert und darf von uns vor Ausreise wieder abgeholt werden.

Mein Mann ist ja gewöhnlich einer, der sich selbst durch Willkür schwer aus der Ruhe bringen lässt. Aber sie schaffen auch das. Nachdem er mehrfach die Frage stellt, wie groß denn unsere Treibstofftanks seien, obwohl er in den Bootspapieren die entsprechenden Angaben bereits vorgelegt bekommen hat, besteht der Chef darauf, dass Oliver mit ihm und einem Maßband in unsere Kabine steigt und vor Zeugen den Tank ausmisst. Die Bootspapiere stimmen! Ab da ist Oliver so stinksauer wie ich schon eine Stunde zuvor.

Als diese Leute sich endlich verabschieden, haben wir die Genehmigung erhalten, weitere fünf Tage zu bleiben. Nicht 20, für die wir bezahlt haben und die eigentlich ohne weiteren Papierkrieg jedem Boot und jedem darauf befindlichen Touristen zustehen. Warum? Das weiß keiner, auch unser Agent nicht, der das alles wortreich bedauert. Er werde morgen mit dem Hafenmeister telefonieren und versuchen, ein gutes Wort für uns einzulegen. Außerdem komme morgen früh der Quarantäneadmiral mit einem Fumigationsoffizier, damit die landeseigenen Insekten keinen weiteren Schaden anrichten können.

Wir verbringen den weiteren Abend damit, uns notdürftig zu beruhigen und dann mehrere Versionen einer Notplanung zu entwerfen. Wenn es bei den fünf Tagen bleibt, wovon wir ausgehen müssen, dann muss Friedgard ihre Erkundungen alleine machen und in ein Hotel umziehen. Wir beide können vielleicht zwei Tagestouren machen, dann tanken, einkaufen und abreisen. Angesichts dieser Perspektive hilft zu guter Letzt nur noch eine doppelte Portion aus der Flasche Rum aus Jamaica.

***

Am nächsten Morgen regelt sich die Affäre. Der Agent führt ein Gespräch mit einem der Entscheidungsträger und dieser billigt uns 15 Tage Galapagos zu. Nach diesem schwierigen Auftakt verbringen wir hier die nächsten 14 Tage und freuen uns an den Wundern der Inseln. Wir nehmen das Schnellboot von St Cristóbal, wo unser Boot liegt, nach Santa Cruz, von wo aus die meisten Touren aufbrechen. Wir haben uns entschlossen, uns dort ein Hotel zu suchen und dann an Tagestouren teilzunehmen. Das stellt sich als nicht ganz einfach heraus, da wir just in die ecuadorianischen Faschingsferien geraten sind. Alle Hotels, die uns gefallen, sind völlig ausgebucht. Hier zu sein und Dinge zu organisieren ist mit erheblichem Aufwand verbunden. Man ist als Tourist nicht in der Lage, frei auf Darwins Spuren zu wandeln. Es ist streng verboten und logistisch unmöglich, einfach loszufahren und zu schauen, zu wandern, zu schnorcheln, zu erforschen. Jede deiner Bewegungen außerhalb der Ortschaften wird von den unzähligen Anbietern für Touren und Führungen organisiert. Die Führer sind zumeist wohl auch nicht wirklich interessiert daran, Wissen zu vermitteln. Das ist natürlich schade für uns, aber andererseits ist es bei den Menschenmassen, die alle wie wir Galapagos entdecken wollen, nachzuvollziehen. Die Inseln und wohl auch die wissenschaftliche Arbeit vor Ort finanzieren sich aus dem Tourismus und meines Erachtens ist die Zahl der Besucher längst jenseits von aller Möglichkeit, dem Einzelnen zu erlauben, wirklich in die Materie einzudringen.

Wir werden wie zur Untermalung dieser Tatsachen für eine Tagestour zum Schnorcheln mit einer Großfamilie aus Brasilien in ein Boot gesetzt, die weite Teile der Zeit Opernarien, brasilianisches Liedgut und Gelächter in höchster Lautstärke von sich gibt. Ich bin froh und dankbar, dass sie wenigstens unter Wasser den Mund halten müssen.

Auf einer anderen Exkursion bemerken wir in einiger Entfernung vom Boot auf dem Wasser ein Knäuel von Schnüren und Plastikflaschen. Als Oliver den Bootsführer darauf hinweist, fährt der dorthin, um nachzusehen. Wir finden eine Wasserschildkröte, die sich hoffnungslos in einem Wust von Leinen verheddert hat. Zunächst halten wir sie für tot, aber irgendwann sieht man, wie sich eine ihrer Flossen bewegt. Der Bootsführer gibt Oliver ein Messer. Friedgard und er machen sich an die Befreiung des Tieres. Nach einiger Zeit wird sichtbar, dass die eine Flosse, um die sich die Plastikleinen besonders stark gewickelt haben, bis auf den Knochen abgeschnürt ist. Trotzdem wickeln und säbeln die beiden weiter und schließlich heben sie das Tier aus dem Wasser und an Bord, um die letzten Plastikreste zu entfernen. Dann gleitet die Schildkröte zurück in ihr Element. Es ist nicht klar, ob sie den Verlust ihrer Flosse überleben wird, aber erstens haben wir schon Schildkröten mit einer fehlenden Flosse gesehen und zweitens ist es ihr vermutlich in jedem Fall lieber, in Freiheit zu sterben, als in einem Plastikknäuel verheddert zu ersticken.

Allen Widrigkeiten und anfänglichen Problemen zum Trotz ist es ein Erlebnis, hier zu sein. Wir sind tief beeindruckt, Tiere in Freiheit zu erleben, die ich teilweise bisher nicht einmal von Bildern kannte, und sie in erstaunlicher Angstfreiheit zu erleben – die Tiere, nicht mich. Es ist fast, als hätten sie trotz der nicht enden wollenden Touristenströme ein Wissen um ihren geschützten Zustand. Dies gilt bereits am Liegeplatz. Die ortsansässigen Seelöwen lieben es, auf den Yachten abzuhängen, und sie finden immer wieder einen Weg, an Bord zu kommen und sich ein gemütliches Plätzchen für die Nacht zu ergattern, allen unseren Versuchen zum Trotz, den Zugang zum Cockpit mit Fendern und ähnlichem Material zu verbarrikadieren. Dabei geben sie mitten in der Nacht nicht nur unüberhörbar animalische Geräusche von sich, sondern sie sind auch olfaktorisch eine ziemliche Zumutung.

Wir sehen Leguane, die aussehen wie kleine Dinosaurier, und Warane, denen man nicht im Urwald begegnen möchte. Ich sichte viele verschiedene Finkenarten, leuchtend rote Krebse und überall und immer wieder Schildkröten in jeder Größe. Oliver, der an einer Tauchexkursion zum Kicker Rock, einem 150 Meter hoch aus dem Wasser ragenden Monolithen und einem Wahrzeichen der Inseln, teilnimmt, berichtet über die schier unglaubliche Vielfalt an Unterwasserfauna und -flora, Haien, Rochen, Muränen und riesigen Fischschwärmen.

Am Ende unseres Aufenthalts verabschieden wir uns für dieses Mal von Friedgard, die nach Hause fliegt. Wir kümmern uns, so gut es hier geht, um frischen Proviant und machen uns auf den Weg zu den Marquesas-Inseln in Französisch-Polynesien.

Marquesas:
Auf dem Weg der Besserung

Wir lassen die Umtriebe von Galapagos hinter uns und sind auf dem Weg zu den Marquesas. Die Passage wird mit 26 Tagen die längste unserer ganzen Reise sein. Ich habe das Gefühl, unser Ziel ist mir zum ersten Mal wirklich unbekannt. Ich verbinde nichts mit diesen Inseln. Oliver hat mir von Thor Heyerdahl erzählt. Davon, dass er als Jugendlicher Heyerdahls Bücher verschlungen hat, dass er immer davon geträumt hat, eines Tages auf die Marquesas als Inbegriff des freien Lebens zu kommen. Für mich ist dieser Ort zu diesem Zeitpunkt einfach nur fremd.

Wenn Segeln wie das Leben selbst ist, was ich behaupte, dann ist eine Passage ein spiritueller Workshop. Es ist die Konzentration aller denkbaren Lebensthemen auf den engen Raum des Bootes und in eine Situation gepackt, in der Flucht als Möglichkeit nicht existiert. Irgendwie ist es wirklich auch eine innere Passage, langwierig, oft unangenehm, schweißtreibend, aber auch durchsetzt mit lichten Momenten, die leider immer nur sehr kurz andauern, bevor sie der gewohnten Verwirrung, dem gewohnten Nichtwissen Platz machen. Himmel nochmal, ich könnte längst ein Guru sein, wenn ich diese Augenblicke der Klarheit festhalten, in Flaschen füllen könnte!

Wir sind satt von den Eindrücken der Galapagos-Inseln und auch satt von den drei gemeinsamen Wochen mit Friedgard. Wir freuen uns auf die vor uns liegende komplette Abgeschiedenheit, auf unsere Zweisamkeit.

Die äußere Passage wird ungefähr 3.000 Seemeilen lang sein. Wir sind vorbereitet, haben *Fat Cat* in gutem Zustand. Die Dieseltanks sind voll, Nahrungs- und Haushaltsvorräte sind reichlich vorhanden. Wir haben die letzte Wettervorhersage heruntergeladen und mit Johannes vereinbart, dass er für uns regelmäßig potenzielle Wirbelstürme überprüft. Ganz im Süden der Erdkugel beginnt jetzt die Zyklonsaison, zunächst als lebhafte Winde. Sie nehmen auf dem Weg nach Nordwesten immer mehr Fahrt auf und erreichen ihren Höhepunkt im Gebiet der Fidschi-Inseln. Es kann früh in der Saison allerdings passieren, dass auch die Ausläufer von Französisch-Polynesien Wirbelsturmaktivität mitbekommen. Das würde uns auf dieser Route betreffen und natürlich wollen wir die direkte Konfrontation mit einem solchen Zyklon unter allen Umständen vermeiden.

Wir wissen, dass es gilt, durch die südlichen Ausläufer der Kalmen zu kommen, bevor wir in die Tradewinds gelangen. Das kann mehrere Tage des Dümpelns in der Flaute bedeuten. Und tatsächlich passiert genau das. Wir haben beschlossen, dieses Mal nicht mithilfe der Motoren möglichst schnell aus dem Flautengebiet herauszufahren. Wir wollen die Bedingungen genauso nehmen, wie sie sind. Wir haben keinerlei Zeitdruck.

Tatsächlich ist wenige Tage nach unserem Aufbruch das Wasser ist ölig glatt und bis auf eine lange Dünung fast unbewegt. Manchmal ist es so still, wie ich es noch nie gehört habe. Als ein paar Hundert Meter entfernt mehrere Wale auftauchen und ausatmen, klingt es, als seien sie direkt neben uns. Ich finde den Zustand schön, auch die Tatsache, dass ich, unbehindert von irgendeinem Wellengang, Kekse und Brot backen kann und allerhand Leckereien zum Essen erfinde.

In dieser Stillstandssituation ist es Oliver, der nervös ist: Was, wenn die Flaute nie mehr aufhört? Wie lange reichen unsere Vorräte (bitte, das ist doch mein Part!)? Wann werfen wir doch die Motoren an?

Oliver läuft zu voller Form auf, bis ich ihn in meiner berühmten behutsamen Art wissen lasse, dass er mir auf die Nerven fällt.

Irgendwann segeln wir wieder. Erst ganz sacht, dann in einem schönen, ruhigen Reisetempo. Ich habe mich mittlerweile an die stündlich gestörte Nachtruhe während der Wachen gewöhnt. Das ist auf dieser Passage nicht einfach, weil mein Körper durch das Krebsmittel, das ich nehme, gerade ziemlich viele Schmerzen produziert, die sich zu potenzieren scheinen, je weniger ich schlafe. Ich halte es aus. Mehr kann ich nicht tun. Ich werde zeitlos, einzig gesteuert durch Sonnenauf- und Sonnenuntergang, Hunger, Durst und Nachtwache. Ich bin so sehr in jedem Moment anwesend, dass es mich kein bisschen interessiert, wie viele Meilen wir schon gesegelt sind, der wievielte Tag heute ist und wie lange wir noch brauchen könnten. So, wie ich im normalen Alltag versuche, zu leben, halte ich es hier auch.

Mein Weg durch den Pazifik. Er ist wie mein Weg durchs Leben. Ich bin unterwegs und habe vorgesorgt. Wie viel ist angemessen? Brauche ich wirklich all das, womit ich mich behängt habe? Wann bin ich versorgt, ab wann bin ich überversorgt? Wie viel ist nützlich, ab wo behindert mich die Fülle? Wie viel von allen meinen Vorkehrungen ist angstgesteuert, indem ich meine, damit Schaden abwenden zu können? Wie viele Backup-Pläne erstelle ich für den Fall, dass Plan A vereitelt wird? Und daneben aber auch: Wie viel von alledem ist vernünftig und notwendig?

Dann ist da schon wieder das große Thema „Nehmen, was ist". Die Unruhe während einer längeren Flaute ist offensichtlich: Wie lange werden wir hier „festsitzen"? Wann kommen wir da an, wo wir hinwollen? Aber worum geht es hier denn eigentlich? Ums Ankommen? Da wäre es vermutlich sinnvoller, ein Flugzeug zu nehmen.

Und zurück zum Segeln als Metapher für das Leben: Das ist, wie auf mein Ende zuzuhecheln, vorwärts, vorwärts bis ans Ziel. Ist es nicht irgendwann mal Zeit, lineare Zielsetzungen zu hinterfragen? Und festzustellen, wo sie sinnvoll sind. Denn natürlich ist ja unser Ansinnen, um die Welt zu segeln. So gesehen ist Zielsetzung nicht nur nutzlos. Wie kann ich damit umgehen, ohne mich unter Druck zu setzen?

Ja, klar habe ich ein Ziel: die Marquesas. Aber ob ich dort in drei Wochen oder in vier Wochen hinkomme, ist völlig irrelevant. Und was ich auf Passage verbringe, ist Lebenszeit, die nicht wiederkommt. Also drängt es sich auf, zu nehmen und vielleicht zu genießen, was ist, anstatt auf etwas anderes zu warten. Dem Ozean zuzuhören in seiner abgrundtiefen Stille. Mich ganz sanft von diesem Boot halten und in den Schlaf wiegen zu lassen, wie es das Geburtsrecht eines jeden Menschen ist, nicht nur das der Kinder. Alle Luken aufmachen zu können und Luft reinzulassen. Die Kaffeekanne einfach auf den Tisch zu stellen, weil sie da ganz sicher stehen bleibt, ganz im Gegensatz zu den Zeiten, wenn wir Wind und Seegang haben.

Aus meinem Logbuch

Die nächste Lektion geht ums Vertrauen. Plötzlich hören wir ein Motorengeräusch. Ein Holzboot mit drei Männern nähert sich. Wo kommen die her, mehrere Hundert Meilen von Galapagos entfernt, auf offener See? Sie bringen Fender aus, wollen offenbar längsseits gehen. Schlechte Idee. Wir fühlen uns beide bedroht, was sich angesichts unserer Unkenntnis der spanischen Sprache noch verstärkt. Wir verstehen schließlich, dass die Männer wissen wollen, ob wir eine Leine im Propeller haben. Offenbar können sie nicht glauben, dass es Segler gibt, die einfach nur auf Wind warten. Als sie auf unsere Aussage, dass alles in Ordnung sei, nicht reagieren, lasse ich die Motoren an, und wir dampfen davon. Sie drehen ab und wir entspannen uns langsam wieder. Oliver meint später, sie hätten was von „comida" gesagt, „Essen". Das ist der Moment, an dem ich zu mir komme. Wenn jemand mich um Essen und Trinken bittet, dann gebe ich, und zwar fraglos. Wir sprechen darüber und teilen unseren bitteren Geschmack angesichts unseres eigenen Verhaltens.

Nächster Tag. Es nähert sich ein weiteres Fischerboot. Zwei Männer. Sie fragen nach „agua"- Wasser – und „comida" – etwas zu essen. Wir füllen einen kleinen Plastikcontainer mit Wasser und reichen ihn mit einer Packung Kekse hinüber. Die Männer bedanken sich, einer hebt einen großen Schwertfisch hoch und fragt, ob wir ihn fotografieren wollen. Diese Szene wiederholt sich in den nächsten Tagen immer wieder. Es sind in dieser Gegend viele der sogenannten „Longliners" unterwegs, die von großen Fischereischiffen aus in kleinen Booten losgeschickt werden. Sie bringen Kilometer von Plastikschnüren mit Haken und Ködern aus und holen sie am nächsten Morgen, hoffentlich mit gutem Fang, wieder ein. Es scheint so, als ob ihre Ausstattung mit Wasser und Nahrung sehr dürftig gehalten ist.

Ja, Begegnungen mit Fremden sind ein Risiko, egal, wo du bist, und umso mehr, wenn du mutterseelenallein auf dem Ozean schwimmst. Doch dies sind freundliche menschliche Begegnungen, sie dauern nur kurz und sind auf die Basics beschränkt. Sie fühlen sich tatsächlich gut an. Wenn ich ehrlich bin, rührt ein guter Teil meiner Ängste von Berichten irgendwelcher sensationslüsterner Amerikaner her, die ich irgendwo gelesen habe. Warum glaube ich diesen Berichten einfach, was ich doch in anderem Kontext fast nie tue? Ich will das ändern und fange sofort damit an.

***

Wir haben noch gute 500 Meilen vor uns. Wir segeln unter Gennaker vor dem Wind, der mittlerweile genau aus Osten kommt, ebenso wie die Welle, auf der wir dahinsurfen. Für mich ist diese Passage zu einer Reise des Loslassens in mehrfacher Hinsicht geworden. Zum einen geht es um meine Mutterrolle. Ich bemerke das nach einem Telefongespräch mit Johannes, als sich in meine Freude über die Tatsache, dass er höchst aktiv sein Leben wieder in Besitz nimmt – zum Beispiel arbeitet er wieder – ein Tropfen Trauer und zwei Tropfen Angst mischen. Ich kann damit zunächst gar nichts anfangen, kann es mir nicht erklären. Irgendwann, Tage später, bekommt das Ganze eine greifbare Form.

Im vergangenen Jahr war mein Muttersein eng verbunden damit, Aufgaben für meinen Sohn zu übernehmen, Dinge zu tun, zu erledigen, mich in meinem gesamten Sein um ihn und das, was er braucht, herum zu organisieren. Dann bin ich abgereist in der Überzeugung, dass er alles Weitere selbst hinbekommt, mich nicht mehr braucht in meinem Tun. Das hat sich wunderbarerweise bestätigt und tut das immer weiter. Mein Übergang zurück in die Mutterrolle eines erwachsenen Kindes, wie sie ja schon lange vor seinem Unfall war, braucht seine Zeit. Loslassen, nichts mehr tun müssen. Dabeisein dürfen mit Abstand und ansonsten mein eigenes Ding machen. Das ist schön und schwer zugleich, denn mein Ego meint tatsächlich immer noch, dass mein Leben zu Ende ist, wenn ich nicht mehr gebraucht werde.

Das zweite Thema betrifft meinen bisherigen Beruf. Ich denke gern über mich selbst als „Psychologist in recovery" – „Psychologin auf dem Weg der Besserung". Diesen Ausdruck hat eine amerikanische Kollegin geprägt, die eine völlig andere therapeutische Richtung einzuschlagen im Begriff war als die, die sie bis dahin praktiziert hatte. Ich erlerne zwar keine neue therapeutische Richtung, bin weiter davon entfernt denn je zuvor. Aber ich nehme eine neue Richtung in meinem Wahrnehmen, Fühlen, Denken und deshalb auch Handeln.

Diese tiefe Veränderung beinhaltet auch, Frieden mit der Tatsache zu schließen, dass ich es im Laufe meines beruflichen Werdegangs zu keinen wie auch immer gearteten Berühmtheitshöhenflügen gebracht habe, dass ich bei meinem Ausscheiden aus dem Kreis der Psychologen keine in der Fachwelt weithin bekannten und beachteten Spuren hinterlasse. Ich war eine gute Therapeutin, mehr nicht. An Spuren hinterlasse ich allenfalls ein paar persönliche Impulse im Leben meiner Klientinnen. Das ist in Ordnung, finde ich. Bloß mein Ego jammert ein bisschen und hat es schwer, sich von dem einen oder anderen berufsbezogenen Traum zu lösen.

Gestern lag ich auf dem Trampolin und dachte über einen Fachbegriff aus der Tiefenpsychologie nach, der mir partout nicht einfallen wollte. Ich wurde ein bisschen aufgeregt, hörte eine innere Stimme, die sagte: „So fängt es an. Du vergisst die Bausteine deines bisherigen Tuns und sie sind unwiederbringlich! Das geht so weiter und bald bist du nicht mehr in der Lage, an einer gehobenen Fachunterhaltung teilzunehmen. Das ist das Ende …. Und jetzt sieh zu, dass du dich an das Wort erinnerst, sonst …"

Und dann war da, dem Himmel sei Dank, noch eine andere Stimme: „Das ist vollkommen in Ordnung so. Lass es gehen, es ist nur ein Wort. Du musst an keiner Fachunterhaltung mehr teilnehmen, wenn du es nicht willst. Außerdem brauchst du für das, was du zu sagen hast, keine Fachbegriffe. Und jetzt mach die Augen zu und schlummere ein bisschen." Das tat ich dann.

Morgen früh werden wir Anker werfen. Wenn ich nach vorne schaue, kann ich die Inselgruppe der Marquesas schon sehen. Ich freue mich. Und ich bin ein bisschen aufgeregt. Oliver und ich haben überlegt, ob wir heute noch ein wenig mehr Segel setzen sollen, um vor Sonnenuntergang anzukommen. Wir haben uns dagegen entschieden. Stattdessen fahren wir unter Gennaker gemütlich durch unseren letzten Passagetag und genießen die vollkommene Abwesenheit von „Müssen". Mit ein bisschen Glück werden wir morgen einen Laden finden, in dem es frische Sachen gibt, Eier und Gemüse und Obst – und einen Internetzugang. Was für Aussichten!

Wir sind angekommen. Müde und noch nicht so ganz da, aber angekommen. Wir haben uns und unser Boot gut vorbereitet, für Nahrung, Diesel – die Tanks sind noch so gut wie voll – und ausreichend Informationen gesorgt. Wir haben die Wachen sorgfältig gehalten und waren vorsichtig im Umgang mit Besegelung und Wetter. Wir haben, von den normalen kleinen Reibungen einmal abgesehen, im Frieden miteinander gelebt und waren froh, dass der andere da war. Wir haben es gut gemacht. Den Rest haben uns Ozean und Himmel geschenkt, das wissen wir. Danke dafür.

Der Empfang auf Galapagos sitzt uns noch in den Knochen. Wir haben Befürchtungen, dass es hier ähnlich schwierig werden könnte, fragen uns, ob wir willkommen sein werden. Unsere Bedenken erweisen sich als grundlos.

Ein amerikanischer Bootsnachbar rät uns, seine Agentin zu kontaktieren, damit das Einklarieren für uns nicht so problematisch wird wie für ihn. Diese Agentin erklärt uns auf Anfrage, dass wir als EU-Bürger nur sehr wenige Formalitäten zu erledigen haben, denn die Marquesa-Inseln gehören zu Französisch-Polynesien und damit zu Frankreich. Der Rest der Welt inklusive Amerika muss tatsächlich eine Bürgschaft in Höhe des Flugpreises zurück nach Hause hinterlegen. Wir feixen. Wer jemals die Prozeduren für ein amerikanisches Visum über sich hat ergehen lassen, der kann sich unsere Freude über diese Information vermutlich vorstellen. Der Vorgang des Check-in auf der Gendarmerie von Hiva Oa ist schnell, einfach und menschlich.

Einige Tage später erreichen wir dann Fatu Hiva. Oliver ist aufgeregt. Wir sind endlich auf der Insel, über die er als Jugendlicher so viel gelesen hat. Dieser Insel sieht man wie allen anderen zu den Marquesas gehörigen Inseln an, dass sie erdgeschichtlich sehr jung ist. Sie besteht aus steil aufragenden, schroffen Felsen in wilden Formationen. Wie alle jungen Inseln vulkanischen Ursprungs hat Fatu Hiva kein Riff. Riffe bilden sich erst, wenn die Inseln langsam wieder versinken. Ist der ursprüngliche Vulkan völlig versunken, dann bleiben Atolle übrig, so wie zum Beispiel in den Tuamotus.

Wir gehen am Sonntagmorgen an Land, um uns ein wenig umzuschauen. Als wir an der Kirche vorbeikommen, hören wir vielstimmigen Gesang, der von einer Ukulele und Trommeln begleitet wird. Es ist Palmsonntag. Wir setzen uns vor der Kirche auf eine Bank, um zuzuhören. Der Gottesdienst dauert lange. Immer wieder kommen Kinder aus der Kirche, um zwischendurch draußen zu spielen. Auch Erwachsene machen gelegentlich eine Zigarettenpause vor der Kirche.

Als der Gottesdienst vorbei ist, werden wir von vielen Kirchgängern freundlich und neugierig begrüßt. Sie freuen sich ganz offensichtlich, dass sie Besuch haben. Wir werden nach Hause eingeladen, hören auf die Schnelle Lebensgeschichten oder Teile davon und bekommen Tauschangebote. Abends essen wir bei einer Familie im Dorf.

Irgendwann kommt Serge, der Ukulelespieler, mit seiner Ukulele, um für uns Musik zu machen. Oliver setzt sich zu ihm. Die Ukulele ist einer Gitarre recht ähnlich und so darf er auch ein bisschen spielen. Als Serge hört, dass Oliver auf dem Boot eine zwölfseitige Gitarre hat, schlägt er diverse Tauschgeschäfte vor: Seine Ukulele gegen Olivers Gitarre? Zwei Ukulelen? Oder wie wäre es mit einer Ukulele und jeder Menge Früchte? Nein. Oliver hängt an seiner Gitarre und so wird aus diesem Handel nichts. Aber die beiden Männer werden trotzdem noch handelseinig. Am nächsten Tag bringen wir Serge vor unserem Fußmarsch zu einem Wasserfall ein paar übrige Leinen. Auf dem Rückweg laden wir uns ungefähr 20 Kilo Pampelmusen, Zitronen und Orangen auf den Rücken.

Das Tauschen hat hierzulande Tradition und Stil. Wir kaufen einen Liter Honig, den wir in polynesischen Francs bezahlen. Als der Honigverkäufer die Leinen sieht, fragt er sofort auch, ob er welche haben könnte – bis er hört, dass wir diese bereits Serge versprochen haben. Da jeder gefühlt mit jedem verwandt, verschwägert oder zumindest bestens bekannt ist, treffen wir später bei Serge auch den Honigverkäufer wieder – der vermutlich dabei ist, Serge etwas Honig für die eine oder andere Leine schmackhaft zu machen.

Der Tauschhandel hat allerdings auch seine Schattenseiten. Wir werden mehrfach nach Waffen, Munition oder Alkohol gefragt. Nachdem wir schon in den Revierführern gelesen haben, dass man davon grundsätzlich Abstand nehmen soll, lehnen wir dankend ab. Das wird anstandslos akzeptiert. Und manchmal brauchen wir gar keinen Tauschhandel. Als wir uns auf unserer Wanderung verlaufen, zeigt uns ein Einheimischer den rechten Weg und drückt uns jedem zum Abschied eine dicke Pampelmuse in die Hand.

Nachdem wir zuerst auf Hiva Oa einklariert und uns dann auf den Spuren Thor Heyerdahls Fatu Hiva angesehen haben, landen wir auf Nuku Hiva, sozusagen in der Hauptstadt der Marquesas.

Wir liegen in einer sehr schönen Bucht, die sich leider als unruhiger Ankerplatz erweist, aber da es keine bessere Alternative zu geben scheint, bleiben wir. Der Ort zieht sich um die gesamte Bucht. Um zum Laden oder zur Kirche oder, wie für kommenden Dienstag geplant, zu einem guten Restaurant zu kommen, müssen wir ziemlich weit zu Fuß gehen. Es gibt ungefähr zehnmal am Tag massive Wolkenbrüche, die einen innerhalb einer Minute bis auf die Haut durchnässen.

Diese Inseln bestehen aus sehr hohen Bergen. Daher bildet sich extrem viel Steigungsregen. An größere Waschaktionen ist nicht zu denken, denn die Wäsche ist nicht trocken zu bekommen. Yoga im Cockpit? Unmöglich. Jeder Ausflug ist mit mindestens einem Regenguss verbunden. Dazu ist es sehr heiß, wodurch sich jede Bewegung wie Sport in der Sauna anfühlt.

Eine Nebenwirkung des ständigen Regens ist, dass das Wasser trüb und schlammig ist und kein bisschen zum Schwimmen einlädt. So schön wir es hier finden, so sehr freuen wir uns doch darauf, in einigen Tagen zu den Tuamotus aufzubrechen, die ganz flach sind und daher vermutlich – hoffentlich – trocken und klar.

Bei unserem ersten Landgang in Nuku Hiva finden wir heraus, dass in der Stadt ein Ostermarkt stattfinden wird, mit Tanzdarbietungen, Obst-, Gemüse- und Pflanzenmarkt und Unmengen zu essen. Dort gehen wir am Samstag hin, kaufen ein und setzen uns schließlich ziemlich erschöpft in den Schatten, von wo aus wir einen wunderbaren Überblick über das Geschehen haben.

Ich betrachte die Menschen. Die meisten Kinder und jungen Menschen sind von einer filigranen Schönheit, die mich bezaubert. Auffällig ist aber die Leibesfülle der Menschen über 20. Ich habe schon öfter gehört, dass das dem hiesigen Schönheitsideal entspräche. Jedenfalls ist die überbordende Körperlichkeit speziell der älteren Frauen zunächst gewöhnungsbedürftig. Als wir allerdings mehrere von ihnen bei einer Tanzdarbietung in Aktion sehen, stelle ich fest, dass sie in ihren Bewegungen ausgesprochen grazil und einfach schön sind.

Aus meinem Logbuch

Am Ostersonntag fahren wir an Land, um den Ostergottesdienst zu besuchen. Die Kirche ist Bischofssitz und sie ist schön. Sie hat nur zwei geschlossene Wände, der Rest ist offen überdacht. Die Erbauer haben alle verschiedenfarbigen Steinsorten verarbeitet, die es auf den Marquesas gibt. Die Kanzel und alle Kunst in der Kirche ist das Werk lokaler Künstler. Außer uns gibt es noch eine Handvoll Ausländer, alle anderen Menschen sind Einheimische. Sie sind festlich weiß gekleidet, die Frauen haben große Frangipani-Blüten im Haar oder aufwendige Hüte auf dem Kopf. Der Ablauf der Messe ist so wie überall auf der Welt, hier in kleineren Teilen in französischer Sprache, hauptsächlich aber auf Polynesisch. Das klingt dann so:

A koakoa, e te Ha'atepei'u o te 'ani, Alleluia
'oe te kui ka'i'ea o te Hatu, Alleluia.

Die Menschen singen viel und mit Inbrunst. Dagegen ist der Spargesang in den meisten deutschen Gottesdiensten dürftig. Es gibt keine Orgel, sie wird durch zwei Gitarren, eine Ukulele und eine Trommel ersetzt. Wenn die Gemeinde singt, ist es zunächst einstimmig und gegen Ende des meist sehr langen Liedes zählt man mindestens vier bis fünf Stimmen. Wir sitzen ziemlich weit hinten und können von dort aus sehen, wie Bewegung in die Reihen kommt, sobald ein Lied angestimmt wird.

Die Menschen singen mit großer Emotion und mit dem ganzen Körper, man merkt ihnen an, wie ihnen das Singen innige Freude bereitet. Auch wir lassen uns davon anstecken, obwohl wir kein Wort verstehen. Die Predigt ist erfrischend kurz und schon nach eineinhalb Stunden geht die Gemeinde nach Hause. Wir hechten zurück zum Beiboot, um an Bord endlich den Kaffee anzuwerfen und ein wundervolles Frühstück zu genießen.

Eigentlich haben wir geplant, an diesem Tag die Proviantierung für die Zeit bis zu unserer Ankunft auf Tahiti in ungefähr drei Wochen und das Tanken zu erledigen. Morgen wollen wir dann eine Tour auf der Insel machen. Um halb acht habe ich nach drei Tagen vergeblicher Versuche endlich den einheimischen Führer unserer Wahl am Telefon erreicht, der mich fragt, ob wir vielleicht statt morgen auch heute auf Tour gehen könnten. „Wann?", frage ich. Na ja, er hole ein anderes Paar jetzt gleich im Hotel ab und würde uns in etwa 20 Minuten am Quai aufsammeln. Okay … Das Frühstück noch nicht fertig gekaut, aber Sonnenschutz und Mückenspray aufgelegt, Flasche Wasser, Kameras und Diabetesgeraffel in den Rucksack geworfen, Dinghy ins Wasser, und es geht los.

Aus meinem Logbuch

Wir werden von einem jüngeren Marquesianer begrüßt und liebevoll in seinen Pickup neben dem bereits anwesenden französischen Paar verstaut. Dann geht es los. Es folgt eine Inseltour über die Höhenzüge, die von Bord aus gesehen die ganze letzte Woche beinahe ständig von Wolken verhüllt waren. Wir fahren durch tiefe Täler in Buchten von wundervoller Schönheit.

Richard, unser Guide, ist ein lebendiger und wortgewandter Mann, der seine große Kenntnis über die Flora und die Fauna der Insel, über die Erdgeschichte der Marquesas und die Geschichte seines Volkes und die der diversen Eroberer, die politische Situation heute und eine Vielfalt von Alltagsdetails gerne und kurzweilig mit uns teilt. Er benutzt keine großen Worte. Doch spricht aus jedem Satz, jeder Beschreibung der Respekt und die Liebe zu seinen Ahnen. Von Zeit zu Zeit hält er sein Auto an, um auf eine Pflanze hinzuweisen, uns einen vorbeifliegenden Kuckuck oder eine marquesa-typische Riesentaube zu zeigen. Dann wieder angelt er zwei Mangos aus einem großen Baum, die wir kurze Zeit später am Strand in einer Bucht mit Genuss verzehren.

Und wie die Menschen hier miteinander leben, illustriert er, indem er ständig, über den Tag verteilt bestimmt 15 Mal, anhält, um ein paar Sätze mit einem Passanten oder einer Ladenbesitzerin oder einem Mann, der in glühender Hitze im Garten gräbt, zu wechseln, zu scherzen, zu lachen und anschließend weiterzufahren. Diese Menschen kennen sich alle und sie sind einander ganz offensichtlich verbunden. Wir dürfen es eine kleine Weile miterleben.

Gegen Abend kommen wir zurück an Bord und sind vollkommen erledigt. Ein sehr schöner Tag geht zu Ende, der seinen Zweck, uns einen kleinen Einblick in diesen Lebensraum zu vermitteln, voll und ganz erfüllt hat.

Tuamotus:
Freunde finde ich überall

Mitte April verlassen wir Nuku Hiva und brechen in Richtung der Tuamotus auf. Wir haben ungefähr 500 Seemeilen vor uns, was uns nach der letzten Passage wie ziemlich kleine Fische vorkommt. Wir sind satt und zufrieden von den Marquesas und freuen uns nun auf ein paar Tage auf dem Meer, in denen wenig äußere Reize auf uns einströmen werden.

Kurz vor der Abfahrt erreicht uns die Nachricht, dass Sigrid, die Frau meines Bruders Albrecht, seit einem Unfall vor zwei Wochen schwer verletzt im Krankenhaus liegt. Ihre Verletzungen sind heilbar und Sigrid wird voraussichtlich nach der Zeit der Heilung ihr Leben in Gesundheit wieder aufnehmen können. Mein Bruder ist Landwirt und bewirtschaftet einen großen Hof in Norddeutschland. Zusammen mit seinen Söhnen ist er momentan vollauf damit beschäftigt, den Laden am Laufen zu halten und gleichzeitig für seine Frau da zu sein. Ich kann nur von der anderen Seite des Erdballs mit Gefühlen und Gedanken dabei sein und Energie schicken, die hoffentlich ankommt.

Neben meiner persönlichen Betroffenheit beschäftigt mich während der vier Tage unserer Überfahrt, wie unser aller Lebenswege wie ein Gewebe ausgebreitet zu sein scheinen, wir selbst die Fäden, deren Farbe und Stärke sich immer wieder verändern – hell, leuchtend und kraftvoll, wenn wir wohlauf sind, dunkel, dünn und ausgelaugt, wenn wir schwere Zeiten erleben. Ich denke daran, wie ich im letzten Mai vom Himmel ins tiefste Tal gestürzt bin, als Johannes sich das Genick gebrochen hat. Wie er seither Millimeter für Millimeter vorwärts-, aufwärtsgeht. Wie ich selbst die sechs Monate nach seinem Unfall immer nur einen Schritt auf einmal tun konnte, wie das Nichtwissen und der Kontrollverlust so schwer zu ertragen waren, dass nach vorne zu schauen mir meist undenkbar erschien.

Heute segle ich über den Pazifik. Ich bin im Frieden mit mir und der Welt und freue mich an so vielem. Zur gleichen Zeit kämpft Sigrid um ihre Gesundheit und mein Bruder und meine Neffen tun, was sie können, um den Alltag zu bewältigen und innerlich nicht zu zerbrechen. Steffi, eine langjährige Klientin, ringt um die Entscheidung bezüglich einer Organtransplantation. Meine Freundin Heidi weint um ihre Frau Christine, die gestorben ist. Jutta, die Tumorpatientin, die sich schon so lange nicht beirren lässt, kämpft weiter um ihr Leben. Gabriele, mir über mehrere Jahre ans Herz gewachsen, ist hinübergegangen und ihr Mann Dieter trauert um sie.

Krankheit, Verlust, Verirrung, Leere und Angst einerseits, Erfüllung, Freude, Kraft und Gesundheit andererseits ziehen sich durch das Gewebe unserer Leben und sind immer alle gleichzeitig da. Ich denke, wenn es mir gelingt, hier zu sitzen und dieses Paradox in seiner scheinbaren Unvereinbarkeit zu halten – in der einen Hand die Härte der Situation, in der Albrecht und seine Familie gerade stecken, und gleichzeitig in der anderen Hand meine, unsere derzeitige Leichtigkeit, dann kann ich weiter schauen als bis zu meiner individuellen Grenze, kann beginnen, mich mit allen Menschen um mich herum in Gemeinschaft zu sehen und zu erleben. Dann bin ich ganz und im wahren Kontakt: mit mir, mit den Meinen, den Menschen und der Welt und letztendlich mit dem, was uns alle trägt, das größer ist als wir.

Auf Manihi, einem Korallenatoll in der Nordwestgruppe der Tuamotus, kommen wir in einer völlig neuen Welt an. Abgereist sind wir von bergigen, feuchten und fruchtbaren Inseln, nun finden wir uns wieder auf Atollen, die kilometerweite Durchmesser haben und auf deren kargen „Rändern", oft nicht mehr als einen halben Kilometer breit, ein paar wenige Menschen leben. Die Tuamotu-Atolle sind umgeben von einem massiven Korallenriff, das bis dicht unter die Wasseroberfläche reicht. Hat dieses Riff irgendwo eine Öffnung, dann ist das Atoll bewohnbar, denn man kann mit dem Boot auf die Innenseite fahren. Der Rand des Atolls wird aus sogenannten „Motus" gebildet. Das sind zwei oder drei Meter hohe Flecken, auf denen Palmen wachsen, Häuser stehen und Menschen wohnen. Zwischen diesen Motus findet sich nacktes Riff.

Innerhalb der Motus liegt die Lagune. Sie ist ungefähr 30 bis 40 Meter tief und mit einer Vielzahl an Untiefen gesegnet. Zum Rand hin ist das Wasser zwar flach genug zum Ankern, aber leider keineswegs einfach nur sandig. Hier stehen jede Menge 2 bis 3 Meter hohe Korallenköpfe. Sie gleichen ein bisschen alten Bäumen, die überall Verästelungen aufweisen.

Um mit dem Boot durch den Pass zu fahren, ist es wichtig, dass die Sonne hoch am Himmel steht und senkrecht ins Wasser scheint, damit man die Untiefen rechtzeitig erkennen kann. Dazu zieht mich Oliver auf die erste Saling, von der aus ich den Überblick habe. Ich sitze gern hier oben, auch wenn der Mast durch die Wellenbewegung spürbar schwankt und dieser Sitzplatz sich daher nie wirklich sicher anfühlt. Die Perspektive von hier erinnert mich an den vogelähnlichen Zustand, den ich vor vielen Jahren mehrere Male beim Gleitschirmfliegen genießen durfte. Trotzdem ist es jedes Mal eine kleine Erleichterung, von dort wieder zurück an Deck zu gelangen.

Das Ankern selbst ist aus Sicht des Seglers kein Problem. Der Anker landet zwischen besagten Korallenköpfen, liegt fest, und die Kette wickelt sich im Laufe des Liegens vor Anker mehr und mehr um die umstehenden Korallen. Leider ist der Schaden, den Bootsanker in solchen Korallengründen verursachen, immens. An vielen Ankergründen anderswo auf der Welt wurden aus diesem Grund Mooringbojen ausgelegt, die den Einsatz des Ankers unnötig machen. Hier auf die Tuamotus kommen aber nur wenige Yachten, und so wurde eine solche Maßnahme bisher versäumt. Für die Segler entstehen die Schwierigkeiten erst dann, wenn sie wieder abfahren und dazu ihren Anker lichten wollen. Das ist dann nicht mehr ganz so unkompliziert. In Ankergründen wie denen in der Lagune von Manihi ist es daher üblich, dass die hoffentlich vorhandenen Ankernachbarn einander dabei helfen. In den meisten Fällen braucht es eine Person am Steuer, eine an der Ankerwinsch und zusätzlich einen Taucher, der Kette und Anker so behutsam befreit, dass möglichst wenig Schaden an den Korallen entsteht.

Am gestrigen Abend kam der französische Lehrer der Insel vorbeigerudert, und die kurze Unterhaltung mündete darin, dass wir ihn und seine Frau für heute Abend auf ein Bier oder einen Wein einluden.

Es ist ausgesprochen spannend, im Gespräch mit Leuten, die hier als „Ausländer" leben, Informationen mit persönlichem Einblick zu erhalten. Audrey und François arbeiten hier seit zwei Jahren als Lehrer und werden insgesamt vier Jahre bleiben. Ihre beiden Töchter sind 6 und 9 Jahre alt. Es sind total coole Kids, die vor nichts Angst zu haben scheinen, keine Schüchternheit kennen und sich den gesamten Abend ganz hervorragend zu beschäftigen wissen.

Alle vier sind gern hier. Audrey und François gehen fest davon aus, dass sie nach ihrer Rückkehr nach Frankreich die nächste Gelegenheit beim Schopf ergreifen werden, um ein weiteres Mal im Ausland zu arbeiten. Mit den Knappheiten des täglichen Lebens haben sie sich eingerichtet. Audrey sagt, mit der Tatsache, dass zwei Wochen nach der Lieferung frisches Gemüse und Obst nicht mehr erhältlich ist, kann sie zurechtkommen. Allerdings gesteht sie uns, dass ihnen beiden der Anschluss an andere Europäer und das ein oder andere anregende Gespräch fehlt. So kommt es, dass François auf seinen täglichen Trainingsrunden im Wasser, bestehend aus Paddeln und Langstreckenschwimmen, in der Hoffnung auf ein bisschen Anschluss buchstäblich bei jeder Yacht anhält, die hier ankert. Die Schüler, so erzählen die beiden weiter, seien völlig in Ordnung, die Arbeit mit ihnen einfach, auch wenn Audrey, die ursprünglich Chemie- und Physiklehrerin war, heute zusätzlich Englisch,

Französisch und Kunst unterrichtet. Sie erzählt, dass das Interesse an den Lerninhalten groß sei, offenbar weitaus größer, als das bei ihren europäischen Altersgenossen üblich sei. Die Eltern wiederum interessierten sich ihrer Aussage nach sozusagen überhaupt nicht für die Bildung ihrer Kinder. Die Einstellung der Eltern sei pragmatisch: „Klar, ist schon wichtig, aber das sollen die Lehrer machen." Daher könne sie im Allgemeinen nicht davon ausgehen, dass die Kids mit vollständig erledigten Hausaufgaben in die Schule kämen, aber, so die beiden, damit könne man leben. Höhere Bildung gibt es im Internat in Papeete, aber nur sehr wenige Jugendliche nehmen sie in Anspruch. Die Arbeitslosigkeit auf den Atollen ist hoch. Man isst und feiert gerne – mit der Folge, dass viele Erwachsene übergewichtig sind und dass die am häufigsten verbreitete Krankheit Diabetes Typ II ist.

Ein weiteres Detail, über das uns unsere neuen Freunde aufklären: Das Vorurteil mancher Segler, es werde gerne und viel gestohlen, wir sollten daher nichts offen lassen und das Dinghy immer anschließen, müsse man anders betrachten. Sie präzisieren und erklären dieses Verhalten mit anderen kulturellen Vorstellungen und Werten. Die Menschen auf diesen kleinen Atollen hätten ein anderes Verhältnis zu persönlichem Eigentum. Sie besitzen im Vergleich zu den Einwohnern Frankreichs sehr wenig. Bräuchten sie etwas, dann würden sie das Entsprechende, so vorhanden, benutzen, selbst wenn es ihnen nicht gehöre. Wenn einer zum Beispiel einkaufen wolle und besäße kein Fahrrad, dann nähme er das Nachbarfahrrad und benutze es, weil es gerade da stehe. Vielleicht stelle er es wieder da ab, wo er es hergenommen habe. Vielleicht passe es aber auch anderswo viel besser hin. „Es gibt", sagt François, „genau eine Person hier, die stiehlt. Das weiß jeder und darauf richtet man sich ein."

Eigentlich wollten wir am nächsten Tag weitersegeln. Audrey und François laden uns aber für den übernächsten Abend zum Essen ein und dieser Einladung folgen wir sehr gerne. Die beiden kochen erstklassig und die Mahlzeit, die hauptsächlich aus frisch gefangenem Seafood besteht, ist köstlich. Auch der französische Wein ist nicht zu verachten. Als wir diverse Stunden später mit unserem Dinghy den Rückweg antreten, sind wir so beschwipst, dass Oliver sich nicht in der Lage sieht, unter Motor zum Katamaran zurückzufahren. Unter viel Gekicher bemühen wir die Ruder und haben reichlich Mühe, die kurze Distanz zu *Fat Cat* in koordinierter Weise zurückzulegen.

Am nächsten Tag reisen wir weiter nach Fakarava, einem weiteren Atoll der Tuamotus. Nachdem wir ausgeschlafen haben, fahren wir hinüber zum Boot der deutschen Nachbarn, die wir noch von Galapagos her kennen. Sie haben gerade Besuch von einem Schweizer Paar, und so laden wir sie alle zusammen zum Sundowner bei uns an Bord ein. Ruckzuck sind wir „ausgebucht": Wir gehen abends mit ein paar anderen Seglern zusammen in ein Restaurant. Am nächsten Abend sind wir auf einem amerikanischen Katamaran zu einer Bootsparty eingeladen. Den Nachmittag verbringen wir mit Angela und Steven, einem weiteren Pärchen auf Langfahrt aus Australien, die uns ihr Lieblingsspiel beibringen.

Zu Beginn unserer Reise sah die Dynamik zwischen Oliver und mir im Hinblick auf Kontaktsuche zu anderen Seglern folgendermaßen aus: Kaum haben wir irgendwo den Anker fallen lassen, sitzt Oliver auch schon im Dinghy und fährt los, um zu schauen, wer auf den Yachten um uns herum zu Hause ist. Er sucht das Gespräch und den Kontakt.

Ich selbst liebe die Ankerplätze, in denen es keine oder sehr wenige andere Yachten gibt. Ich habe selten Lust, andere Segler zu treffen. Als eine, die beruflich viele Jahre im Gespräch mit Menschen verbracht hat, bin ich gern alleine und halte den Mund.

Mittlerweile sind wir eineinhalb Jahre unterwegs und das Bild hat sich ein bisschen gewandelt. Unser Katamaran ist kein Partyboot, aber er ist ein gastfreundlicher Ort. Ich denke, der Grund für meine Veränderung liegt zum einen darin, dass ich nach eineinhalb Jahren langsam ausgeruht bin, nicht mehr satt an Gesprächen und Menschen, und deshalb nicht mehr so viel Rückzugsraum brauche.

Zum anderen sind wir in einer Gegend angekommen, die, verglichen mit der Karibik oder dem Mittelmeer, sehr wenig bereist ist. Wir treffen immer wieder die gleiche Handvoll Yachten und Menschen. Dadurch ergibt es sich beinahe von selbst, dass wir in den Ankerbuchten nach Bekannten Ausschau halten. Auch ich freue mich inzwischen, Menschen zu treffen, die auf dem gleichen Weg sind, und mit ihnen auszutauschen, was uns begegnet und passiert ist. Beim Reisen in der Fremde entsteht ja doch so eine Art Anziehung zwischen Ähnlichgesinnten.

Es ist immer noch nicht so, dass ich in dieser Art der rein aufs Segeln bezogenen Konversation völlig aufgehe. Denn natürlich bewegen sich die Gespräche fast immer zwischen „Wie viel Segelfläche habt ihr?" und „Mein schrecklichstes Ankererlebnis". Ist es wirklich nicht möglich, über diesen Austausch von Anekdoten hinauszugehen? Ich stehe bei diesen Gesprächen oft neben mir und höre, wie wir zum dreitausendsten Mal die gleiche Story erzählen, und dann bin ich meiner selbst unendlich müde und denke „Halt doch einfach die Klappe. Was du da erzählst, hat keinerlei Relevanz, für niemanden."

Ich versuche immer wieder, eine tiefere Art Gespräch in Gang zu setzen, indem ich zum Beispiel frage, warum mein Gegenüber auf diese Reise gegangen ist. Oder ich erzähle, was ich bei dieser Unternehmung über mich selbst herausfinde. Die Reaktion meiner Gesprächspartner besteht meist aus Schweigen.

Wenn Oliver zugibt, dass er in manchen Situationen durchaus Angst hat und dass der Umgang mit dieser Angst seine große Herausforderung auf dieser Reise ist – herrscht Schweigen. Wenn ich frage, wie und als wer wir alle wohl in ein paar Jahren in unsere Heimat zurückkehren werden und welche Auswirkungen das auf unsere Leben zu Hause haben wird – man ahnt es: Ich erhalte keine Antwort. Das Gespräch bleibt an der Oberfläche. Daher wiederholt es sich tausendmal und ödet mich manchmal so an, dass ich schreien könnte. Was ich natürlich nicht tue, sondern ich spiele mit. Vielleicht sollte ich doch mal schreien? Aber dann wäre wohl abzusehen, dass wir über den ersten hinaus gar keine Kontakte mehr haben würden.

Vielleicht ist der Wunsch nach einem tieferen Gespräch zu viel verlangt. Aus der Tatsache, dass Oliver und ich viele innere

Themen reflektieren und austauschen, kann ich nicht automatisch ableiten, dass das für andere ebenso der Fall ist. Tatsächlich passiert es auf der ganzen Reise von mehr als drei Jahren genau ein Mal, dass wir mit einem Paar in einen richtigen Kontakt kommen. Davon später mehr.

Es ist, wie es immer ist. Wir befinden uns in einem der schönsten Tauchreviere der Welt, und es wäre nur natürlich, so oft wie möglich das zu bestaunen, was die Welt der intakten Riffe hier zu bieten hat. Ich habe aber immer noch Angst. Mir ist inzwischen klar geworden, dass es gar nicht um das Unterwasser-Sein geht, das mich ängstigt. Es ist vielmehr so, dass ich zu einhundert Prozent von komplexen Gerätschaften abhänge, die ich beherrschen muss, und zwar so gut, dass ich auch unter hohem Stress, der automatisch vorliegt, wenn es unter Wasser Probleme gibt, das Richtige tue. Tue ich es nicht, dann bin ich ziemlich schnell ziemlich tot und das möchte ich nicht so gerne.

Es ist so, dass ich über den Zeitraum von zwei Jahren verteilt bisher nicht mehr als zehn Tauchgänge absolviert habe – in den schönsten Gewässern der Welt. Das ist nicht mal annähernd genug, um ein bisschen Routine zu entwickeln. Und das ist die Crux. Ans Schwimmen unter Wasser habe ich mich nicht nur gewöhnt, sondern ich liebe es mittlerweile, mich in drei Dimensionen bewegen zu können. Nun ist es so, dass ich mit einem Mann verheiratet bin, der zu den aufdringlichsten Überredern zählt, die man sich vorstellen kann. Gewöhnlich werde ich übellaunig, wenn jemand meint, er wüsste, was für mich gut ist. In diesem Fall ist es aber so, dass ich weiß, dass mein Mann recht hat. Und deshalb habe ich ihm nicht viel entgegenzusetzen, außer vielleicht mein stures Hinhalten.

Es klappt auch diesmal nicht mit dem sturen Hinhalten. Wir fahren zur Tauchbasis, „um uns nur mal zu erkundigen". Und bevor ich mich noch zweimal um mich selbst gedreht habe, haben wir am nächsten Tag Plätze auf dem Tauchboot gebucht. Für einen Ausflug mit zwei Tauchgängen am Nordpass von Fakarava. Mit Haien und allen anderen Arten Meeresgetier. Ich schlafe in dieser Nacht richtig schlecht.

Ich verfüge über ein sehr kreatives Gehirn, wenn es darum geht, mir das Schlimmste in Farbe auszumalen. Morgens bin ich ein Wrack. Um halb acht Uhr sind wir an der Basis, wo uns die Tauchlehrerin, die wir nur für uns gebucht haben, nebenbei mitteilt, dass wir nicht mit Luft, sondern mit Nitrox tauchen werden. Das mache, so sagt sie, keinen erkennbaren Unterschied. Das mag schon sein, aber es ist anders, als ich es kenne, und das verunsichert mich zusätzlich.

Trotzdem. Ich fahre mit, ich mache nicht nur einen, sondern beide Tauchgänge mit – und ich finde sie wundervoll. Ich ertrinke nicht. Ich ersticke nicht. Ich stranguliere mich nicht mit irgendeinem der gefühlt 20 Schläuche. Keiner der diversen Haie, die immer wieder um uns herum aufzutauchen geruhen, beißt mir etwas ab. Sie sind übrigens, zumindest von Weitem betrachtet, schön, diese Haie.

Auf dem Rückweg strahle ich mit meinem ganzen Körper. Und mein Mann ist so begeistert, dass er ungefähr so jung aussieht wie damals, als ich ihn kennenlernte. Da war er 18. Ach ja, und übrigens: Danke, Oliver, für deine oben erwähnte Aufdringlichkeit. Ich würde so einen „Mist" wie das Tauchen sonst einfach nicht machen und das wäre wirklich schade. Ich will ab jetzt dafür sorgen, dass ich Übung bekomme, um hoffentlich irgendwann nicht mal mehr zusammenzuzucken, wenn ich tauchen soll. Im Juli gebären die Wale bei Tahiti ihre Jungen. Man kann sie unter Wasser besuchen. Genau da will ich dabei sein!

Tahiti und die Gesellschaftsinseln: Das pralle Leben

Mit der Ankunft auf Tahiti befinden wir uns ungefähr auf der Hälfte der Zeit, die wir für unsere Reise um die Welt geplant haben. Wir haben beide das Gefühl, hier zur Ruhe zu kommen. Sicher, wir sind schon eine ganze Weile unterwegs. Aber die ersten Lernerfahrungen mit unserem Boot, Reviere, in denen viele Boote unterwegs waren, Johannes' Unfall und die Tatsache, dass wir beide uns mit einiger Mühe aus dem durchgetakteten Alltag, der vor unserer Reise normal war, entfernt haben, haben ihre Zeit gebraucht und uns mental und körperlich gut auf Trab gehalten.

Hier in der Südsee entstehen Räume. Wir wissen als Segler mittlerweile, was wir tun, wir haben keine Termine, die wir einhalten müssen oder wollen. Vor uns liegt ein quasi leerer Zeitraum von mehreren Monaten. Natürlich wollen wir dieses Revier erforschen, kennenlernen. Gleichzeitig entsteht, wie immer, wenn die innere und äußere Anforderung nachlässt, Raum für Gedanken, Gefühle, Verarbeitung, Zukunftsvision.

So kommt es, dass wir in Französisch-Polynesien zum ersten Mal darüber nachdenken und darüber sprechen, wie wir nach unserer Reise weiterleben wollen. Was ist uns wichtig? Welche Ideale verfolgen wir? Wie passen unsere beiden Vorstellungen zusammen? Wollen wir nach unserer Heimkehr wieder arbeiten, und wenn ja, in welchem Maße und in welcher Form? Wo zieht es uns räumlich hin? Wir spielen mit Gedanken, wir fantasieren und freuen uns, erschrecken manchmal bis ins Mark angesichts der Entscheidungen, die wir treffen werden, wenn es so weit ist. Und wir finden es wundervoll, dass wir durch die Aufgabe all dessen, was wir vor unserer Reise getrieben haben, bei unserer Rückkehr frei sein werden, genau das zu tun, was wir tun wollen. Dieses Wollen näher zu definieren scheint sich jetzt anzubahnen.

Oliver und ich sind uns zum Glück einig, dass wir auf keinen Fall für unbegrenzte Zeit auf den Meeren der Welt leben wollen. Diese Reise hat einen Anfang gehabt. Und sie wird ein Ende haben. Wenn die Dinge im Groben so laufen, wie wir uns das vorstellen, dann werden wir in zwei Jahren wieder ins Mittelmeer einlaufen. Einerseits erschrecke ich ein bisschen – nur noch zwei Jahre? Andererseits bin ich unsäglich neugierig auf unseren Neuanfang in Deutschland und all das, was wir daraus machen werden.

Die Marina, die wir angelaufen haben, hat erst drei Tage vor unserer Ankunft eröffnet. So liegen wir hier mit ein paar wenigen anderen Yachten sozusagen mitten in der Stadt in einer brandneuen Anlage, die schön und sehr gepflegt ist. Was für ein Unterschied zum Leben auf dem Ozean! Die letzte richtige Stadt, die wir erkundet haben, war Panama City. Das war im Januar. Nun, im Juli, sind wir in Papeete. Eine Stadt mit Autos, mehreren sogar! Mit Restaurants, Kneipen, Geschäften und vielen Menschen.

Man spricht nicht nur französisch, man ist tatsächlich in Frankreich. Ich gehe zum Friseur, lasse mir das Gesicht und die Füße pflegen. Ich kann schwer beschreiben, mit welch kindlicher Freude es mich erfüllt, wie ich da sitze und mich verwöhnen lasse. Es ist ja nicht so, dass mir das während der letzten Monate bewusst gefehlt hätte, aber dennoch genieße ich es sehr. Das hat schon was, so eine Stadt. Gerade mal kurz über die Straße hüpfen, um ein Glas Wein zu trinken und einer Gruppe zuzuhören, die mit Ukulele, Gitarre und Bass ziemlich gute Musik macht. Einen Tisch reservieren, um morgen Abend Jazz und Blues bei einem guten Abendessen zu genießen ... All dies, was das Leben in einer Stadt ausmacht.

Nach einer Woche ereignet sich das für unmöglich gehaltene: Wir treffen zwei Menschen, mit denen wir nach kurzer Zeit in tiefe Gespräche über sehr persönliche Themen vertieft sind. Dena und Terry sind von der Westküste der USA losgesegelt und scheinen sich wenig darum zu kümmern, wo sie hinwollen, wie lange sie weg sein wollen, welches das Ziel ihrer Reise ist. Dena ist waschechte Amerikanerin, Terry Kanadier mit indischen Wurzeln, geboren in London. Ihre Heimat liegt in der Nähe von Denver, wohin sie irgendwann auch wieder zurückwollen. Beide waren bis vor Kurzem erfolgreiche Manager. Und beide sind dieser Art von Arbeit überdrüssig. Sie sind offen, neugierig und bereit, über sich selbst, ihre Herkunft, ihre Arbeit, ihr Leben nicht nur zu reflektieren, sondern auch zu sprechen. Wir lachen viel und, zumindest wir Frauen, weinen auch. Wir genießen es, zusammen zu essen und zu trinken. Wir verbringen zunächst viel Zeit damit, die bisherigen Agenden unserer verschiedenen Leben zu vergleichen. Ich bin im Glück. Ich tanke auf, was ich auf der ganzen Reise bisher schmerzlich vermisst habe: intensiven menschlichen Kontakt.

Als wir schließlich Papeete verlassen und weitere Treffen miteinander vereinbart haben, wird schnell auch ein großer Unterschied zwischen uns deutlich: Für Oliver und mich ist eine Verabredung bindend. Wir haben ausgemacht, zwei Wochen lang unabhängig voneinander zwischen den verschiedenen polynesischen Inseln zu cruisen und uns dann mit den beiden auf Raiatea zu treffen. Für Oliver und mich ist so eine Verabredung bindend. Dena und Terry allerdings kommen nicht. Sie antworten auf keine Nachricht, sind schlicht nicht erreichbar. Als wir sie Wochen später wiedersehen, erklären sie uns ohne weitere Ausführungen, ihre Pläne hätten sich eben geändert. Das ist für mich und Oliver schwer zu begreifen.

Klar ist, dass es ein unterschiedliches und vielleicht auch kulturell geprägtes Verständnis von Verbindlichkeit ist, hinter dem sich keine böse Absicht verbirgt. In diesem wie auch anderen Punkten zeigen sie uns, dass man einfach anders sein und trotzdem gut miteinander auskommen kann. Wir werden die beiden im folgenden Jahr immer wieder treffen und in Honolulu sogar mehrere gemeinsame Monate verbringen. Wir sind in Freundschaft verbunden und lernen, unterschiedliche Denkweisen aneinander zu akzeptieren.

Nach einer Woche in der Stadtmarina von Papeete merken wir, dass es uns guttun wird, wieder draußen vor Anker oder an einer Boje zu liegen und erst einmal zu uns zu kommen. Nachdem wir einen Satz neuer Batterien eingebaut bekommen und unsere Motoren neue Dichtungen erhalten haben, legen wir ab und liegen ab da etwas südlich der Stadt vor einer Marina an einer Boje. So schön das Stadtleben ist, die Ruhe ist uns viel wert.

Zumindest im Bojenfeld ist sehr wenig los. Wir haben Ruhe von Bootsverkehr und Stadtlärm. Von hier aus segeln wir immer wieder zwischen den umliegenden Inseln hin und her, besuchen und erforschen Moorea, Raiatea, Bora Bora, um nur ein paar zu nennen. In absehbarer Zeit werden wir *Fat Cat* aus dem Wasser holen lassen. Ein neuer Unterwasseranstrich ist fällig und es gibt ein Leck in einem der Saildrives, das möglichst bald beseitigt werden muss.

Die Arbeiten am Boot nehmen in einer Werft auf Raiatea Form an. Wir haben *Fat Cat* aufs Trockene holen lassen und haben drei Tage Zeit, bevor der Katamaran wieder ins Wasser soll. Unsere Reparaturliste sieht Folgendes vor: neuer Antifoulinganstrich, der dem Bewuchs mit Muscheln, Algen und Ähnlichem entgegenwirkt, Saildrives abdichten und eine kleine Reparatur am Dinghy.

Mein optimistischer Mann lässt keinen Zweifel daran, dass wir den Anstrich selbst machen werden – ist doch eine Kleinigkeit. Zunächst, so erklärt Oliver, werde die Fläche mit Hochdruck abgespritzt, dann trockne sie, dann würden wir den Übergang zwischen Unterwasserschiff und Bordwand abkleben und anschließend zwei Lagen Antifoulingfarbe aufbringen. Das klang einfach genug.

Das Projekt beginnt, sich auszuweiten, als wir feststellen, dass von der Antifoulingmarke, die wir beim letzten Mal verarbeitet haben, nur Schwarz zu bekommen ist. Ein schwarzes Unterwasserschiff wollen wir nicht und wählen daher eine andere Marke in Blau. Als Nächstes findet Oliver heraus, dass, wenn wir ein Produkt einer anderen Marke auftragen wollen, wir vorher das Unterwasserschiff anschleifen müssen. Also holen wir die Fahrräder raus, fahren in die Stadt, besorgen eine Schleifmaschine. Dann entdeckt Oliver, dass von dem massiven Seepockenbefall, den wir uns über die letzten Monate eingefangen haben, pro Seepocke eine kleine Kalkplatte auf der Oberfläche kleben geblieben ist. Das sind ganz schön viele Kalkplatten!

Wir versuchen allerhand, um sie abzulösen, und bearbeiten schließlich das gesamte Unterwasserschiff mit einem süßen kleinen metallenen Spächtelchen von sage und schreibe 4 Zentimetern Breite. Zur Erinnerung: *Fat Cat* ist über 14 Meter lang und besitzt zwei Rümpfe. Oliver übernimmt den größten Teil der Rümpfe, ich eher die Feinarbeiten an den Propellern. Dann geht Oli mit dem Schleifer über die Fläche. Zu diesem Zeitpunkt sind wir nicht nur körperlich fertig, sondern auch innen wie außen mit feinem blauem Staub überzogen, der in Mischung mit Schweiß eine gar wundervolle Konsistenz bekommt. Und auch wenn der Staub aus der alten, ausgelaugten Farbe besteht, so ist er dennoch giftig.

Dann spritzen wir das Schiff ab, kleben die Übergänge ab und schließlich beginnt das Malen. Es sieht folgendermaßen aus: Oliver bearbeitet mit der Walze die großen Flächen, ich mit dem Pinsel wiederum die Feinarbeiten um die Saildrives, Seeventile und Anoden. Als wir den ersten Farbeimer geöffnet und ungefähr 20 Minuten darin herumgerührt haben, damit sich die Farbe gut vermischt, zeigt sich, dass das Blau dieses Produkts ein ziemlich grauenvolles Hellblau ist.

Meine Laune ist am Nullpunkt. Währenddessen entladen sich immer wieder fette Regenwolken über uns, was wir als Erfrischung begrüßen würden, wenn da nicht die störende Tatsache wäre, dass ein Anstrich bei 30 Grad vier Stunden Trocknungszeit benötigt, um haften zu bleiben, bevor der nächste aufgetragen werden kann. Wir riskieren es trotzdem, denn völlig trockene Tage kriegst du hier selten und uns rennt die Zeit davon. Schließlich haben wir beide Anstriche drauf und nun ist die blaue Staub-Schweiß-Mischung einer herzerwärmenden, frischen hellblauen Farbe gewichen, die, um die Freude zu vertiefen, von Natur aus giftig ist und, ganz egal, wie du dich schützen willst, jedenfalls ihren Weg auf deine Haut findet.

Die Werft, auf deren Grund wir stehen, ist eine Baustelle und keineswegs darauf eingerichtet, dass Leute, die ihre Yachten hier bearbeiten lassen, an Bord wohnen. Die Betreiber erlauben es. Aber es gibt außer einer unsäglich schmutzigen Toilette für Arbeiter und Publikum zusammen nur eine kalte und ebenso unsägliche Dusche, die keine Tür besitzt und auf deren Fußboden Drahtstücke und Nägel herumliegen. Zudem befindet sich darin eine stinkende Metallspüle zum Entsorgen von Schmutzwasser und zum Spülen von Geschirr. An Bord ist die Toilette natürlich lahmgelegt, denn sie spült mit Seewasser, und wohin sollten die Abwässer gehen? Das Gleiche gilt für unsere Dusche und alle Waschbecken. Es ist erstaunlich, herauszufinden, wie oft ich mir normalerweise täglich die Hände wasche, was ich eben jetzt nicht kann.

Wenn man sich zu diesem Szenario noch drei bis fünf kräftige Regengüsse pro Tag auf ein Gelände vorstellt, das nicht asphaltiert ist, sondern aus grasbewachsenem Sandboden mit einem anregenden Mix aus Chemikalien, Metallpartikeln und Hühnermist besteht, dann kann man erahnen, wie viel Dreck wir jedes Mal mitbringen, wenn wir die Leiter hoch an Bord klettern. Und zu guter Letzt tauche man diese Szene in kräftigen Maschinenlärm und ständigen Geruch nach Lösemitteln und anderen Chemikalien – fertig ist das Bild unserer momentanen Situation.

Ich leiste einen Eid, dass uns so etwas nicht noch einmal passieren wird. Wir haben das Unternehmen einfach schlecht vorbereitet. Es wäre überhaupt kein Problem gewesen, ein Zimmer im nahe gelegenen Hotel direkt am Wasser zu mieten, sodass wir am Ende des Tages in ein sauberes und angenehmes Ambiente hätten gehen können. Ich bin so gepolt, dass ich jedes

Grauen, das ich überlebt habe, ziemlich schnell wieder vergesse. Und wenn Oliver, der es gewohnt ist, keinerlei Rücksicht auf Bequemlichkeit, Sauberkeit oder körperliche Unversehrtheit für sich und für uns zu nehmen, dazu meint: „Das kriegen wir hin!", dann setze ich ihm zu dem Zeitpunkt, an dem man noch etwas ändern könnte, zu wenig bis überhaupt nichts entgegen. Gleiches gilt für die Arbeiten selbst. Oliver hat den Löwenanteil der Anstricharbeiten erledigt. Es gibt Tätigkeiten, die ich nicht machen kann, ohne dass ich noch Wochen später Schmerzen habe. Oliver hat auch Schmerzen, aber ... siehe oben. Und dann fühle ich mich schlecht, weil ich ihn nicht so unterstütze, wie ich es gern tun würde. Ich frage mich, ob wir irgendwann mal alt genug sein werden, dass wir uns erlauben zu sagen: „Das machen wir nicht selbst, wir lassen es machen!", ohne dass uns ein Zacken aus der Krone fällt.

Das Nichtwissen ist einer der ärgsten Feinde des Menschen. Eine Situation, in der es mehrere lose Enden gibt, die im Moment nicht verknüpft oder gar vernäht werden können, ist unangenehm und verstärkt die Neigung, vorschnell eine Richtung einzuschlagen, bloß damit irgendetwas entschieden ist.

Wir haben gerade zwei Themen, auf die dies zutrifft, und sie machen mich regelrecht verrückt. Die erste Frage lautet: Wie werden wir in der weiteren Planung unserer Reise den klimatischen Gegebenheiten am besten gerecht? Es hat sich erwiesen, dass das Jahr, in dem wir in Französisch-Polynesien unterwegs sind, ein El-Nino-Jahr ist. Das bedeutet, dass die Wahrscheinlichkeit des Auftretens tropischer Stürme (Zyklone) erhöht ist. Die Heftigkeit dieser Stürme könnte noch stärker ausfallen als sonst. Allerdings wurde vorhergesagt, es werde sich um ein „schwächeres El-Nino-Jahr" handeln. Allein diese Aussagen enthalten so viele Eventualitäten, dass mir ganz schlecht wird. Die Empfehlung lautet, nicht in Französisch-Polynesien zu bleiben, sondern sich entweder nach Norden oder nach Süden von hier wegzubewegen.

Wir hatten ursprünglich vor, bis April des nächsten Jahres zu bleiben, von Insel zu Insel zu hüpfen, aber immer in erreichbarer Nähe einer Werft zu sein, die im Falle eines vorhergesagten

Zyklons den Katamaran aus dem Wasser heben könnte. Irgendwann in diesem Zeitraum wollten wir nach Neuseeland fliegen. Das geht jetzt also nicht.

Was können wir tun? Wir können nach Neuseeland segeln, das außerhalb der gefährdeten Zonen liegt. Wir haben uns schon vor Längerem dagegen entschieden, weil die Route dorthin zu den gefährlichsten der Welt zählt. Es heißt, es sei nicht möglich, dorthin zu segeln, ohne in einen größeren Sturm zu geraten und das Schiff dabei zu beschädigen. Nach Australien wollen wir noch nicht, zumindest nicht in dem Tempo, das für unsere Sicherheit angemessen wäre.

Eine Möglichkeit ist, zurück zu den Marquesas und von dort aus nach Hawaii zu segeln, dort zu überwintern und uns anschließend Richtung Fidschi aufzumachen. Die Strecke nach Hawaii beläuft sich auf 2500 Seemeilen. Das hieße, zwei große Passagen innerhalb weniger Monate zu bewältigen. Außerdem ist der Weg zurück zu den Marquesas mit fünf Tagen zwar nicht extrem lang, von der vorherrschenden Windrichtung her aber äußerst unangenehm. Lust auf einen längeren Aufenthalt auf den hawaiianischen Inseln hätten wir beide allerdings schon.

Wir könnten als zweite Möglichkeit nach dem geplanten Deutschlandtrip Richtung Westen und anschließend nordwestlich segeln, aus der Gefahrenzone heraus. Das würde uns ziemlich bald in mikronesische Gefilde führen, in denen es außer Kokosnüssen und wilder Natur gar nichts gibt. Würden wir uns dazu entschließen, so wäre es lebensnotwendig, besonders sorgfältig den Proviant aufzufüllen, was man hier hervorragend tun kann, weil es so gut wie alles gibt.

Und noch dazu die zweite Frage, die es zu klären gilt: Wo lassen wir *Fat Cat*, wenn wir nach Deutschland fliegen? Wir können eine der beiden Marinas wählen, die aber beide reichlich teuer sind. An der Boje liegen zu bleiben würde die Kosten erträglich machen. Das ist allerdings schwierig, da wir an einer Boje keinen Strom haben, um die Lufttrocknung regelmäßig laufen zu lassen. Das sollte regelmäßig passieren, um den Schimmel im Zaum zu halten, der die hohe Luftfeuchtigkeit hier liebt. Wir brauchen in diesem Fall also eine vertrauenswürdige Person, die während unserer Abwesenheit einmal die Woche Generator und Trocknung für drei Stunden laufen lässt.

Eine andere kostengünstige Alternative wären zwei Inseln, auf denen wir den Katamaran in einer Marina lassen könnten: Moorea, zwei Stunden entfernt, und Raiatea, zwei Tage entfernt. Würden wir Raiatea wählen, so könnten wir nur mit großem Aufwand nach Tahiti zurück, um dort Proviant einzukaufen. Das hieße, in Raiatea einzukaufen, was es eben gibt, und von dort Richtung Mikronesien aufzubrechen. Hawaii könnten wir in diesem Fall navigationstechnisch nicht mehr problemlos anlaufen. Moorea wäre eine bessere Lösung, denn wir könnten uns von dort aus in beide möglichen Richtungen bewegen. Von der dortigen Marina haben wir bisher allerdings weder Preise noch die Zusage, dass sie Platz für uns haben. Kurz gesagt: Ein loses Ende hängt vom anderen losen Ende ab und das lässt uns nicht wirklich zu einer Entscheidung kommen.

Durch viele Lebenssituationen mit ähnlichen Verwicklungen habe ich längst verstanden, dass die Lösung sich gewöhnlich genau dann präsentiert, wenn ich das Thema loslasse, das mich so sehr beschäftigt. Dennoch fällt es mir immer noch schwer. Aber auch dieses Mal läuft es nach genau diesem Muster: Buchstäblich Stunden, nachdem Oliver und ich beschlossen haben, ohne Aktionismus abzuwarten, erhalten wir eine Mail von besagter Marina auf Moorea, die uns einen Platz für September und Oktober zusagt. Und kaum haben wir diesen Fixpunkt, klären sich für uns beide, denn so etwas geschieht in unserer Partnerschaft meist simultan, auch die anderen Fragen.

Wir entscheiden schließlich doch noch anders, und zwar folgendermaßen: *Fat Cat* bleibt während unserer Reise nach Deutschland an der Boje. Wir haben einen Schiffsmechaniker kennengelernt, dem wir vertrauen. Er wird die Trocknung an Bord managen und nach dem Rechten sehen. Wir werden im Oktober zurück auf die Marquesas segeln. Sie gelten als relativ sicher vor Wirbelstürmen. Dort bleiben wir so lange, wie es uns Spaß macht. Von den Marquesas aus segeln wir die lange Passage nach Hawaii, wo wir bis zum darauffolgenden Frühjahr auf Oahu bleiben werden. Von dort aus wollen wir einige von den hawaiianischen Inseln kennenlernen und vielleicht sogar nach San Diego in Kalifornien fliegen, wo wir in den 1980ern mehrere Jahre lang gelebt haben.

Über die Durchführung dieses Plans machen wir uns freilich keine Illusionen. Selbstredend wird es aus bisher noch nicht erkennbaren Gründen noch schätzungsweise hundertmal anders kommen, und das macht auch nichts. Es ist im Moment einfach schön, ein bisschen klarer zu sehen oder zumindest das Gefühl zu haben, es zu tun.

Aus meinem Logbuch

Seit gestern Abend ist unser Kat fest im Griff des französischen Lehrerpaares Audrey und François aus Manihi mit ihren beiden Töchtern. Wir freuen uns. Wir haben zwei erwachsene Gäste, die sich quicklebendig für alles interessieren und auf jede noch so persönliche Frage ohne Scheu antworten. Die es genießen, ihre großen Ferien mit einer „Croisière privée", einer „privaten Kreuzfahrt", zu beginnen, bevor sie in zwei Tagen nach Frankreich abfliegen.

Und wir erleben die beiden kleinen Mädchen. Für sie ist Schüchternheit ein Fremdwort, aber sie sind sehr wohl in der Lage, sich an ein paar Regeln zu halten, und stehen keine Sekunde des Tages still oder können den Mund halten. Ganz gleich, um welche Uhrzeit es sich handelt, lieben sie es, Kekse zu essen, und sie können die Spiele unserer Kindheit mehrere Stunden lang am Stück spielen. Wer hätte gedacht, dass „Stein, Schere, Papier" länger dauern kann als eine ausgewachsene Runde Monopoly?

Die vier sind aufgeregt, als sie an Bord kommen und finden alles toll. Selbst die lästigen handbetriebenen Toiletten im Gästerumpf rufen Stürme der Begeisterung hervor. Dabei wird mir klar, wie normal Oliver und ich das Leben an Bord empfinden und wie wenig normal es tatsächlich ist.

Wir segeln nach Moorea hinüber, wo wir sofort nach dem Ankern für ziemlich lange Zeit in das klare, türkisfarbene Wasser der Lagune hüpfen. François ist ein hervorragender Taucher, der in Manihi die Fische zum Essen mit der Harpune fängt. Audrey schwimmt und schnorchelt am liebsten Stunden am Stück und auch die Kids gehen mit dem Ozean vollkommen natürlich und angstfrei um.

Der nächste Vormittag überrascht uns mit einem großen Geschenk: Eine Walmutter mit ihrem Kalb hat den Weg in die Lagune gefunden, und sie tauchen immer wieder in unmittelbarer Nähe zu unserem Dinghy auf, das wir in Windeseile zu Wasser gelassen haben. Audrey hat Schnorchel und Flossen mitgenommen und springt irgendwann einfach über Bord, um sie aus nächster Nähe zu betrachten. Kaum sind die Wale wieder weg, beehrt uns eine Schule von 15 Delfinen, die sich mit einem ausgewachsenen Showspringen produzieren.

Nachmittags segeln wir zurück nach Tahiti und gehen an der Landzunge Pointe Vénus der Matavai-Bucht vor Anker. Nach einem ausführlichen Strandbesuch am nächsten Morgen – der Strand besteht aus feinem schwarzen Sand – lichten wir den Anker und bewegen uns zurück zu unserer Marina, die wir mittlerweile schon beinahe als Heimatmarina betrachten. Wir essen gemeinsam zu Abend, bevor mitten in der Nacht das Flugzeug nach Paris abheben wird.

Ich merke, wie wenig ich daran gewöhnt bin, so viele Menschen an Bord zu haben. Ich bin erschöpft. Und ich merke, wie nah mir die Tatsache geht, mit einer vollständigen, intakten Familie konfrontiert zu sein, mit zwei springlebendigen Töchtern, die in so vielen Kleinigkeiten meinen Kindern Margret und Johannes in ihrer Kindheit ähneln. Ich merke, wie es nicht so sehr mein Gehirn, meine bewusste Erinnerung ist, die anspringt und auf Hochtouren arbeitet.

Es ist, als würden sich Körper und Seele erinnern. Und ich bemerke, wie sich in mir eine tiefe, schwere Traurigkeit ausbreitet, die es mir manchmal bei all der Fröhlichkeit ringsum unmöglich macht, zu sprechen und bei den anderen zu sein. Ich muss dann weggehen.

Es ist das erste Mal seit Margrets Tod, dass ich so direkt mit einer jungen Familie konfrontiert bin, und ich begrüße das Gemisch aus Freude und Trauer, auch wenn es schwer zu ertragen ist. Das ist in Ordnung. Diese Trauer ist ein tief verwurzelter Teil von mir, den ich mir ebenso wenig wegdenken kann wie irgendeine meiner vielen Narben.

***

Im Juli kommt Johannes zu Besuch. Ich habe Mühe, die richtigen Worte für diese vierwöchige Zeit zu finden. Das Segeln bekommt eine neue Qualität dadurch, dass ich mich ständig in Johannes physisches Erleben hineinzuversetzen suche, was mir freilich nicht gelingt. Es geschieht unbewusst und verstärkt meine Wahrnehmung jeder Bootsbewegung in Wind und Welle. Oliver und ich sind mit der polynesischen Umgebung mittlerweile ein wenig vertraut mit ihren starken visuellen Eindrücken, vom unerhörten Smaragdgrün des Wassers über die gewagten Inselformationen bis zu den über jeden vorstellbaren Kitsch noch hinauswachsenden lodernden Sonnenuntergänge. Ich sehe all dies durch Johannes begeistertes Auge noch einmal ganz neu.

Mit frecher Leichtigkeit wirft unser Sohn durch Beobachtungen und Bemerkungen, durch sein bloßes Dasein, Sand ins Getriebe unserer Bordgemeinschaft. Mit wachem Auge meldet er uns unverhohlen zurück, was er an uns sieht, und er hinterfragt buchstäblich alles, was sich zwischen Oliver und mir an Routinen und Mustern entwickelt hat. Zum Teil sieht er die Dinge sicher aus dem naiven Auge des jungen Mannes. Für ihn gibt es selbst nach allem, was ihm begegnet ist, kein „Geht nicht".

Und doch legt er oft genug den Finger dahin, wo es mich aufweckt und manchmal schmerzt. Johannes' Freude an den meisten Dingen, die ihm begegnen, ist schlicht ansteckend. Sein Kummer und sein Zorn über seine Behinderung in alltäglichen Anforderungen einerseits und über übergriffiges Verhalten anderer Menschen andererseits bleibt ihm auch hier, am anderen Ende der Welt, nicht erspart. Das zu erleben bricht mir wieder und wieder das Herz.

Im Umgang mit ihm und seinen Bedürfnissen aufmerksam zu sein, ohne Hilfsangebote vorwegzuehmen und ihn damit ungewollt zu entmündigen, ist eine allgegenwärtige Herausforderung. Immer wieder geraten wir aneinander, verhaken wir uns. Und jeder von uns ist dabei verzweifelt, denn Olivers und mein ungeübter Umgang mit den neuen Gegebenheiten seiner Behinderung entspringt ja keinem bösen Willen, ebensowenig wie seine teils heftige Reaktion darauf.

Und schließlich erleben und genießen wir miteinander Lachen und Spaß, sei es in der Komik banalster Alltagssituationen oder bei ausgedehnten und gelegentlich „alkoholgetränkten" Karten- und anderen Gesellschaftsspielen am Abend.

Wir bewegen uns durch viele Schichten. Leichte und schwere, nachdenkliche und lachende, bewegte und ruhige, laute und stille, die allesamt zwei Dinge gemeinsam haben: die Liebe zwischen uns als Familie und unsere Lebendigkeit. Und was für ein Wunder, was für ein Geschenk, dass Johannes gerade mal ein Jahr nach seinem Unfall die weite Reise auf sich nehmen und zu uns kommen konnte.

Auf der Route zwischen Moorea und Tahiti bemerken wir in einiger Entfernung zwei Buckelwale beim Liebesspiel. Wir bergen die Segel und fahren unter Motor sehr langsam in ihre Nähe. Gleichzeitig drehen die Wale in unsere Richtung. So befinden wir uns kurze Zeit später direkt neben den beiden Riesen. Der eine schlägt immer wieder seine Seitenflosse aufs Wasser. Es ist das Männchen, das damit offenbar seine Kraft und Männlichkeit zum Ausdruck bringt. Obwohl die beiden voll und ganz in ihrem Tun aufgehen, ist klar zu erkennen, dass sie uns wahrnehmen. Immer wieder drehen sie sich auf die Seite und schauen uns an. Wir sind alle drei völlig gebannt von dieser Begegnung. Die ungeheure Freude und Aufregung darüber, diesen Giganten so nahe zu sein, mischt sich mit gehörigem Respekt und tiefer Berührung über das Wunder, dass es zwischen diesen Tieren und uns Menschen Momente des echten Kontakts geben kann.

Ein großes Erlebnis haben wir auf Tahiti-Iti, was so viel heißt wie „das kleine Tahiti", das südöstliche „Anhängsel" der

Hauptinsel. Was wir dort erleben, verdanken wir Johannes, der sich vor seinem Unfall mit Leidenschaft dem Wellenreiten gewidmet und jede sich bietende Möglichkeit wahrgenommen hatte, um irgendwo auf der Welt zu surfen. Der Tag, den wir auf Tahiti-Iti verbringen, vermittelt sich am besten durch das, was Johannes selbst dazu schreibt:

Aus dem Logbuch von Johannes

In der alten polynesischen Kultur waren Menschenopfer ein wichtiges religiöses Element. „Auserwählte" oder Gefangene wurden zu besonderen Anlässen geopfert, um die Götter milde zu stimmen, ihre Gunst zu erkaufen. Diese Zeremonien wurden auf einem besonderen Platz im Dorf abgehalten. Dort stand der Opferblock, auf dem das Ritual vollzogen wurde. Auf Polynesisch heißt dieser Block „Teahupoo".

In einem gemütlichen Dorf am Ende der südlichen Straße von Tahiti-Iti bricht eine der prominentesten Wellen der Surf-Welt. Dorf und Welle tragen denselben Namen: Teahupoo.

Chopes – so nennen Surfer die Welle – ist eine Riffwelle. Was dort an Swell, also vereinfacht gesagt an Wellen aus weit entfernten Wettersystemen, ankommt, wird von Tiefdruckgebieten in der tasmanischen See generiert. Die Wellenenergie, die mehrere Tausend Kilometer bis nach Tahiti gewandert ist, kracht auf das sichelförmig gebogene Riff direkt neben einem Pass. Das Ergebnis ist bei bestimmten Bedingungen eine regelrechte „Stufe" im Wasser, die mit hoher Geschwindigkeit und Heftigkeit und einem markerschütternden Krachen auf das einen Meter flache Riff bricht.

Von den Locals schon lange als Hardcore Bodyboard-Welle geliebt, entdeckten Ende der Neunzigerjahre immer mehr ausländische Surfer diese Welle. Sie wurde so bekannt, dass die „ASP Dream Tour", die jährlich stattfindende Weltmeisterschaft der Surfer, sie mit in ihr Programm aufnahm. Der Slogan „Die besten Surfer der Welt auf den besten Wellen der Welt" lockt viele Talente hierher. Einmal im Jahr macht die Tour hier halt und nimmt für zwei Wochen das kleine Dorf am Ende der Straße in Beschlag. 34 Profisurfer inklusive Trainer, Familien, Manager, Materialwarte, Fotografen und Kameramänner, Zuschauer und die Organisatoren sorgen dafür, dass Teahupoo in dieser Zeit Kopf steht.

Die Einheimischen profitieren natürlich von dem Geld, das die Welle anspült. Die Surfindustrie ist milliardenschwer und daran partizipiert das Dorf. Trotzdem ist Teahupoo ein kleines, charmantes Nest geblieben.

Als wichtigste Person vor Ort gilt Raimana van Bastoler. Er ist hier der Boss. Er kennt Chopes wie kein Zweiter und gilt als einer der Besten auf der Welle. Auch an Land laufen die Fäden bei ihm zusammen. Über eine Bekanntschaft, die meine Eltern vor einiger Zeit gemacht haben, bekommen wir seine persönliche Telefonnummer. Ich erzähle ihm von mir und er ermöglicht uns, mit einem seiner Bootsführer nach Chopes zu fahren. Von Land aus ist die Welle nur zu erahnen. Da sie aber direkt am Riffpass vorbeiläuft, kann man mit einem Boot fast mittenhinein fahren. In diesem Channel sitzen in relativer Sicherheit Zuschauer, Kameramänner und Surfer, die sich zwischendurch ausruhen. Es gibt auch viele Ausflugsboote, die aber im Gegensatz zu uns nur für eine Stunde dort hinausgefahren werden. Wir dürfen einen ganzen Tag erleben, was Madame Pazifik zu bieten hat.

Chopes ist gesegnet: Von 3 bis unglaublichen 40 Fuß – das sind mehr als 12 Meter Wasser – ist alles möglich. Darum gilt Teahupoo sowohl als normale Welle als auch als „Big Wave".

Ich checke schon seit Tagen die Vorhersagen, und so weiß ich schon im Voraus, dass der vereinbarte Mittwoch ein richtig guter Surftag für Teahupoo sein wird: 15 Fuß mit 16 Sekunden Periode aus Südwest und ablandiger, mäßig starker Wind. Das sind sehr gute Bedingungen.

Begleitet von Freunden meiner Eltern werden wir an diesem Tag Zeugen einer ausgewachsenen Chopes-Session mit allem was dazugehört: tolle Ritte, heftige Stürze, eine super Atmosphäre und kontrolliertes Chaos im Channel, schönstes Wetter, nette „Anhalter", die wir in unser Boot einladen, und die interessante Details zu erzählen haben, den einen oder anderen Surf-Promi und natürlich die Welle, die keinen Zweifel daran lässt, wer hier die Hosen anhat.

Für mich persönlich geht mit diesem Tag ein lang ersehnter Traum in Erfüllung. Je näher er kam, desto größer wurde meine Angst, dass noch etwas dazwischenkommen könnte. Erst als ich schon im Boot saß und wir in Richtung Welle fuhren, war ich sicher, dass der Tag grandios werden würde. Er hat mir einmal mehr gezeigt, dass es sich lohnt, seine Ziele und Träume zu verfolgen. Und wenn ich jetzt die Bilder, Geräusche und Gefühle dieses Tages vor meinem geistigen Auge durchlaufen lasse, dann scheint es, als würde ein bisschen dieser kompromisslosen Energie, deren wir Zeugen wurden, durch mich hindurchströmen.

Und ich denke an all die Surfer, die Teahupoo die Stirn bieten, immer und immer wieder, auch wenn sie immer in Gefahr sind, einen hohen Preis dafür zu bezahlen. Sie treffen eine Entscheidung mit allen Konsequenzen und so oder so werden sie jedes Mal ein bisschen reicher."

***

Vier Monate sind seit unserer Ankunft in Tahiti vergangen. Wir haben mittlerweile Ende August. In 14 Tagen fliegen wir nach Deutschland, sechs Wochen später wieder zurück hierher. Danach nehmen wir das Reisen wieder auf und darauf freue ich mich.

Wir sind mit großer Freude hier angekommen. Mal wieder ein Stück Zivilisation erleben zu dürfen war toll und lange ersehnt. Nach nunmehr vier Monaten stelle ich fest: Ich habe genug Zivilisation im Sinne von vielen Autos, hektischen Menschen und Supermärkten mit prallem Überangebot genossen. Ich freue mich auf unsere Reisegenügsamkeit. Ich freue mich auf Einsamkeit auf dem Ozean. Ich freue mich auf die ungestörte Bezogenheit zwischen mir und meinem Mann. Ich freue mich auf Neues, Unbekanntes und auf die inneren Erfahrungen, die das für mich mit sich bringt.

Das, was eine nicht ganz kleine Anzahl von Seglern macht, die auch irgendwann mal hier angekommen sind wie wir, nämlich seit teilweise vielen Jahren in Französisch-Polynesien zwischen den Inseln zu cruisen, ist nicht mein Ding. Wir haben die Strecke zwischen Tahiti und Moorea insgesamt 14 Mal gemacht. Wir waren mehrmals auf fast allen anderen Inseln, die zum nördlichen Teil der Gesellschaftsinseln gehören, haben sie mehr oder auch mal weniger gut erforscht, fanden sie wunderschön. Und es reicht.

Ich trage eine Unruhe in mir. Mich zieht es weiter. Oliver hat am Anfang unserer Reise mal gesagt: „Wenn wir an einem Ort wissen, wo alles ist, dann wird es Zeit, aufzubrechen." Ich sehe das ganz entschieden auch so.

Wir bereiten unsere Deutschlandreise vor. Boot an der Boje sichern, an der es liegen bleiben und hoffentlich auf uns warten wird, unseren Boat-Sitter einweisen, Gasflaschen füllen lassen, Fahrräder wegpacken, Dinge einpacken, die mit nach Deutschland sollen, Hochzeitstag feiern, mit Freunden essen, noch mal tauchen gehen, eine letzte Tour über die Insel unternehmen. Das ist nicht schrecklich viel für die verbleibenden zwei Wochen, aber wir wollen schließlich keine Hektik aufkommen lassen.

***

Ein Heimataufenthalt geht zu Ende. Angesichts des deutschen Herbstwetters, das langsam, aber sicher unangenehm nasskalt wird, ist das vollkommen in Ordnung. Im Grunde hatten wir einen Routineaufenthalt in Deutschland geplant: Medikamente einkaufen, Arztbesuche absolvieren, Familie und Freunde sehen, Olivers 60. Geburtstag feiern.

Mitte September erreicht mich die Nachricht, dass meine Mutter in der Nacht verstorben ist – trotz ihres hohen Alters ganz ohne Vorwarnung. Wie so vieles in ihrem Leben hat sie auch diesen letzten Übergang konsequent gestaltet. Sie hat gewartet, bis ich in der Nähe war, und sie ist gegangen, ohne vorher ihrem größten Albtraum zu erlauben, Wirklichkeit zu werden: nicht mehr in der Lage zu sein, selbstständig und klar denkend zu leben. Was für ein Segen.

Meine Brüder und ich nehmen von unserer Mutter am letzten Septembertag in einer Form Abschied, die ihr mit Sicherheit gefallen hätte: mit einem Trauergottesdienst im von ihr so sehr geliebten Ratzeburger Dom, in Gegenwart ihrer Kinder, der meisten Enkel und einer großen Anzahl von Verwandten, Freunden und Bekannten. Wir begleiten sie zu ihrer letzten Ruhe an den Ort auf dem Domfriedhof, den sie sich gewünscht hat. Es ist gut, dort zu sein, und ich beginne erst Tage später zu realisieren, wie schlimm es für mich gewesen wäre, wenn ich nicht bei der Beerdigung hätte dabei sein können. Wenn ich nächste Woche zurück nach Polynesien fliege, bin ich dankbar, dass meine Brüder sich um all das kümmern werden, was nach dem Tod unserer Mutter zu tun und zu regeln ist.

Für uns Stuttgarter ist es ein kurzer und anstrengender Trip in den Norden, der trotzdem dadurch schön ist, dass wir mit Johannes in seinem neuen Auto anreisen und viel Zeit zum Sprechen haben. Seine Bewegungsfähigkeit ist zwar durch seinen Unfall stark eingeschränkt, aber er ist durch unermüdliches Training in der Lage, sowohl aus dem Rollstuhl ins Stehen zu kommen als auch ein paar langsame Schritte zu gehen. Mittels einer Fahrprüfung nach seinem Klinikaufenthalt hat er die Berechtigung zum Führen eines serienmäßigen Automatikfahrzeugs erhalten und braucht also kein behindertengerecht ausgestattetes Auto.

Während unseres Besuchs wird Oliver 60 und wir feiern mit Freunden und Familie aus ganz Deutschland ein ausgelassenes Fest in Friedgards Wohnung, wo wir erneut liebevoll aufgenommen worden sind.

Ich bringe eine ganze Reihe von Arztbesuchen und Behandlungsterminen hinter mich und darf zum Glück ein weiteres Mal feststellen, dass ich gesund bin – mein „Freifahrschein" für ein weiteres Jahr. Wir verbringen Zeit mit Freundinnen und Freunden und freuen uns, dass wir dafür so viel Zeit haben. Wir bewegen im Vorgriff auf unsere Heimkehr im Gespräch mit anderen Wünsche und Möglichkeiten, was den Ort und die Weise unseres zukünftigen Lebens und Wirkens betrifft. Dies ist ein schöner Zustand: große Lust auf die zweite Hälfte unserer Reise und gleichzeitig ebenso große Lust auf unser Nachhausekommen danach zu haben.

Deutschland im Herbst ist für mich besonders schön. Ich bade sechs Wochen lang in den leuchtenden Farben des Laubs und atme die Düfte, die es nur hierzulande zu riechen gibt. Es weckt in mir noch mehr Lust, irgendwann wieder heimzukommen.

Passage nach Hawaii:
Ich sag' „Hallo!"
zu meiner Angst

Nach unserer Rückkehr aus Deutschalnd steht der Törn nach Hawaii über die Marquesas an. Wir finden unser Boot in gutem Zustand und treffen mit Vorfreude die letzten Vorbereitungen. Ende Oktober kommen wir nach einer Passage von 60 Stunden in der Lagune von Fakarava an, 230 Seemeilen östlich von Tahiti gelegen. Hinter mir liegt eine Zeit großer Verwirrung der Gefühle, gepaart mit körperlicher Müdigkeit und Reiseschmerzen. Die vergleichsweise kurze Zeit der Passage hat mir wie schon so oft geholfen, ein paar seelische und geistige Schauplätze zu klären.

Es ist ja ein Übergang, der große Themen birgt: In Deutschland habe ich mich und haben wir uns, abgesehen von vielen Terminen, hauptsächlich mit zwei Themen auseinandergesetzt. Das war zum einen der Tod meiner Mutter. Zum anderen haben wir unsere Fantasien über unser Leben nach der Reise in Vorstellungen und Möglichkeiten umgesetzt, die wir in Gesprächen und Recherche ein wenig konkretisiert haben. Dann kommen wir nach einer strapaziösen Anreise wieder auf unserem schwimmenden Zuhause an und plötzlich soll unsere Welt wieder aus türkisfarbenem Wasser, feuchter Hitze, aufwendiger Proviantierung und notwendiger Passagevorbereitung bestehen?

Ich stelle fest, dass ich mit diesem Tempo nicht mehr mithalten kann, weder körperlich noch seelisch. Wahrscheinlich konnte ich es noch nie wirklich, aber ich konnte mich selbst besser darüber hinwegtäuschen. Nun hätte nichts gegen ein paar Tage Abhängen und Ausruhen gesprochen, wäre da nicht das Wetter, von dem wir natürlich abhängig sind und an dessen Vorgaben wir uns anpassen müssen. Daher gestaltet sich unsere Abfahrt aus Tahiti sehr zügig.

Die Trauer um den Tod meiner Mutter trifft mich unvorbereitet. Meine Mom und ich hatten es lange Zeit nicht leicht miteinander. Das hat sich vor einigen Jahren ziemlich stark zum Positiven verändert, nachdem sie im Rahmen eines meiner Workshops, an dem sie teilnahm, zum ersten Mal in meinem Leben in meiner Gegenwart über sich selbst und ihr Leben gesprochen und auch geweint hat. Das war damals ein großes Geschenk für mich und hat in den Jahren danach die große Fremdheit zwischen uns zum Schmelzen gebracht. Trotzdem habe ich geglaubt, vielleicht aus reiner jahrzehntelanger Gewohnheit, dass ich ihr Sterben ohne große Gefühlswallungen würde hinnehmen können. Das ist nicht der Fall.

Ich trauere. Und wo könnte das besser hinpassen als hier, in die unendliche Weite des Ozeans? Ich trauere um die, die nicht mehr da ist, die ich nicht mehr anrufen kann, über die ich mich nicht mehr ärgern kann. Ich trauere um die Mutter, die ich als Kind gebraucht und als erwachsene Tochter gerne gehabt hätte und die sie durch ihre eigene Lebensgeschichte niemals sein konnte – liebevoll unterstützend und interessiert an mir als Person, die so ganz anders ist als sie. Ich trauere um alles, was sie mir nicht mehr sagen kann, um alles, was ich ihr nicht mehr sagen kann. Ich trauere um die große Härte und den Stolz, mit denen ich ihr so lange begegnet bin.

Und dann ist da noch eine andere Seite. Durch Margrets Sterben ist die weibliche Linie in meiner Sippe abgeschnitten worden. Die Frauen in meiner Familie gehen nicht weiter als bis zu mir. Das ist ein Wissen, das mich oft schmerzt. Mit dem Tod meiner Mutter habe ich nun das Gefühl, nur noch ganz alleine dazustehen, so als müsste ich etwas halten, das ich gar nicht halten kann und das mit mir untergehen wird.

Wir erleben eine kurze schöne Zeit des Treffens mit alten Freunden. Dena und Terry, die amerikanischen Freunde, sind zeitgleich mit uns angekommen, und Audrey und François, „unsere" französischen Lehrer, verbringen hier ein paar Tage Tauchurlaub.

Das Atoll von Fakarava erstreckt sich über 50 Kilometer. Zunächst ankern wir am Nordpass, segeln jedoch nach ein paar Tagen weiter in den Süden. Das ist innerhalb der Lagune nicht ganz stressfrei, da auf den Seekarten nur sehr kleine Teile verzeichnet sind. Den ganzen Rest navigieren wir nach Augenmaß: Sieht das Meer irgendwo heller aus, ist Vorsicht geboten; ist es weiß oder hellbraun, dann ist einfach weiterzufahren selbst mit unserem geringen Tiefgang keine Option und wir müssen uns einen anderen Weg suchen.

Im Süden liegen wir in einer wunderschönen Bucht bei Hirifa. Zwei Häuser, 15 Schweine, die morgens ihre Spaziergänge machen, kein Internet, keine Straßen. Neben uns ankern Dena und Terry auf ihrer *Libby* sowie zwei weitere Boote.

Zwei Tage später ziehen wir als Pulk mit den anderen Yachten zum Südpass. Unser dortiger Ankerplatz ist in unseren Karten nicht verzeichnet. Wir heften uns an *Libbys* Fersen, denn Dena und Terry verfügen über detailliertere Karten als wir. Als wir ankern, vergeht uns augenblicklich die Lust zu baden. Es erscheinen sofort drei Schwarzspitzenhaie, die uns umkreisen und neugierig beäugen. Auch wenn wir speziell hierher gefahren sind, um im Südpass zu tauchen – es handelt sich hier um ein berühmtes Revier – wollen wir uns dem direkten Kontakt mit diesem Empfangskomitee doch nicht stellen.

Dena und ich haben letztendlich doch zu viel Angst und gehen nicht mit auf den Tauchausflug. Aus Olivers Erzählung wird offensichtlich, dass er ein atemberaubendes Erlebnis ist. Die Strömung steht in die Lagune, was das Unternehmen zu einem sogenannten „Drift dive" werden lässt. Die Taucher lassen sich an einem Seil auf 28 Meter Tiefe hinunter. Sobald sie das Seil loslassen, nimmt die Strömung sie sanft mit und spült sie durch den Pass. Dort gibt es Unmengen von Korallen und Fischen in den verschiedensten Formen und Farben zu sehen. Schließlich treiben die Taucher auf das zu, wofür der Pass berühmt ist: Die „Wall of Sharks": Hunderte Schwarzspitzen- und Weißspitzenhaie, die gemächlich in der Strömung stehen und sich zum Glück kein bisschen für die neoprenüberzogenen Menschen interessieren. Die Strömung bringt Schmackhafteres mit.

Mitte November landen wir in Nuku Hiva, um von hier aus den Absprung nach Hawaii zu nehmen. Damit haben wir die gefährlichste Zyklon-Zone hinter uns gelassen. In den Marquesas sind Stürme der wirklich kritischen Kategorie äußerst selten.

Die Frage, ob tatsächlich ein hartes El-Nino-Jahr zu erwarten ist, wie in der Presse berichtet wird, lässt sich zumindest mit unserem begrenzten Wissen nicht beantworten. Die Wassertemperatur in Französisch-Polynesien scheint sich noch so gut wie überhaupt nicht erhöht zu haben. Und doch ist offenbar eine Blase warmen Wassers auf dem Weg von Südamerika hierher. Sobald das warme Wasser da ist, steigt die Wahrscheinlichkeit für das Auftreten von Stürmen stark an. Dabei gilt immer noch, dass wir uns relativ am Anfang der Sturmlaufbahn befinden.

Zyklone entstehen im Südpazifik in der Nähe des Äquators. Von dort ziehen sie zunächst westwärts, wobei sie Energie aus dem warmen Wasser aufnehmen. Irgendwann kurven sie dann nach Süden und später in der Westwindzone nach Osten, wobei sie dort durch kältere Wassertemperaturen bereits kräftig an Energie verloren haben. Aber auch mit einem jungen Zyklon möchten wir uns nicht gerne anlegen, er dürfte temperamentvoll genug sein.

Hier treffen täglich weitere Boote aus Tahiti und Umgebung ein. Darunter befinden sich etliche Bekannte, was für einige lustige, gesellige Abende sorgt. Das Wetter ist gerade sehr kooperativ und diese Gelegenheit zur Abfahrt wollen wir nicht verstreichen lassen. Ein Wetterfenster bedeutet nur eine einigermaßen verlässliche Vorhersage für fünf Tage. Danach ist die

Wetterentwicklung völlig offen. Die nächsten fünf Tage sehen gut aus – was die zwei Wochen danach uns servieren werden, müssen wir nehmen, wie es kommt.

Aus meinem Logbuch

Gestern Abend liegen wir friedlich vor Anker in unserer Bucht. Ich koche Dinner für Dena, Terry und uns. Über Funk erreicht uns ein Notruf der *Distant Drummer*, einer Yacht, die wir mehrfach in Tahiti getroffen haben. Neil, der Skipper, ist seit ein paar Tagen durch eine starke Infektion am Bein gehandicapt. Er befindet sich etwas mehr als eine Meile vor unserer Bucht und sein Motor startet nicht. Aufgrund seines Zustands sieht er sich nicht in der Lage, gegen die Wellen und den Wind unter Segeln in die Bucht zu gelangen.

Einer der anderen Segler verkündet seine Bereitschaft, mit dem Dinghy die *Distant Drummer* in die Bucht zu schleppen. Im Handumdrehen sind vier Dinghys inklusive Oliver auf dem Weg aus der Bucht. Schnell wird klar, dass die hohen Wellen außerhalb der Bucht den kleinen Beibooten nur eine langsame Fahrt erlauben, wenn sie nicht Gefahr laufen wollen, zu kentern. Distant Drummer kommt gleichzeitig nicht nur nicht näher, sondern sie scheint Gefahr zu laufen, immer weiter abzutreiben.

Oliver wird kurze Zeit später klar, dass er vielleicht noch bis zu *Distant Drummer* und zurück kommt. Aber ein Schwergewicht dieses Kalibers zu schleppen, vervielfacht den Spritverbrauch, wenn es überhaupt bei dieser Art Welle möglich ist. Oliver nimmt über Funk Kontakt mit den anderen Helfern auf und äußert seine Bedenken. Die Dinghys drehen um. Oliver bittet mich über Funk, meine Töpfe seefest zu verstauen und *Fat Cat* fertig zum Auslaufen zu machen. Die *Distant Drummer* versucht in der Zwischenzeit, vor der Bucht die Stellung zu halten; Neil kreuzt mithilfe seiner Frau Suzy hin und her, und die beiden schaffen es zumindest einigermaßen, nicht weiter abzutreiben.

Wir nehmen einen anderen Segler mit, um eine Hand mehr an Bord zu haben, und fahren so schnell wie möglich aus der Bucht. Die Leinenübergabe klappt problemlos, aber wir haben leider nur insgesamt 25 Meter Leine. So haben wir unangenehm dicht hinter uns einen Zwanzigtonner, der sich nur widerwillig in Bewegung setzt. Ich sitze am Steuer und stelle schnell fest, dass ich am Rad drehen kann, so viel ich will, aber den Kurs bestimmt das Schwergewicht hinter uns.

Mit viel gutem Zureden und zeitweiligem Betrieb nur eines Motors bekommen wir den Schleppzug schließlich auf Kurs in die Bucht. Da die Schleppleine sehr unangenehme knarzende Geräusche von sich gibt, fahren wir mit nur einem bis 2 Knoten gegen Wind und Welle an, um ein Reißen nach Möglichkeit zu vermeiden. Eine Schauerböe mit 25 Knoten Wind rundet die Qualität des Ausflugs ab.

Mittlerweile ist es dunkel geworden und wir fahren in die Ankerbucht ein, in der bereits 35 Boote liegen, die Hälfte von ihnen unbeleuchtet, da sich offenbar niemand an Bord befindet. Doch nun erleben wir die Solidarität unter Seglern: einer bewegt sich per Dinghy um die unbeleuchteten Boote auf unserem Kurs und leuchtet sie mit der Bootslampe an. Ein anderer fährt das letzte Stück vor uns her, um uns einen geeigneten Ankerplatz für *Distant Drummer* zu zeigen. Wir bringen schließlich den Schleppzug zum Stehen, was uns wie ein Wunder erscheint: So träge, wie *Distant Drummer* sich anschleppen ließ, so ausdauernd läuft sie mit ihren 20 Tonnen weiter, nachdem wir längst aufgehört haben, zu ziehen.

Der Rest der Aktion verläuft zum Glück unspektakulär. Wir fahren zu unserem Ankerplatz zurück und ankern wieder. Ich bringe meine Töpfe in Stellung und koche fertig. Es wird ein netter, wenn auch ziemlich später Abend mit Dena und Terry.

***

Von Anfang an ist klar, dass die Passage nach Hawaii nicht einfach werden wird. Nicht umsonst verläuft die sogenannte Barfußroute, von der wir für diesen Hawaii-Abstecher abweichen, strikt westwärts, damit man Wind und Welle von schräg hinten und damit ein gemütliches Segeln raumschots hat. Da aber Tahiti und Hawaii ungefähr auf dem gleichen Längengrad liegen, gibt es für uns diesen Raumschotskurs nicht. Wir werden zwangsläufig die erste Hälfte der Strecke am Wind und die zweite Hälfte auf Halbwind segeln müssen. Keines von beiden steht auf einem Katamaran für gemütliches Fahrtensegeln, denn jede Welle hebt zunächst den Luv- und dann den Lee-Rumpf, wodurch das Boot alle 11 Sekunden erst nach Lee und dann nach Luv krängt. Wir wissen das und entscheiden uns trotzdem dafür.

Das menschliche Gehirn malt sich ja manchmal eine Welt, wie es ihm gefällt. Es nimmt solche Informationen auf, versteht sie auch und dann produziert es ungefähr das Folgende: „Ach, so schlimm wird es schon nicht sein. Wir sind ganz bestimmt die Ausnahme und werden gut erholt und braungebrannt auf Hawaii ankommen." Das ist sozusagen Dissonanzreduktion im Voraus oder einfach: verträumte Naivität?

Oliver hat natürlich wie üblich alles durchgeplant: Wir werden von Nuku Hiva die Richtung Nordnordost einschlagen, um dadurch jenseits der Kalmen den Winkel zu Wind und Welle zu verbessern. Auf 9 Grad Nord wollen wir schließlich Kurs auf Hawaii nehmen.

Der Wetterservice warnt uns vor: Im Nordpazifik vor der Küste Alaskas herrsche gerade heftiges Wetter und die Dünung mit bis zu 4 Metern Höhe werde uns gehörig zu schaffen machen. So ist es dann auch für die gesamte Passage. Wir haben erst hohe Welle schräg von vorn, dann hohe Welle schräg von hinten.

Seit wir unterwegs sind, ist der Lautstärkepegel im Boot durch die häufigen Seeschläge aufs Brückendeck und auf die Steuerbordseite, hinter der wir schlafen, so heftig, dass wir uns gegenseitig beim Sprechen oft nicht verstehen. Jede Bewegung ohne lückenloses Festhalten ist hochgefährlich. Jeder in Küche und Salon stehen gelassene Gegenstand wird im Seegang zu einem potenziell gefährlichen Wurfgeschoss, weshalb ausnahmslos alles aufgeräumt werden muss. Die Mahlzeiten nehmen wir aus Schüsseln ein, die wir umklammert halten können. Schlafen ist ein Luxus, selbst wenn man keine Wache hat.

Durch das viele Wasser, das permanent über Bord kommt und das Cockpit überschwemmt, ist auch das Bootsinnere von einem salzigen Schmierfilm überzogen, den nicht einmal tägliches Putzen beseitigen kann, sofern das überhaupt möglich wäre. Wir verbringen die meiste Zeit im Salon, weil wir draußen sehr schnell völlig durchnässt sind. Aber nicht nur auf diesem Weg bekommen wir das Salzwasser ab. Wir müssen feststellen, dass unsere Luken nach 12 Jahren, die das Boot auf dem Meer verbracht hat, nicht mehr dicht sind. Das Material zum Neuabdichten, extra aus Deutschland mitgebracht, haben wir an Bord. Allerdings haben wir diese Arbeit noch nicht gemacht. Ergebnis: Im Bad läuft bei jeder großen Welle, die auf die Luken schlägt, Salzwasser die Wand hinunter auf den Boden, den wir regelmäßig wischen, damit er begehbar bleibt. Zum Glück halten die Bullaugen im Schlafzimmer ein wenig besser dicht, sodass die Wand nur feucht ist. Und am Ende der ersten Woche zerbricht die Trennwand der Dusche durch die Wucht einer Welle.

Die ganze Situation führt dazu, dass ich mich meiner sicher scheinenden, trockenen und sauberen Wohnstatt beraubt fühle. Das Wasser bricht sich mit sichtbarer, spürbarer und hörbarer Gewalt einen Weg in meine Welt. Ich fühle mich ausgesetzt, ausgerechnet mitten auf dem Ozean. Klar habe ich Angst. Aber sie steht gar nicht mal im Vordergrund. Vielleicht kann ich eher sagen, dass mir mit allen Sinnen klar wird, wie ich mit meinem Leben davon abhänge, was die Elemente tun. Dass es hier um Kräfte geht, die so viel größer sind als ich. Ich bin hier geduldet. Das Meer ist weder gut noch böse, es macht einfach sein Ding. Auch wenn es ein sehr unmodernes Wort ist, so erlebe ich die Situation als tief gehende Übung in Sachen Demut.

Übermorgen werden wir, so Gott will, auf Big Island ankommen. Wir werden tun, was zu tun ist, um *Fat Cat* wieder in ein Zuhause zu verwandeln. Wir werden uns mit hoher Wahrscheinlichkeit ziemlich gut fühlen, weil wir es überstanden und gemeistert haben. Wie schlimm es war, wird vermutlich in kurzer Zeit mit Ornamenten des Abenteuers angereichert und schließlich vergessen sein.

Allen Unannehmlichkeiten zum Trotz erweist sich unsere Entscheidung zum Aufbruch im Nachhinein als richtig: Dena und Terry sowie weitere zehn Boote liegen immer noch in Nuku Hiva und warten auf ein geeignetes Wetterfenster. Völlig ungewöhnlich für die Saison haben sich bereits zwei kleinere Zyklone gebildet, welche die Passage bis auf Weiteres unmöglich machen. Wir sind froh, dass wir die erste Möglichkeit ergriffen haben und jetzt ruhig und sicher bei Hilo auf Big Island liegen.

Drei Tage später brechen wir von dort auf, um nach Honolulu auf Oahu zu segeln, wo in einer Woche Johannes mit dem Flugzeug aus Deutschland ankommen wird. Nach zwei Stunden zeigt der Autopilot eine Überlastung an der Kupplung. Wir fahren zurück nach Hilo, um herauszufinden, was die Störung ist und wie sie behoben werden kann. Es stellt sich heraus, dass wir Ersatz für ein durchgeschmortes Teil benötigen, das in Hilo nicht zu bekommen ist.

Wir überlegen lange und beschließen dann, dass wir uns auf 48 Stunden, die wir von Hand steuern müssen, einlassen wollen. Das Handsteuern stellt sich als sehr anstrengend heraus. Wir wechseln uns stündlich ab, erleben aber die Situation als mühsame Plackerei. So mühsam, dass wir nach der halben Strecke in Kona erst mal eine Nacht Pause einlegen. Wir sind so fertig, dass wir den Anker fallen lassen und sofort schlafen gehen.

Der zweite Teil der Reise führt uns von Kona nach Oahu. Die Durchfahrten zwischen den hawaiianischen Inseln gelten als schwieriges Revier. Man kann das leicht nachvollziehen: Auf der einen Seite liegt Big Island mit bis zu 4.500 Metern Höhe, auf der anderen Seite Maui mit 3.000 Metern. Dazwischen entsteht eine Düse, die den Wind verstärkt und unberechenbar gefährlich werden kann. Aus einer Flaute wird innerhalb von zehn Minuten eine solide Windstärke 6 mit Böen bis 8 Beaufort. Das Steuern eines Bootes unter solchen Bedingungen per Hand geht schnell an die Substanz. Jede Welle dreht den Kat 20 Grad aus der Richtung und die müssen dann gegen die Kraft des Windes von Hand wieder zurückgedreht werden. Irgendwann während der Nacht bin ich so am Ende, dass ich nur noch Untergangsfantasien habe.

Schließlich haben wir es geschafft und erreichen um halb fünf Uhr morgens Waikiki Beach und das dahinter aufragende Honolulu. Wir lassen uns treiben und schlafen nacheinander jeder eine Stunde die ärgste Müdigkeit weg, bis das Marinabüro öffnet und erreichbar ist. Dann melden wir uns über Funk an. Auf die Frage, ob man einen Marinero auf den Steg schicken könne, um unsere Leinen anzunehmen, gibt es am anderen Ende der Leitung eine lange und für uns zunächst rätselhafte Diskussion. Dann heißt es, dass dies leider aus Haftungsgründen nicht möglich sei. Herzlich Willkommen in den Vereinigten Staaten!

Ein Segler von einem Nachbarboot hilft uns zum Glück ganz ohne Rücksicht auf Haftungsfragen. Nun liegen wir im Ala Wai Small Boat Harbor, ein paar Hundert Meter von Waikiki Beach entfernt.

Am Wende-
punkt:
Honolulu.

Meine Landwurzeln melden sich

Wie es in diesen Breiten beinahe täglich der Fall ist, scheint die Sonne auch an diesem Neujahrstag, träge umschmeichelt von einem faulen Wind. Auf der Meerseite, jenseits des Wellenbrechers, tummeln sich die Surfer. Zum Land hin ragen die Hochhäuser von Downtown Waikiki in den wolkenlosen Himmel.

Wir liegen am äußersten Steg der Marina, also am Hafenausgang, was ein echter Glückstreffer ist. Zum einen ist das Wasser im riesigen Marinabecken, je weiter man Richtung Land kommt, unsäglich schmutzig. Das hat zur Folge, dass sich dort, wo der Müll schwimmt und es schlecht riecht, Ratten und Kakerlaken sehr wohl fühlen und gerne ihren Weg an Bord von Yachten finden. Diese Viecher laufen nicht so weit, dass sie uns am Ende des Hafens heimsuchen könnten.

Zum anderen haben wir einen erstklassigen Blick auf einen der lokalen Surfspots, wo schon bei Sonnenaufgang die ersten Surfer eintreffen, bevor sie zur Arbeit gehen. Da gibt es natürlich alles zu sehen: von ganz normalen und durchaus nicht immer jungen Leuten über braunhäutige, muskelbepackte junge Männer bis hin zu den teilweise unglaublich schönen jungen Frauen. Sie haben fast alle eines gemeinsam: lachende Augen und Gesichter, denen ich ansehe, dass sie genau so leben, wie sie es gut finden.

Und schließlich, zum Dritten, kommen hier auf dem Steg allenfalls ein paar Angler vorbei. Für den klassischen Touristen ist der Weg bis zu unserem Steg viel zu weit. Der Nachteil für uns liegt natürlich auf der Hand: den gleichen weiten Weg laufen wir zur Toilette. Das ist nicht wirklich schlimm, aber sobald es mal eilig ist, erscheint einem die Strecke unendlich lang.

Die staatliche Ala-Wai-Marina wirkt vielerorts heruntergekommen, ist aber atmosphärisch total gut. An unserem Steg sind die auswärtigen Boote untergebracht. Da ist eine beachtliche Bandbreite geboten: Bill und Karen aus San Francisco, ein bisschen älter als wir, leben zurückgezogen, kommen aber schnell auf Betriebstemperatur, wenn man mit ihnen bei einem Bier sitzt und plaudert. Horst aus München ist alleine mit seinem Hund unterwegs und taut mittlerweile langsam auf. Jacob aus Oregon, eigentlich Rettungssanitäter, arbeitet momentan hier auf dem Bau, weil ihm das Geld für die Weiterreise ausgegangen ist – ein sehr sympathischer Typ, mit dem gut reden ist. Mariana aus Patagonien und ihr Mann Chad leben seit einigen Jahren auf Maui und sind übergangsweise hier, weil Mariana die Anwaltszulassung für die Staaten machen will. Dennis, obdachlos, hat sich ein verlassenes Boot als Heim erwählt und freut sich, wenn er Teil vom Ganzen ist. Mike aus San Francisco vermietet zur Finanzierung seiner Reisen jungen Rucksacktouristinnen eine Schlafstatt auf seinem Boot, das einer schwimmenden Müllhalde nicht ganz unähnlich ist. Und ja, er diskriminiert grundsätzlich sämtliche männlichen Schlafplatzbewerber! Und schließlich ist da noch ein Neuzugang: eine namenlose Frau in meinem Alter, die es sich offensichtlich zur Aufgabe gemacht hat, möglichst alle Aktivitäten an Bord unbekleidet auszuführen, was nach Meinung der direkten Nachbarn nicht unbedingt sein müsste.

Seit Johannes an Heiligabend bei uns angekommen ist, brechen für uns touristische Zeiten an. Wir mieten ein Auto und sind viel unterwegs, in Honolulu und auf der ganzen Insel. Gestern haben wir den Tag an der Nordküste verbracht, wo einer der berühmtesten Surfspots der Welt, die „Pipeline", liegt. Es ist dabei ausgesprochen praktisch, unseren eigenen Surfexperten dabeizuhaben, denn Oli und ich haben von diesem Sport keine Ahnung.

Das Leben mit Johannes an Bord gestaltet sich nicht einfach. Er steckt, so denke ich, in einer existenziellen Krise. Wir sind Zeugen und Beteiligte gleichzeitig. Sein Unfall liegt bald zwei Jahre zurück. Mittlerweile arbeitet er wieder in seinem alten Beruf als Ingenieur. Von der Tatsache abgesehen, dass die Welt, in der wir leben, weit von Barrierefreiheit entfernt, ihn im Alltag ständig an die Grenze seiner Kraft bringt, erlebt er tagtäglich die Nachlässigkeiten und Übergriffe seiner Mitmenschen, die sicherlich zu großen Teilen aus Unfähigkeit und Überforderung entstehen.

Aber was nützt einem Menschen mit Behinderung dieses Wissen, wenn es doch darum geht, einen ganz normalen Platz in der Gesellschaft einnehmen zu sollen und dies auch zu wollen? Diese Dynamik nimmt Oliver und mich nicht aus. Auch wir schwimmen sehr oft völlig, wenn es darum geht, das richtige Maß zwischen Unterstützung und Gewährenlassen zu treffen. Und es liegt in der Natur der Sache, dass wir als seine Eltern, die ihm nahestehen, ungefiltert Johannes' Wut und Verzweiflung abbekommen. Die Situation zerreißt mich fast und macht mich unendlich traurig.

Ich habe bis zu Beginn unserer Reise in meinem Beruf als Psychotherapeutin schwerpunktmäßig mit Schwerkranken und Sterbenden gearbeitet. So sachlich ich bei der Arbeit bezüglich vieler Themen in diesem Zusammenhang bin und bleiben kann, ist das Leiden meines Kindes mir doch unerträglich. Ich falle zwischen Verzweiflung, Ärger und Hilflosigkeit hin und her und muss immer wieder bewusst dafür sorgen, dass ich mich selbst nicht darin verliere. Natürlich will ich nicht, dass Johannes leidet. Gleichzeitig weiß ich aber ganz genau, dass ich gar nichts machen oder aufhalten kann. Ich weiß ganz genau, dass der Einzige, der ihm helfen kann, er selbst ist. Ich habe Vertrauen, dass er das auch kann, denn er ist schlau, sensibel und lernfähig. Ich bin froh, dass er auch hier, in Honolulu, immer wieder Menschen zum Reden findet, sodass nicht nur Oliver und ich als Ventile dienen, sondern auch außerhalb unserer Familie eine Art Druckausgleich entstehen kann.

Von seiner in dieser Zeit leicht reizbaren Stimmung und der Unberechenbarkeit seines inneren Zustands einmal abgesehen, macht es uns als seine Eltern froh, mitzuerleben, wie sich Johannes' körperliche Belastbarkeit und Beweglichkeit im Laufe der vergangenen zwei Jahre seit seinem Unfall gesteigert und stabilisiert haben. Dass er einen normalen Wagen mit Automatikgetriebe fahren kann, erscheint uns schon längst normal. Aber wie er in der Lage ist, ohne Rollstuhl über die schmale Gangway an Bord zu gelangen und sich an Bord, abgesehen vom Cockpit und dem Salon, wo er seinen Rolli benutzen kann, ausschließlich zu Fuß fortzubewegen, treibt uns immer wieder die Tränen in die Augen. Ich erinnere mich an seinen ersten Besuch bei uns in Französisch-Polynesien: Im Vergleich zu heute waren seine Bewegungen an Bord damals extrem mühsam und mehr als vorsichtig. Es besteht kein Zweifel, dass ihn diese Art der Fortbewegung immer noch sehr fordert und seine Kräfte erschöpft, aber er schenkt sich nichts und schafft es, an fast allen Aktivitäten teilzunehmen.

Auf dem Weg zum Parkplatz sieht Johannes eines Morgens an dem Strand, von dem die Surfer ins Wasser starten, einen Mann, der in einem leuchtend orangefarbenen Strandrolli unter der Dusche sitzt und offenbar gerade aus den Wellen gekommen ist. Das ist Zach, der ebenfalls querschnittsgelähmt ist. Er surft hier täglich, liegt dabei bäuchlings auf seinem Board und ist sichtbar durchtrainiert. Die zwei kommen ins Gespräch und über diesen Mann erfährt Johannes von Access Surf, einer Organisation, die einmal im Monat in der Nähe von Honolulu Surfen für Menschen mit Behinderung anbietet. Das Glück will es, dass dieser eine Samstag im Monat in zwei Tagen stattfindet. Gehen wir da hin? Was für eine Frage!

Ich habe so etwas noch nie erlebt. Ich bin tief berührt und erfüllt von diesem Erlebnis. Zach hat uns bereits angekündigt und jeder zweite Mensch weiß bei unserer Ankunft, wer wir sind. Johannes schreibt sich als Teilnehmer ein, Oliver und ich als Helfer.

Bevor um 9 Uhr der eigentliche Betrieb losgeht, gibt es eine kleine Begrüßung und Einweisung für alle Anwesenden. Dann verteilen sich die Helfer auf die verschiedenen Stationen wie

Schwimmassistenten, Land-Wasser-Transfer und Water Security.

Access Surf besitzt speziell aufbereitete Boards zum Liegen, Knien und Sitzen. Für den Transfer gibt es zwei Schwimmrollstühle. Überall stehen Schattenzelte, liegen große Rohrmatten, auf denen auch normale Rollis gut vorwärtskommen können. Das alles bildet einen ausgeklügelten Rahmen, innerhalb dessen sich Menschen im Rollstuhl keine Sorgen machen müssen oder vor unlösbaren logistischen Herausforderungen stehen, denn alles ist wunderbar durchdacht und vermutlich im Laufe der zehn Jahre, die Access Surf jetzt schon existiert, auch immer wieder angepasst worden.

Die Teilnehmer tragen sich ein und erhalten einen Termin für ihren Surf. Je nach Notwendigkeit fahren die Instruktoren auf eigenen Brettern nebenher, oder sie sind mit dem, der gerade dran ist, zusammen auf dem Board – in einem Fall sehe ich sogar drei Menschen auf einem Brett. Johannes' Instruktorin begleitet ihn auf einem zweiten Board, überlässt ihn allerdings bald sich selbst, weil sie sieht, dass er es einfach draufhat. Als er nach über einer Stunde aus dem Wasser kommt, ist er völlig erledigt. Aber in seinen Augen sehe ich zum ersten Mal seit seinem Unfall diesen Funken, eine Mischung aus Lebensbejahung und unbeugsamem Willen, den ich so lange vermisst habe …

Von 9 bis 13 Uhr ist der gesamte „Apparat" in Bewegung, reibungslos und ohne Zwischenfälle. So viele lachende Gesichter, so viel Lebendigkeit! Wer nicht im Wasser ist, sitzt mit anderen zusammen und schwatzt oder genießt den Lunch vom Grill, gesponsert von einem lokalen Unternehmen.

Die gesamte Veranstaltung ist ausnahmslos natürlich und unaufgesetzt, voll echter Freude und Liebe, entspannt und unaufgeregt. Kein Mitleid, keine Herablassung, kein Opfergeist, einfach nur Spaß am Tun und am Erleben. Die Helfer kommen nicht, weil sie glauben, sich sozial engagieren zu müssen. Sie kommen, weil es toll ist und sie gerne teilnehmen wollen. Und auch wenn Johannes im Februar nicht mehr hier sein wird, planen Oli und ich, das nächste Mal wieder dabei zu sein. Genau aus dem oben genannten Grund.

Wir ahnen zu dem Zeitpunkt noch nicht, dass der Tag mit Access Surf der Auftakt für eine seelische und körperliche Wende in Johannes' Befinden sein wird. In den Jahren seither hat er seinen Weg zurück zum Wellenreiten aktiv verfolgt und sieht es heute als seine Aufgabe an, dafür zu sorgen, dass Surfen für Menschen mit Behinderung als seelisches und körperliches Therapeutikum Anerkennung findet und über diesen Sport und diese Lebenshaltung echte Inklusion stattfinden kann.

Ich erlebe die fünf Monate, die wir in Honolulu verbringen, als eine der intensivsten Zeiten unserer Reise. Hawaii ist für mich seit meinem ersten Besuch im Jahr 2000 ein Ort großer Anziehung. Ich habe auf diesen Inseln schon damals gespürt, dass es hier eine besondere Energie gibt, die ich mit Körper, Geist und Seele spüre. Hierher zurückzukommen war über die Jahre mein Wunsch und ist mir nun eine große Freude. Ich liebe die Landschaft, ich liebe die Menschen, ich liebe die Atmosphäre an öffentlichen Orten, auf den Märkten, im Hafen.

Auch bei den Zugereisten, die ich kennenlerne, habe ich den Eindruck, sie seien besondere Menschen. Hawaii ist der einzige Ort auf der Welt außerhalb Deutschlands, an dem ich leben wollte. Diese Aussage wird sicher keine faktischen Folgen haben, gehört Hawaii doch leider zu den Vereinigten Staaten, die für mich ganz sicher nicht mehr als Wohnort infrage kommen. Und obwohl ich weiß, dass ich nicht bleiben werde, wird mir mein Wunsch nach einem verwurzelten und zugehörigen Leben deutlich.

Ich gewöhne mir an, mit dem Rad Honolulu zu durchkreuzen. Ich nehme die Stadt mit meinen Sinnen auf, ich sehe, höre, rieche, spüre die Sonne und die besondere Luft, die es nur an der Küste gibt, ich sitze und genieße einen Kaffee, überlasse mich kurzen, freundlichen Unterhaltungen mit Einheimischen. Ich erlebe diese Menschen als viel näher dran am Existenziellen, einfacher und grundsätzlicher in den Aussagen, weniger abgehoben und mit deutlich weniger Ansprüchen, als ich es gewohnt bin.

Solche Züge, gepaart mit einer in sich ruhenden Fröhlichkeit, die ich besonders in den Augen erkenne, machen mir die

Hawaiianer unwiderstehlich. Es ist allerdings nicht zu leugnen, dass die Schrecklichkeiten der globalen Welt auch vor Honolulu nicht haltgemacht haben. Einige Parks in der Stadt sind zu Wohnorten für ganze Familien geworden, die ihre Wohnungen nicht mehr halten konnten. Immobilienpreise und Mieten sind extrem in die Höhe geschnellt, seit ausländische, offenbar hauptsächlich chinesische, Investoren alles aufkaufen, was der Markt hergibt.

Die neuen Bewohner der Parks sind keine Obdachlosen im eigentlichen Sinne. Sie haben Arbeit, die Kinder gehen zur Schule. Alle paar Tage werden sie von der Polizei vertrieben und suchen sich sofort in einem anderen Park ein neues Fleckchen für ihr Zelt. Auch die Zahl der Obdachlosen im herkömmlichen Sinn steigt stetig an. Alkohol und Drogen sind ein Riesenproblem. Ich lerne einige Menschen kennen, die sich ehrenamtlich um diese Bevölkerungsgruppe kümmern. Eine Friseurin, die sonntags im Park Haare schneidet. Eine Gruppe von Bürgern, die auf eigene Kosten eine kleine Suppenküche eingerichtet hat. Mein Yogalehrer, der einmal in der Woche eine Klasse im Park anbietet und das Einkommen daraus zu einhundert Prozent an eine unterstützende Organisation weitergibt. Eine Ärztin, die einen Tag in der Woche unentgeltlich obdachlose Patienten behandelt.

Ich tue so, als wäre ich hier zu Hause, und richte mir einen Alltag ein. Ich bewege mich auf dem Fahrrad, denn ein Auto besitzen wir nicht. Zu Fuß sind die meisten Wege zu weit. Ich erledige meine Einkäufe außerhalb der touristischen Viertel der Stadt, gehe dahin, wo die Einheimischen einkaufen. Gleich nach unserer Ankunft suche ich mir einen Yogalehrer, der mir in Person und Lehre gefällt. Ab da übe ich viermal die Woche Yoga in einer Klasse. Ich bin das nicht mehr gewohnt. Yoga ist für mich auf dieser Reise zwangsläufig zum Alleingang geworden. Ich genieße es, wieder mit anderen Menschen zu üben, im Kontakt zu sein und über die Yogasessions hinaus manchmal mit der einen oder anderen von ihnen etwas zu unternehmen.

Aus meinem Logbuch

Der Hawaiian Yacht Club, mitten in der Ala-Wai-Marina gelegen, hat jeden Freitagabend eine Band zu Gast. Das Essen ist einfach und gut, die Getränke hochprozentig. Das wollen wir uns nicht entgehen lassen. Dena und Terry, die seit kurzer Zeit mit ihrer Yacht an demselben Steg liegen wie wir, sind dort Ehrenmitglieder und so dürfen wir sie als Gäste begleiten. Die Band aus vier alten Herren baut gerade auf, die Tische sind fast alle voll besetzt, es wird gegessen und natürlich getrunken. Wir schwatzen ausführlich, essen und trinken, die Stimmung ist super.

Einer der Gitarristen beginnt einen Blues und die Stimmung wird noch besser. Dann legen sie richtig los. Beatles, Rolling Stones, Chicago, Dire Straits, was man eben so gehört hat in unserer Jugend. Die Jungs sind richtig gut. Schon beim dritten Stück ist das erste Paar auf der Tanzfläche. Dann das zweite. Und das dritte. Und erst da fällt mir auf, in welcher Gesellschaft wir uns befinden. Die Menschen um uns herum sind in unserem Alter oder älter, teilweise viel älter. Einige der Damen sind gekleidet wie in den 70ern, offenes Haar und Schmuck, dass es klirrt. Im „normalen Leben" reagiere ich eher allergisch auf ältere Damen, die sich in der Wahl ihres Outfits vergriffen zu haben scheinen. Aber dies hier ist anders. Die Paare auf der Tanzfläche verlieren ihr Alter, ich kann auf einmal die 16-Jährige, den 20-Jährigen, die jungen Kids sehen, die sie und die wir mal gewesen sind. Sie tanzen und haben Spaß und überlassen sich dem Rhythmus. Das alles berührt mich dermaßen, dass ich mit den Tränen kämpfen muss.

Was dann passiert, ist allerdings wirklich noch nie da gewesen. Ich stupse Oli an, werfe meine Schuhe von den Füßen und wir gehen tanzen. Ich tanze nie! Ein Teil von mir steht ziemlich verdattert und ein bisschen fassungslos am Rand der Tanzfläche und versucht zu glauben, was sie sieht. Und was soll ich sagen? Wir tanzen uns die Beine weg, Oli und ich, Dena und ich, ich alleine. Die Herausforderung schlechthin überrumpelt mich dann kurz vor Mitternacht. Ich tanze gerade allein und singe lauthals irgendein Lied mit, das ich kenne. Auf einmal ist da dieser Mann, der mich einfach greift und mit mir zu Rock'n'rollen beginnt. Ich kann das gar nicht. Und in einem früheren Leben hätte ich mich tief errötend entschuldigt und wäre geflohen. Am besten aufs Klo. Diesmal nicht. Es ist nur ein kurzes Tänzchen und es ist schön.

Ich gestehe, ich bin ziemlich beschwipst. Das hilft vielleicht. Aber das bin ich ja auch nicht zum ersten Mal. Daher glaube ich nicht, dass es der Alkohol ist. Es ist eher, dass ich plötzlich merke, wie vollkommen irrelevant mein Alter, mein Aussehen, mein Auftritt wirklich sind. Ich trage, wir tragen jedes Alter in uns, das wir schon gelebt haben. Und was wir in uns fühlen können, das können wir auch leben. Die unausgesprochene Zugehörigkeit zu den anderen in diesem hawaiianischen Yachtclub gibt mir eine so große Freiheit und Freude, dass ich es gar nicht wirklich ausdrücken kann.

Ich frage mich heute noch, wie wir zurück zu *Fat Cat* gekommen sind. Ich kann mich nicht erinnern. Ich weiß aber, dass ich tief glücklich und erfüllt geschlafen habe.

***

Ich sitze draußen im Cockpit und schaue in den Abendhimmel. Golden ist er, wie in einem Aquarell verwischt mit hellem Blau. Im Verlauf der nächsten Minuten mischt sich Orange ins Bild, das wie von Zauberhand immer violetter wird. Es liegt ein Dunst in der Luft, das Wetter schwingt um. Morgen soll es viel Wind und Regen aus Nordosten geben. Der Surf jenseits des Wellenbrechers ist groß geworden und schickt sein kraftvolles Tosen an mein Ohr. Innerhalb der nächsten zehn Minuten wird es dunkel. Vom Hilton-Hotel in Waikiki dringt dröhnend verstärkte Musik herüber. Eine andere Welt, mit der ich genau jetzt nichts zu tun habe. Hier ist Frieden. Ich sitze und atme salzige Luft aus der äußeren Weite in die innere Weite. Sonst nichts.

Jacob war zum Dinner da, unser Nachbar, der mir ans Herz gewachsen ist. Noch einer, den ich schwer werde hinter mir lassen können, wenn wir im April weiterziehen. Ich befinde mich in einem merkwürdigen Zustand. Es ist, als ob sich meine Seele noch deutlich daran erinnert, wie ich früher gedacht und gehandelt habe, als ob sie dieses vergangene Sein immer wieder anprobiert wie ein altes Paar Schuhe, nur um sofort zu merken, dass das Laufen in ihnen nicht mehr gelingt.

Ich habe früher fest daran geglaubt, dass, wenn es mir gut geht, ich alles dafür tun muss, dass mir dieser Zustand erhalten bleibt. Ich fühle mich wohl in Honolulu? Das kann doch nur bedeuten, dass ich hierbleiben soll. So bin ich mit vielen Themen verfahren und immer ging es um die Illusion, ich könnte mich vor den periodisch wiederkehrenden tiefen Niederungen des Lebens, dem Zerbrechen meines Herzens, dem Schmerz bewahren, indem ich mir einen Parkplatz im Wohlergehen pachte.

Vor einigen Tagen ist mir aufgegangen, dass ich das so nicht mehr mache. Ich fühle mich wohl in Honolulu? Genau jetzt? Super. Ich nehme so viel davon auf, wie ich irgend kann, bin genau jetzt so wach und offen, wie es mir gerade möglich ist, und dann lasse ich es gehen, beziehungsweise lässt in diesem Fall Honolulu mich gehen und ich ziehe weiter. Die Zeit hier wird dennoch bei mir bleiben, denn sie hat mich ein klitzekleines Stück geprägt und verändert.

Das uneingeschränkte Sein im Moment schenkt mir die Fähigkeit, scheinbare Gegensätze gleichzeitig zu halten: mit ganzem Herzen hier zu leben und dieses Leben schön zu finden. Und gleichzeitig aufs Intensivste Zukunftsideen zu erörtern und mich gleichzeitig auf die weitere Reise vorzubereiten.

Ende April werden wir Hawaii mit Kurs auf Amerikanisch-Samoa verlassen. Das ist der Wendepunkt auf unserer Reise – ab dort wird der Abstand zu Deutschland kleiner und somit sind wir auf dem Heimweg. Das fühlt sich für mich mehr als richtig an.

Die hinter uns liegende Passage spielt dabei sicher eine Rolle. Auch wenn es zu keinem Zeitpunkt eine kritische Bedrohung an Leib und Leben gegeben hat, so hat diese Erfahrung ihre Wirkung auf mich doch nicht verfehlt. Das tiefe Gefühl, auf Gedeih und Verderb dem Ozean ausgeliefert zu sein, hat mir nahegebracht, dass diese Reise bald ein Ende finden wird. Es hat mir gezeigt, dass ich im Grunde meines Herzens eine Landratte bin.

Hinzu kommt, dass mir der Wunsch, mich einzumischen, von Tag zu Tag dringlicher wird. Ich kann nicht weiter so tun, als sei unsere Welt in Ordnung. Unterwegs auf dem Ozean ist es leicht, Nachrichten und Informationen aus aller Welt zu ignorieren. An Land und im Kontakt mit anderen Menschen gelingt das nicht, und das ist auch gut so.

Wir erleben hier, in einem Bundesstaat von Amerika, den unsäglichen Wahlkampf Donald Trumps, von dem wir zu diesem Zeitpunkt noch nicht wissen, welche Art kranker Präsidentschaft er der Welt in den darauffolgenden vier Jahren präsentieren wird. Wir hören von rechtsradikalen Ereignissen in Deutschland und Europa. Themen wie Klimaveränderung, Klimagerechtigkeit, Artensterben und Raubbau an endlichen Ressourcen sind zu diesem Zeitpunkt noch nicht wirklich in aller Munde, aber wir erleben sie teilweise immer wieder hautnah auf unserer Reise. Seit einem Treffen in Tahiti mit einem amerikanischen Paar, das uns auf eindringliche Weise nicht nur die Fakten, sondern sehr konkrete Möglichkeiten zu Veränderungen im Denken, Leben und Handeln beleuchtet hat, haben wir uns im vergangenen Jahr durch Lesen und im Gespräch intensiv mit diesen Themen auseinandergesetzt. Denkmuster, an die wir früher fest geglaubt haben, sind seither im Fluss, verändern sich zum Teil grundsätzlich. Unser Lebensstil vor dieser Reise, geprägt von Konsum, beruflichem Erfolg, unbegrenzter Mobilität, Status, Geld, bar jeden Nachdenkens über die Konsequenzen des eigenen Handelns ruft in mir, in uns, heute Scham und Reue hervor.

Ich spüre unbändige Lust, aktiv an der Zeitenwende teilzuhaben, die doch schon im Gange ist und die Leute wie uns braucht. Und zwar nicht irgendwann, sondern möglichst bald. Auch das drängt uns nach Hause. Wir haben noch keine konkreten Pläne. Aber wir haben Ideen und spielen gedanklich mit Möglichkeiten, die allesamt ihren Sitz in Deutschland haben.

Die tausend Themen in diesem Kontext – die Wahl eines neuen Wohnorts in Verbindung mit Johannes, Familie und

Freunden, unsere Lebensweise, Mobilität und Ernährung, eine weitere berufliche Aktivität, das Altwerden und die daraus wachsende Müdigkeit und Bequemlichkeit bauen sich manchmal wie ein Berg vor mir auf. Und noch viel unmittelbarer: unser Aufbruch von hier mit allen Abschieden, die es zu bewältigen gilt. Der weitere Verlauf unserer Reise. Die neuerliche Begegnung mit dem Ozean. Die Krebserkrankung und meine Angst davor, ihr doch irgendwann zum Opfer zu fallen.

Manchmal überkommt mich Verzweiflung, wenn ich denke, ich kann das alles gar nicht alleine stemmen. Dann folgt zum Glück die erleichternde Einsicht auf dem Fuße: Ich kann es freilich nicht und ich muss auch gar nicht alles stemmen. Ich kann in meiner kleinen Daseinsecke das tun, was für mich geht, und dabei darf ich Fehler machen. Ich darf in Verbundenheit zu allen anderen Menschen darauf vertrauen, dass jeder das Seine tut und sich die unendlich vielen kleinen Beiträge zusammenfügen zu einem Ganzen. Und das nicht nur in meinem unmittelbaren Umfeld, sondern überall auf der Welt.

Vertrauen. Das ist ein rechtes Stück Arbeit für eine, der als Einzelkämpferin von Kindheit an klar war, dass sie auf sich allein gestellt ist, dass Vertrauen in andere Menschen nur zu Enttäuschung und Schmerz führen kann.

In den Tagen vor unserem Aufbruch von Honolulu lösen wir eine „Leine" nach der anderen und sind überrascht, wie viele schöne Verbindungen wir tatsächlich in den letzten Monaten geknüpft haben. Ich unternehme letzte ausgedehnte Fahrten mit dem Rad durch „meine" Stadt, mache viele Fotos und sage den Orten meines Herzens Lebewohl. Der Abschied von meinem Yogalehrer David nach der letzten Klasse gestaltet sich tränenreich. Ich gehe noch einmal mit zwei hawaiianischen Freundinnen zum Essen. Wir verbringen einen letzten Abend mit Jutta, einer deutschen Ärztin, und ihrem Mann Charly auf ihrem Hausboot mitten in der Marina. Neben all diesen Abschieden begrüßen wir aufs Neue Friedgard, unsere Freundin und Einfraucrew auf der Passage von Hawaii nach Samoa.

Der Morgen unserer tatsächlichen Abfahrt überwältigt mich völlig. Was für ein Abschied! Ich habe nicht realisiert, wie viele

Herzensverbindungen ich hier habe. Nacheinander treffen auf unserem Steg immer mehr von den Menschen ein, die unser Leben in den vergangenen Monaten bereichert haben: Zach, der Surfer und Freund von Johannes. Die halbe Yogaklasse. Meine Friseurin. Jutta und Charly. Unsere Bootsnachbarn. Dena und Terry. Ich merke, dass einfach dadurch, dass ich mit offenem Herzen hier war, eine wunderschöne Zugehörigkeit entstanden ist.

Ich bin bereit. Nacheinander hängen wir Internet, Wasser und Strom ab. Zuletzt ziehen wir die Gangway ein, legen ab und verlassen den Hafen, diese Stadt, diese Insel. Der Ozean empfängt uns einmal mehr mit offenen Armen. Wir sind wieder unterwegs.

Auf der „Rückreise“.

Amerikanisch-Samoa – Fidschi – Vanuatu

Der Übergang vom Land- zum Seeleben ist diesmal schwierig für mich. Ich fühle mich verloren, allein in der Weite des Ozeans, der mich umgibt, der Gewalt des Wassers und den Umständen ausgeliefert, die gerade herrschen. Die Witterung ist unbeständig und wechselt zwischen zahlreichen Schauerböen, starken Winden mit unangenehmer Welle und sanften Schönwetterstrecken hin und her. Oliver ist seekrank. Friedgard ist seekrank. Ich bin die, welche die nötigen Handreichungen an Bord übernehmen kann und muss.

Ein Riesenkontrast: Ich komme frisch aus der Wärme freundschaftlicher Gemeinschaft und sehne mich nach ihr zurück. Geborgenheit fühlt sich gerade so weit weg an wie nie. Zum Glück dauert Olivers Seekrankheit auch diesmal nur zwei Tage an. Und natürlich überlebe ich diese ersten Tage, die ja immer schwierig sind. An der Unbeständigkeit der Wetterbedingungen ändert sich auch weiterhin nichts.

Dadurch laufen die Dinge an Bord für keinen von uns richtig rund. Zwischen Oliver und mir meldet sich im Gespräch immer wieder die Möglichkeit, *Fat Cat* in Australien zu verkaufen. Ich bin gespalten. In Momenten, in denen mir alles wehtut und ich mit Mühe etwas gekocht habe, halte ich das für eine bedenkenswerte Idee. Insgesamt bin ich aber innerlich immer noch auf die gesamte zweite Hälfte unserer Reise eingestellt, auch wenn das bedeutet, dass es Zeiten und Passagen wie diese noch mehrfach geben wird. Mir liegt etwas daran, die Runde um den Erdball zu vollenden. Das wäre der Fall, wenn wir in der Karibik unsere eigene Spur erstmals wieder kreuzen würden.

Irgendwann richte ich mich aber doch mit dieser Passage ein. Es gibt immer wieder Tage mit leichten Winden. Wir gleiten auf ziemlich wellenfreiem Wasser dahin. Ich habe wenig Tuchfühlung nach außen, lebe nach innen gerichtet und eingehüllt in Fragen. Zum Teil sind das Fragen, die meine Fantasie beflügeln, wie das Entwerfen unseres zukünftigen Lebens. Zu anderen Teilen sind es die Fragen um das Ergehen unserer Erde, die mir die Luft abdrücken in ihrer ganzen Bedrohlichkeit.

Ich stelle einmal mehr fest, wie privilegiert es ist, über zwei Wochen in einem Rahmen zu leben, in dem im Außen nichts Bemerkenswertes geschieht, in dem ich in der Folge all meine Fragen innerlich wälzen und reifen lassen kann. Ich gehe eine Weile mit einer Frage um, und wenn ich nicht mehr mag, dann lege ich sie beiseite und widme mich dem, was mich als Nächstes anspringt. Ich muss nichts lösen, nichts beantworten. Und es ist immer wieder so, dass einzelne Aspekte komplexerer Fragen sich entweder einfach auflösen, weil sie sich als nicht relevant erweisen oder sich auf einmal ganz klar beantworten lassen.

Im Gespräch kommt der Begriff „Frieden haben" auf. Für mich bedeutet Frieden: Wenn es mir gelingt, das, was innerlich gerade passiert, zum Beispiel in Reaktion auf äußerlich Erlebtes, durch mich hindurchströmen zu lassen, ungefähr so, wie eine Qualle vom Wasser durchströmt wird und sich so im Fluss mit ihrer Umgebung bewegt. Wenn ich Ja sage zu dem, was ist, ohne Teile davon abzulehnen oder infrage zu stellen, dann spüre ich, wie mein Körperschwerpunkt tiefer sinkt, ganz tief in den Bauch hinein. Und ich fühle die fließende Verbindung zu dem Kern in mir, in dem alles enthalten ist; nicht nur mein Individuelles, sondern alles, jede Wahrheit, jeder Widerspruch, jede Andersheit, alles Fremde, alles Vertraute, jede Gefühlsschattierung. Was da fließt, war vor mir und wird nach mir sein.

In solchen Momenten erlebe ich Frieden – aus dem es mich freilich oft ganz schnell wieder in einen anderen Zustand wirft, ganz egal wodurch. Das macht aber nichts. Inneren Frieden kann man üben oder zumindest doch das Auffinden des Friedens. Wenn ich den Weg dorthin erst erkannt habe, dann geht es nur noch darum, ihn wiederzufinden, sobald ich „verlorengegangen" bin. Genauso, wie ich einen erkennbaren Pfad bahne, wenn ich immer wieder denselben Weg über eine Wiese nehme, wird das Wiederfinden meines Weges zum Zustand des inneren Friedens von Mal zu Mal leichter.

Bei der Durchfahrt durch ein Gewittergebiet, das uns glücklicherweise nicht direkt trifft, prüfe ich ein weiteres Mal den Inhalt unserer Grab Bag. Damit bezeichnet man eine Tasche mit einer Notausrüstung für den Fall, dass man aufgrund eines Seenotfalls nicht auf dem Boot bleiben kann, sondern in die Rettungsinsel umsteigen muss. Der Inhalt besteht aus Wasser- und Nahrungsreserven, Notraketen und Verbandmaterial. Bei diesem Check wird mir siedend heiß klar, dass ich es tatsächlich seit Beginn unserer Reise vermieden habe, mir ein diabetisches Notfallset zu packen. Ich verbringe den nächsten Morgen damit, eine geeignete Ausrüstung zusammenzustellen und einzuschweißen: Pens, Insulin, Nadeln, Messgerät und Sticks, Batterien und Glukose. Die Tätigkeit ist mir hochgradig unangenehm.

Ich bereite mich ausgesprochen ungern auf den Notfall vor, denn dazu gehört, das, was geschehen kann, möglichst genau vorwegzunehmen. Meine Reaktion ist ähnlich wie beim Verfassen einer Patientenverfügung – bloß nicht zu genau an potenzielle Lebensereignisse denken. Das ist ein bisschen unreif. Ich habe doch eigentlich schon vor langer Zeit gelernt, dass es angesichts von Gefahren, Krisen und Katastrophen wichtig ist, die Augen offen zu lassen und mich weder äußerlich noch innerlich dagegen zu wehren. Paradoxerweise führt das, was ich so lange vermieden habe, spürbar zu einer großen Erleichterung.

Ein paar Tage später kommen wir auf Amerikanisch-Samoa an. Wir schlafen mehrere Nächte ungestört und sind wieder fit. Amerikanisch-Samoa ist nicht im eigentlichen Sinne schön. Auch meine Hoffnung, dass durch seine Zugehörigkeit zu den USA die Läden gut bestückt sein würden, erfüllt sich leider überhaupt nicht. Frische Sachen wie Obst und Gemüse sind rar. Nicht einmal gutes Geflügel kann ich finden, obwohl es das gewöhnlich überall zu kaufen gibt. Ich habe inzwischen Übung im Umgang mit solchen Situationen. Wir werden keinesfalls verhungern, selbst mit einem etwas eingeschränkten Menüplan.

Wir begleiten Friedgard zum Flugzeug, das sie zurück nach Deutschland bringen wird, kaufen im einzigen größeren Supermarkt ein und warten ab da auf geeignetes Wetter, um uns auf die 5-Tage-Passage nach Fidschi zu begeben.

Auf dieser kurzen Passage überschreiten wir den 180. Längengrad und damit die Datumsgrenze.

Aus meinem Logbuch

Heute segeln wir auf Vanua Levu zu und laufen in einen bezaubernden Südseehafen ein. Wir funken das Hafenbüro an und werden aufs Freundlichste willkommen geheißen. Jeder der Offiziellen – Gesundheitsbehörde, Zoll, Immigration und Biosphärenüberwachung – heißt uns willkommen und beantwortet bereitwillig Fragen. Wir fahren mit dem Dinghy an Land, um uns dort im Marinabüro anzumelden. Wir werden willkommen geheißen. Auf diese Weise mache ich einmal mehr und ganz besonders eindrucksvoll die Erfahrung, wie lebenswichtig es ist, in Freundlichkeit aufgenommen zu werden, willkommen zu sein. Ich will das nicht mehr vergessen, sondern danach handeln, wenn wir wieder in Deutschland leben. Ob es um Geflüchtete oder Fremde oder Nachbarn geht, die etwas brauchen, ist egal. Ich möchte sie wissen lassen, dass sie bei uns richtig sind.

Dann treten wir in einen wildgrünen Garten, in dessen Mitte zwei große Bäume stehen. Wir wollen dort essen und ein schönes kaltes Bier trinken. Unmengen von Vögeln zwitschern, pfeifen und krakeelen, während die Sonne untergeht und die Hitze sich langsam in den Schattenräumen verliert. Ich bin wie verzaubert. Während wir an einem Tisch sitzen und im Rhythmus der im Hintergrund spielenden Reggaemusik unser kaltes Bier genießen, schweben immer wieder große Fledermäuse langsam über uns hinweg. Es wird dunkel, die Bewegungen an Land und auf dem Wasser werden spärlicher. Ein tiefer, stiller Friede senkt sich über die Bucht. Deutschland ist so weit weg, wie ich es noch vor Stunden nie für möglich gehalten hätte. Zukunftspläne? Unwichtig. Hier und jetzt: Fidschi, der Inbegriff der Südsee. Nach der Phase des Rückzugs nach innen, in meinen Kopf, hat mich das Außen wieder.

Man merkt überall, dass der Zyklon „Winston" vor nur wenigen Monaten hier gewütet hat. Seinen 300 Stundenkilometern haben speziell auf dem Wasser kein Anker und keine Mooringboje widerstanden. Zum Teil liegen die Boote noch auf dem Strand, doch viele sind schon wieder im Wasser und werden repariert. Ein Ankernachbar erzählt, wie er mit einem neugeborenen Säugling an Bord mit seiner Motoryacht 12 Stunden Schleifen in der Bucht gefahren ist, um sein Boot zu retten. Ein anderer berichtet, dass er mit seinem Boot aufs Land getrieben wurde, wo ein fliegender Telefonmast seine Bordwand durchbohrte. Kaum ein Boot entging dem Monstersturm.

An Land sieht es dagegen schon wieder weitgehend aufgeräumt aus. Am Ufer sieht man noch, wo der Strand weggespült und wo die Farbe von den Häusern regelrecht abgeblasen wurde. Die zerzauste Vegetation hat sich dafür wieder geglättet. Die meisten Palmen haben überlebt.

Wir brechen morgens um 8 Uhr von Savusavu auf und fahren nach Koro, einer kleinen Insel, auf der es außer ein paar Dörfern und unberührter Natur nichts gibt. Um 14 Uhr sind wir da und ankern mit Vorsicht, denn es gibt ein großes Riff. Die Markierungen in den Seekarten sind in diesen Breiten oft nur über den Daumen gepeilt. In der Nähe stehen drei Frauen bis zur Taille im Wasser und angeln. Sie strahlen uns an, heißen uns willkommen, sagen uns ihre Namen und beratschlagen dann ausführlich, welchen Weg zum Dorf sie uns mit dem Dinghy raten, damit wir nirgends im seichten Wasser stecken bleiben. Wir gelangen zum Dorf und werden von einer Gruppe junger Männer in Empfang genommen. „Bula!", sagen sie. Das heißt: „Hallo, willkommen." Sie ziehen unser Boot an Land und sichern es. Jeder Einzelne begrüßt uns mit Handschlag und Namensnennung. Ein älterer Mann kommt dazu, stellt sich als Robert vor und nimmt uns mit zum Chief.

Der Brauch sieht vor, dass Gäste dem Ältesten des Dorfes ein Geschenk in Form eines kleinen Bündels Kavawurzeln mitbringen, aus denen gewöhnlich vor Ort ein Trank mit berauschender Wirkung gekocht wird. Der Trank wird gemeinsam konsumiert und so die Ehrenmitgliedschaft der Gäste im Dorf besiegelt. Das berechtigt sie, an dem teilzuhaben, was der Ort bietet.

Der Chief kommuniziert nie direkt mit Gästen, sondern er wird von einem Mittelsmann informiert. Und so erfragt Robert auf dem Weg zum Chief diskret, wo wir herkommen, was wir beruflich machen, wie unser Boot heißt, ob wir Kinder haben und einiges mehr. Oliver übergibt ihm unser Kava-Bündel, denn auch dieses reichen wir nicht direkt dem Ältesten, sondern er erhält es über den Mittelsmann.

Wir gehen durch das Dorf, das aus Hütten, Verschlägen und Zelten besteht. Keine Wege, keine Straßen, es besteht einfach nur aus einer versteppten Wiese mit Unterkünften darauf. Robert erzählt: „Der Zyklon im Januar war schlimm. Er kam erst von der einen Seite, dann drehte er. Die folgende Flutwelle vernichtete, was bis dahin noch stand. Aber alle Menschen des Settlements haben überlebt, Gott sei Dank."

Ich sehe die Verwüstung. Die Trümmer und abgerissenen Hölzer sind ordentlich zusammengeräumt. Elektrischen Strom gab es auch zuvor nicht. Hier und da hat jemand ein kleines Solarpanel neben seine Hütte gestellt. Dann kommen wir zur Wellblechhütte des Chief. Wir lassen, wie es die Höflichkeit erfordert, die Schuhe draußen. Oliver bekommt den Ehrenplatz am Fußboden gegenüber dem Chief zugewiesen. Ich selbst sitze etwas abseits. Der Älteste heißt Watson und ist 78 Jahre alt. Robert überreicht das Kava-Bündel, erzählt fließend Geschichten aus unserem Leben, wobei wir zumindest unseren Bootsnamen und „Germany" verstehen, und klatscht dann mehrfach in die Hände. Chief Watson lauscht und schweigt eine Weile und heißt uns dann im Dorf willkommen. Er teilt uns mit, dass wir tauchen, fischen und den Wasserfall besuchen dürfen. Auch er beendet seine Rede mit dreimaligem lautem Klatschen.

Der Empfang durch den Dorfältesten ist von großer Schlichtheit und gleichzeitig so eindrücklich, weil er die Tradition dieser Menschen widerspiegelt. Leute, die so gut wie nichts haben, laden uns auch noch ein. Die Kava wird diesmal nicht gleich zubereitet. Ich bin erleichtert darüber, denn wie sich ein Rausch durch gebrühte Kavawurzel auf meinen Blutzucker auswirkt, weiß ich nicht. Und doch wäre es mehr als unhöflich gewesen, das Getränk abzulehnen.

Watson lädt uns für den nächsten Tag zum Gottesdienst ein, bei dem es auch eine Kollekte geben wird, in die wir, so sagt er mit einem Augenzwinkern, 2 Dollar oder auch 200 Dollar einzahlen können. Damit ist der offizielle Teil vorbei, wir dürfen ein paar Fotos machen, ziehen unsere Schuhe wieder an und Robert nimmt uns mit durchs Dorf zu seinem Haus.

Er fragt, ob wir von seinem Quellwasser trinken möchten, und obwohl das gegen jede eingebläute Hygieneregel verstößt, nehmen wir sein Angebot an. Das Wasser schmeckt wunderbar. Wir hoffen, dass es uns auch wunderbar bekommen wird. Aber abzulehnen ist in einer solchen Situation ganz einfach nicht möglich. Auf dem Weg durchs Dorf heftet sich eine Traube Kinder aller Altersklassen an unsere Fersen. Sie sind sehr stolz, als ich sie frage, ob ich sie fotografieren darf. Als wir unser Dinghy wieder bestiegen haben, winken sie uns fröhlich nach und gehen anschließend wieder spielen.

30 Meilen liegen zwischen Savusavu und dieser Insel – und eine ganze Welt. Hier gibt es keinen Linksverkehr, kein Fernsehen, keine zehn Mobiltelefonläden, keinen Markt und keine Kneipe, in der man ein Bier trinken kann. Wir sitzen nach unse-

rer Rückkehr zum Boot vorn auf dem Trampolin, um uns herum tauchen ständig Wasserschildkröten auf. Wir fühlen uns beim Versuch, das Erlebte einzuordnen, ganz klein. Wie normal erscheint uns doch das Leben, das wir üblicherweise im Westen führen. Wir meinen gar, wir hätten ein Recht darauf. Was für eine Hybris.

Ich möchte gerne am nächsten Morgen zum Gottesdienst gehen. Vielleicht rechnen die Leute im Dorf gar nicht damit, dass wir wirklich kommen. Uns ist es wichtig. Es ist vielleicht die persönlichste Verbindung zu diesen Menschen, die wir für kurze Zeit haben können. Und mit einer größeren Spende, die uns nicht ärmer macht, unterstützen wir den Wiederaufbau ihres Dorfes.

Um halb zehn am nächsten Morgen sind wir an Land und gehen zu Roberts Haus. Im Wohnraum steht eine spärlich bekleidete Frau, die ein wenig kreischt und sich mit großem Gelächter ein bisschen mehr anzieht. Dann winkt sie mich herein, während sie Oliver ignoriert. Er muss draußen bleiben. Sie stellt sich als Roberts Schwiegermutter vor. Im Raum bereiten sich außerdem ihre Tochter mit Enkelin und die Nachbarin für den Gottesdienst vor.

Nach zwei Minuten sind wir im angeregten Erzählen mit viel Lachen und Scherzen unter Frauen. Ich wundere mich kurz, dass alle Frauen Englisch sprechen. Eine der Frauen meint lachend, die Männer seien gerade fast alle in Suva, um mit der Regierung über Wiederaufbauhilfen zu verhandeln. Sie kämen in der darauffolgenden Woche zurück und übernächste Woche wären dann wohl alle Frauen schwanger.

Irgendwann realisieren sie, dass mein Mann Oliver draußen sitzt, und rufen ihn herein. Im Hintergrund läuft ein Radioprogramm mit kirchlichen Gesängen, unter anderem, ich traue meinen Ohren kaum, eine A-cappella-Fidschi-Version von Händels „Halleluja", die astrein intoniert ist.

Schließlich kommt der Nachbar, um uns in die Kirche mitzunehmen. Wir sind froh, dass wir uns schön angezogen haben, denn offensichtlich geht man hier nicht „irgendwie" in die Kirche. Draußen auf dem Kirchhof steht eine kleine hölzerne

Hütte, in der ein paar junge Männer auf Hölzer klopfen – eine samoanische Version des Glockenläutens. Drinnen werden wir vom Pastor begrüßt, der versucht, einer Horde von 30 Kindern zwischen 3 und 13 Jahren ein mehrstimmiges Lied abzuringen.

Er muss seine Bemühungen unterbrechen, denn keiner seiner Zöglinge schaut bei unserem Eintritt mehr auf ihn. Die Kids kommen alle zu uns und ich schüttele 30 Hände. Das Wort „Bula" vergesse ich garantiert nie wieder. Sie kriegen ihr Lied dann doch noch irgendwie hin. Die Kirche beginnt sich mit Erwachsenen zu füllen. Als Oliver aus dem Fenster schaut, bemerkt er eine Squallfront – ein zumeist kurzes, aber heftiges Gewitter, das sich leider rasch zu nähern scheint. Wir beschließen, noch vor dem Gottesdienst zum Katamaran zurückzukehren. Der Ankergrund, über dem wir liegen, besteht aus nacktem Korallen- und Felsboden, auf dem der Anker bereits am vorangegangenen Tag mehrfach gerutscht ist. Außerdem haben wir in solchen Schauerböen hier schon Winde über 30 Knoten erlebt. Das ist im Vergleich mit den 155 Knoten Zyklonwinden von Winston ein Klacks, aber für unser Boot mitten im Riff eine Gefahr.

Oliver erklärt dem Pastor, was los ist, und gibt ihm unsere Spende, dann verlassen wir sozusagen fluchtartig die Kirche und wenig später die Insel. Schade. Ich wäre sehr gerne zum Gottesdienst geblieben.

Damit aus der Beschreibung der einfachen Lebensbedingungen auf dieser Insel kein falscher Eindruck entsteht, will ich anmerken, dass alle Kinder zur Schule gehen. Sie liegt in der Mitte zwischen vier Dörfern. Eines der wenigen Autos auf der Insel, ein Pick-up, dient als Schulbus und sammelt sie alle ein. Viele Kinder und alle Erwachsenen, mit denen wir zusammenkommen, sprechen sehr gut verständliches Englisch.

***

Nach einer ereignislosen Passage nach Vanuatu verbringen wir eine Woche im Hafen von Port Vila. David, mein Yogalehrer aus Honolulu, ist angekommen, um mit uns die nächste Passage zu segeln. Wir gewöhnen uns gut aneinander. Er ist bei allem mit von der Partie, egal, ob es sich um Arbeiten an Bord, Besorgungen oder Ausflüge handelt. Wir üben jeden Morgen vorne auf den Trampolinen zusammen Yoga. Einer von uns beginnt mit einer frei gewählten Asana, also einer yogischen Körperhaltung, der andere übernimmt sie und leitet über in die nächste und so bewegen wir uns bei aufgehender Sonne durch mehrere Bewegungsserien, Vinyasas genannt, um zum Schluss nebeneinandersitzend in den neuen Tag zu meditieren. Wie gut, dass Oliver keine Anstalten macht, mit uns üben zu wollen, denn so empfängt er uns mit frisch gebrühtem Tee.

Dass wir länger als geplant hier sind, verdanken wir einer Wetterfront im Süden, die uns die vorhergesagten Winde gründlich vermasselt hat. Nun soll es in zwei Tagen losgehen. Ich koche und backe für die Passage nach Cairns in Australien. Am nächsten Tag werden wir noch einmal touristisch unterwegs sein.

Die beiden Männer haben beschlossen, dass Zip-Lining eine tolle Sache ist. Sie finden nichts dabei, in einem bereits vor dir von unzähligen Touristen getragenen Geschirr an einem Stahlseil aufgehängt zu werden, dazu einen nach nassem Hund müffelnden Helm zu tragen und bei 30 Grad im Schatten schwere und völlig schweißgetränkte Lederhandschuhe über die Hände zu stülpen. Und das Ganze nur, um an besagtem Seil über Schluchten und Regenwälder zu sirren und mit vor Begeisterung tränendem Auge in die Tiefe zu starren.

Ich kann mich der männlicherseits herrschenden Begeisterung nicht anschließen. Aber ich bin ungern eine Spielverderberin. Daher gehe ich mit. Auf dem Berg angekommen, werden wir in die besagten Geschirre gesteckt. Im Grunde reicht es mir da bereits. Glücklicherweise beherrsche ich es ziemlich gut, mich mittels Selbsthypnose aus dem realen Geschehen zu entfernen. „Geh in Trance, lass deinen Körper tun, was er zu tun hat, und verkrümele deinen Geist solange irgendwohin, wo es erträglich ist." Das habe ich schon unzählige Male beim Zahnarzt geübt, das wird hier schon auch funktionieren.

Wir ersteigen einen wackeligen Turm aus Metallgestänge, an dessen Fuß unsere Rollen, mit denen wir über das Seil gleiten werden, eingeklinkt werden, damit auch ja keiner entkommen oder sich seine Teilnahme noch einmal überlegen kann. Alle sind sehr gut gelaunt. Ich nicht. Aber als ich oben bin, ist mein veränderter Bewusstseinszustand stabil. Ich sehe nichts mehr, ich höre nichts mehr, ich nehme keinen Kontakt mehr auf, ich folge den Anweisungen und atme. Es macht mir nicht mal mehr viel aus, über den Rand der Plattform zu treten. Das tue ich dann insgesamt sechs Mal zur Überwindung der 6 gespannten Stahlseile und strauchele über zwei Hängebrücken. Dann darf ich gehen. In dem Moment, in dem der Spuk zu Ende ist, überkommt mich ein Zittern, das ich nicht kontrollieren kann.

Fazit? Ich bin ein Angsthase, aber das wusste ich vorher auch schon. Ich habe es hingekriegt. Es war kein bisschen schön. Aus mir wird vermutlich nie eine wirklich begeisterungsfähige Touristin. Und mal im Ernst: Dieses Zip-Lining macht man, um tolle Dinge zu sehen, die man sonst nicht sehen könnte. Das mag sein. Bloß muss man dazu die Augen offen haben, sonst ist der optische Ertrag mäßig. Und ich stelle mir lieber nicht vor, was ich mit den 95 Dollar, die dieses Abenteuer gekostet hat, alles hätte anstellen können.

Nachdem die Angelegenheit zu Ende ist, sagt mein Mann ganz leise zu mir: „Das war ja furchtbar! Ich muss das wirklich kein zweites Mal haben!" Sofort geht es mir ein kleines bisschen besser.

Australien:
Das Siegel der Entscheidung

Nach einer elenden Passage von Vanuatu an die Ostküste Australiens erreichen wir Anfang Juli Cairns. Die Fahrt hierher war durch anhaltende Windstärke 6 und mehr bei rauer See ausgesprochen anstrengend. Zum ersten Mal auf dieser Reise kommen wir mit komplett geborgenen Segeln ins Surfen. Und zwar so stark, dass wir achterlich Trossen ausbringen, um unser Tempo zu verlangsamen. Dazu kommt, dass Oliver die ganze Zeit über körperlich stark beeinträchtigt ist. Wir halten das zunächst für Seekrankheit. Er leidet unter ständiger Übelkeit und kann so gut wie nichts essen, wodurch er schnell an Kraft verliert und zittrig wird. Mir selbst geht es etwas, aber nicht viel besser. Der Einzige, der wohlauf ist, ist David, der uns aber nur wenig entlasten kann, weil er keine Ahnung vom Segeln hat. Also muss hauptsächlich ich die notwendigen Tätigkeiten an Bord erledigen. Wir sind alle froh, als wir nach acht Tagen in Cairns ankommen.

Passagen sind der anstrengendste Teil des Langstreckensegelns. Man kommt nicht darum herum, denn um übers Wasser von A nach B zu gelangen, gibt es keine Alternative. Auch mit einer mehrköpfigen Crew sind längere Passagen anstrengend. Oliver und ich sind aber, von ein paar Ausnahmen abgesehen, seit Anfang der Reise zu zweit unterwegs, wodurch sich die Belastung natürlich potenziert.

Das letzte Viertel unserer Segelreise wird praktisch nur noch aus Passagen bestehen. Das liegt zum einen an der Tatsache, dass die Anzahl der Inseln ab Australien spärlicher ist, was gleichzeitig heißt, dass die Strecken zwischen den einzelnen Etappen länger sind.

Zum Zweiten haben wir aufgrund der jahreszeitlich bedingten Wetterverhältnisse nur zwei Möglichkeiten. Wir können entweder die noch ungefähr 13.000 Seemeilen in die nächsten acht Monate packen. Oder wir gehen es langsamer an und verlängern den Törn um ein Jahr. Auf ein weiteres Reisejahr haben wir aber beide keine Lust mehr. Bleibt die erste Möglichkeit und dies würde tatsächlich eine Passage nach der anderen bedeuten. In den Tagen dazwischen, die wir zum Ausruhen, Tanken und Verproviantieren benötigen, würden wir keine Zeit haben, uns an Land umzusehen und den jeweiligen Ort intensiv kennenzulernen.

Nachdem wir dies festgestellt haben, steht die Lösung eigentlich auch schon klar vor uns. Wir werden unsere Reise in Australien beenden. Wir hatten das als Möglichkeit ja schon mehrfach angedacht.

Es ist in der Praxis nicht ganz einfach, ein Boot in Australien zu verkaufen. Die australischen Gesetze zwingen uns, das Boot zunächst zu importieren und dafür die Mehrwertsteuer zu bezahlen, bevor wir es verkaufen. Wir werden diesen Weg trotzdem gehen. Die Nachfrage nach gebrauchten Hochseekatamaranen scheint in Australien enorm zu sein, was man von der Karibik oder dem Mittelmeer nicht behaupten kann. Außerdem darf unsere Reise nicht in etwas ausarten, das wir mit zusammengebissenen Zähnen absolvieren. Sie soll ihren Traumcharakter nicht verlieren. Ob wir dabei den gesamten Erdball oder nur drei Viertel davon umrunden, ist für mich inzwischen unwichtig geworden. Und doch fühle ich mich ein bisschen, als wären wir damit eine Enttäuschung, als müsste ich mich rechtfertigen. Das muss ich nicht. Enttäuschung hat ja diese wunderbare wörtliche Bedeutung: Ich entledige mich einer Täuschung.

Als Olivers Beschwerden auch zwei Tage später noch anhalten, ist klar, dass es sich nicht um Seekrankheit handeln kann. Der Arzt, den er konsultiert, diagnostiziert eine bakterielle Infektion, die wir uns offenbar beide in Vanuatu eingefangen haben. Mein Körper hat sich inzwischen selbst geheilt, Oliver bekommt ein hochdosiertes Antibiotikum verordnet. Bereits nach einigen Stunden geht es ihm besser.

Ich komme mit dem Tempo der Entwicklung, die unsere Planung genommen hat, überhaupt nicht klar. Aber wir haben ab jetzt Zeit, zu sitzen und nichts zu tun, bis wir uns gewissermaßen selbst eingeholt haben. Das ist nicht ganz einfach. Die Marina, in der wir liegen, brummt geradezu vor seglerischer Aufregung und Vorbereitung, denn in wenigen Tagen beginnt die „Sail Indonesia", auf deren Teilnehmerliste wir bis vor Kurzem auch zu finden waren. Es ist ein bisschen hart, auf einmal nicht mehr dazuzugehören.

Nachdem wir alle Vorbereitungen für den Verkauf von *Fat Cat* in die Wege geleitet haben, können wir unsere touristische Erforschung der Ostküste planen. Australien ist groß, kein Zweifel. In der Zeit, die wir uns selbst hier zum Reisen mit dem Auto geben, können wir nur einen minimalen Teil des Kontinents er-fahren. Eine längere Tour haben wir uns für die Zeit nach dem Verkauf von *Fat Cat* vorgenommen. Wir nutzen die Zeit bis zum ersten Käufer-Besichtigungstermin für eine Fahrt in der Umgebung von Cairns. Für den, der als Tourist aus Europa hierherkommt, ist dieses Land ganz sicher überwältigend. Ich bin von den vielen starken Eindrücken der vergangenen drei Jahre verwöhnt und zudem ziemlich reisemüde.

Vielleicht waren wir bisher auch nicht im „richtigen" Australien. Regenwald? Wasserfall? Zuckerrohr-, Bananen-, Kaffeeplantagen? Alles schon gesehen. Addiert man zu diesem Angebot viele Touristen, dann steigert sich meine Bereitschaft zur Heimreise enorm.

Eine Ausnahme bei diesen Unlustgefühlen gibt es allerdings: die Tiere. Als der liebe Gott die australische Fauna schuf, hatte er ganz offensichtlich noch Spaß am Spielen. Außerdem war er wohl so vernarrt in seine Erfindung des Beuteltierprinzips, dass er einfach bloß eine Variation nach der anderen rausgehauen hat. Die Ergebnisse sind herrlich. Aber auch was die Vögel angeht, hat sich der Meister nicht lumpen lassen. Die Vielfalt von Papageien und anderen beflügelten Viechern ist enorm. Von den galoppierenden Riesenvögeln wollen wir erst gar nicht reden. Als der besagte liebe Gott dann irgendwann keine Lust mehr hatte, schuf er das Salzwasserkrokodil, das dafür verantwortlich ist, dass wir bis zu unserer Abreise todsicher auf jegliches Schwimmen im Meer verzichten werden.

Der Gipfel aller natürlichen Möglichkeiten ist allerdings der Platypus, das Schnabeltier. Er ist kein Beuteltier, sondern ein eierlegendes Säugetier. Seine Erfindung verdient mit Abstand den ersten Preis für fantasievolle Gestaltung. Als zum ersten Mal jemand ein solches Geschöpf im ausgestopften Zustand von einer Australienreise nach England zurückbrachte, glaubten die Engländer übrigens fest an einen Streich. Sie meinten, das Tier sei eine künstliche Fantasiekonstruktion.

Aus meinem Logbuch

Heute morgen findet die erste Besichtigung von *Fat Cat* statt. Sie dauert im strömenden Regen zwei Stunden. Das besichtigende Paar ist sichtbar, spürbar und hörbar begeistert. Sie fragen uns zum Schluss, ob wir bereit für ein Angebot seien. Ich schlage vor, miteinander abends zum Dinner zu gehen und ihnen damit den Tag über Zeit zum Nachdenken zu geben. Das tun wir, und bevor wir noch zum Essen kommen, rücken die beiden mit ihrem Angebot heraus. Sie bieten uns als Zeichen ihres Respekts für den Zustand des Bootes und die Liebe, mit der wir für dieses Boot gesorgt haben, den vollen Preis, den wir veranschlagt haben. Wir sind sprachlos, denn üblich ist das nicht. Dann akzeptieren wir ihr Angebot und sind damit unseren Fat Kat so gut wie los. Nachdem wir an Bord eine Flasche australischen Sauvignon Blanc geleert haben, verabschieden sie sich und tanzen unter

Ausstoß ekstatischer Gesänge den Steg entlang. Nein, sie sind nicht 19, sondern ein klein wenig älter als wir!

***

Ende Juli machen wir uns nach einer einwöchigen Autotour in die Randgebiete des Outback auf zu unserer letzten Fahrt mit *Fat Cat*. Wir haben zuvor unsere Besitztümer an Bord zum Teil in Kisten gepackt und nach Deutschland geschickt, zum Teil haben sie den Weg zu Sammelstellen für wohltätige Zwecke gefunden. An Bord bleibt die Grundausstattung in der Küche und natürlich alles, was Oliver die letzten Jahre an technischer Ausrüstung und an Ersatzteilen zusammengetragen hat.

Wir sind seit drei Tagen auf unserem letzten Törn von Cairns nach Mackay an der Küste unterwegs. Hier wie überall wechseln sich heftige Bedingungen mit schönen, manchmal traumhaften Passagen ab. Zum Beispiel fahren wir in den Hinchinbrook-Kanal zwischen dem Festland und einer Insel und ankern dort für die Nacht. Es ist so still und sternenüberwältigend, dass dieser Abend vollkommen ist.

Ich überlege, was dies für eine Bedeutung hat: Wir sind seit drei Jahren auf Reisen. Von Anfang an haben uns neben den Wundern und Geschenken, die wir einsammeln durften, Elemente wie Salzwasser, Winde aus schwieriger Richtung, anstrengende Nachtwachen und verschärftes Durchgeschütteltwerden begleitet. Diese Mischung ist für uns normal geworden. Wie kommt es, dass ich jetzt so ausgeprägt genug habe und zum Beispiel heute morgen ein Freudentänzchen angesichts der Tatsache vollführt habe, dass die vergangene Nacht meine letzte Nachtwache stattgefunden hat? Dass ich mich auf den Moment der tatsächlichen Bootsübergabe, auf die Erleichterung unserer Fahrt im Mietwagen auf dem Weg nach Sydney und sogar auf den 20-Stunden-Flug nach Hause freue? Heißt das am Ende, dass ich mir drei Jahre lang etwas vorgemacht habe? Dass ich womöglich bei näherem Hinsehen ein Leben geführt habe, unter dem ich mehr gelitten habe, als ich mir eingestehen will?

Nein. So ist es nicht. Ich habe so viel erlebt, so viel gelernt, so viel gestaunt, mich über so viele meiner bisherigen Grenzen hinwegbewegt, so viel Unglaubliches und Schönes gesehen und gehört und gefühlt, dass die unangenehmen Teile, sozusagen der Preis, den ich für diese unglaubliche Reise bezahlt habe, in den Hintergrund treten. Sicher, sie waren immer da und gelegentlich habe ich geklagt und geschimpft. Aber sie stehen in der zweiten Reihe, hinter dem Schönen. Gleichzeitig hat mich auch meine Auseinandersetzung mit den inneren Fragen und Aufgaben, mit denen ich auf Reisen gegangen bin, aufs Intensivste beschäftigt gehalten. Dabei ging es ja unter anderem gerade um meinen Umgang mit Situationen, die mir Angst oder andere unangenehme Gefühle machen.

Und jetzt? Jetzt bin ich satt. Ich habe keinen Heißhunger mehr auf noch eine Bucht, noch eine Insel, noch eine nie dagewesene Schattierung des Ozeans um mich herum. Sicher werde ich Australien in seiner Großartigkeit nicht gerecht, wenn ich sage, es macht mich einfach kein bisschen an. Und ich darf behaupten, dass ich mit den oben genannten Fragen, Aufgaben und Herausforderungen fürs Erste durch bin, in dem vollen Wissen, dass die nächsten Fragen, Aufgaben und Herausforderungen freilich schon hinter der nächsten Ecke auf mich warten. Und deshalb: Es ist genug. Ich kehre als reich Beschenkte heim. Ich kehre gerne heim.

Es ist für mich im Übrigen eine große Freude, *Fat Cat* in zehn Tagen an zwei Menschen zu übergeben, die mit ihm unterwegs sein wollen, und die mit Freude unser schwimmendes Heim übernehmen werden. Das wird diesem tollen Katamaran gerecht und das ist mir wichtig.

Die nicht vollendete Runde.

In jedem Ende liegt ein Anfang: Fat Cat segelt weiter

In den Whitsundays verleben wir noch zwei ruhige, schöne Tage, die mir Gelegenheit geben, mein Urteil über die Humorlosigkeit der Australier einzuschränken. Von den Bootsnachbarn, die neben uns ankern, erhalten wir eine Einladung zum Dinner mit diversen alkoholischen Erfrischungen auf ihrem australischen Katamaran mit drei weiteren australischen Paaren. Wir haben einen grandiosen Abend zusammen. Unsere Gastgeber und die anderen Paare liegen vor Lachen unter dem Tisch, als ich über die Humorlosigkeit der Australier den Stab breche. Dann klären sie uns auf: Die Leute in Cairns scheinen für ihren Mangel an kommunikativen Fähigkeiten australienweit bekannt zu sein. Die, mit denen wir hier am Tisch sitzen, sind hingegen ganz und gar zugewandt und witzig. Es ist schon länger her, dass uns nach einem solchen Abend die Bäuche wehgetan haben vor Lachen. Gutes Essen, gute Getränke, gute Gespräche und viel Lachen – was wollen wir mehr? Daher: die Australier sind gar nicht so, sie sind ganz anders.

Unser letzter Tag auf *Fat Cat*. Wir beobachten eine Walmutter mit ihrem Kalb, wie sie parallel zum Boot dahinziehen und mit glänzendem Rücken und Atemfontäne wieder und wieder auftauchen. Zum tausendsten Mal höre ich mich denken „zum letzten Mal". Mein letzter Wal – vermutlich für den Rest meines Lebens. Das letzte Ankermanöver. Das letzte gemeinsame Essen an Bord. Das letzte Abtauen des Kühlschranks. Das letzte Bananenbrot aus diesem Backofen, den ich so gar nicht vermissen werde. Mein letztes Anlegemanöver. Banale Dinge – und doch nicht.

Es ist ein bisschen wie Sterben, auch wenn das selbst in meinen Ohren pathetisch klingt. Ich erinnere mich an ein Sterbeseminar, an dem ich vor vielen Jahren teilgenommen habe. Wir wurden aufgefordert, eine Stunde lang zu tun, was wir tun wollten, mit dem Bewusstsein, dass es das letzte Mal sei. Es war eine der eindrücklichsten Übungen meines Lebens und sie hat etwas in meiner Präsenz, in meiner Wahrnehmung für immer verändert.

Dieser Abschluss unserer Reise – heute ist der letzte Tag, den wir allein an Bord verbringen – ist wirklich genauso. Ich nehme noch die letzte Kleinigkeit mit weit offenem Herzen auf und freue mich daran, durchdrungen von dem Wissen, dass dies endlich ist. Dass ich endlich bin. Ich merke, dass mich das innerlich derart fordert, dass ich, was immer ich tue, ganz langsam tun muss, sonst überwältigt es mich.

Mir ist gerade ziemlich bang zumute. Das ist vielleicht nicht weiter verwunderlich, aber ich tue manchmal gerne so, als sei ich grenzenlos belastbar. Ich bin es nicht. Und deshalb – ganz langsam. Schritt für Schritt.

Am 24. August übergeben wir in der Marina von Mackay unseren Katamaran an die neuen Besitzer. Wir verbringen mit ihnen einen halben Tag auf dem Wasser und überschütten sie förmlich mit Informationen. Am Nachmittag wird *Fat Cat* zur Inspektion des Unterwasserschiffs aus dem Wasser gekrant. Damit sind alle Formalitäten erledigt. Wir beziehen ein Zimmer im Hotel, und die neuen Besitzer ziehen in „unser Boot" ein. Das ist trotz allem schwer.

Der Moment, an dem uns beiden allerdings endgültig klar wird, dass *Fat Cat* nicht mehr unser Boot ist, findet erst am nächsten Tag statt. Die beiden Australier fahren an die Tankstelle, um den Kat für ihre erste Fahrt vollzutanken. Wir finden uns dort ein, um ihnen Lebewohl zu sagen. Dann legen sie ab. Oliver schiebt das Boot wie immer vom Steg weg, damit es keine Macken bekommt. Bisher hat er an dieser Stelle immer den richtigen Moment abgepasst, um vom Steg aufs Boot zu springen. Ich kann förmlich sehen, dass ein Teil seines Gehirns auch dieses Mal fest damit rechnet, aufs Boot zu springen. Doch dieser exakt richtige Zeitpunkt verstreicht, und wir stehen auf dem Steg und winken unserem Katamaran nach.

Keiner von uns beiden bedauert, dass es so ist. Wir haben das Schiff problemlos für gutes Geld an nette Leute verkauft. Wir können unbeschwert nach Hause fliegen und schauen, was als Nächstes kommt. Aber ein bisschen wehmütig sind wir doch. Auf fast 30.000 Seemeilen hat *Fat Cat* uns kein einziges Mal im Stich gelassen oder überfordert. In dieser Zeit sind aus zwei Landratten zwei ziemlich gute Segler geworden. Wir sind zusammen gewachsen mit diesem Boot.

Auch wenn wir am Anfang über das Reiseende überhaupt nicht nachgedacht haben, so haben wir doch beide mit der Zeit gemerkt, dass wir nicht in der Südsee alt werden wollen. Dass dies für uns ein Abenteuer ist, das unserem Leben vorher ein Ende setzt und an das sich ein Leben nachher anschließt.

Jetzt ist Abschied angesagt. Wir nehmen Abschied von unserem Abenteuer, von unserem Heim der letzten drei Jahre, Abschied vom Leben auf dem Meer. Nicht etwa, um zurückzugehen zu dem Leben, das wir davor geführt haben, sondern um die nächste Lebensphase zu beginnen. Zu sehen, wo wir leben wollen und wie wir leben wollen. Zu sehen, wie viel von der Essenz unseres Bordlebens wir ins Landleben mit hinübernehmen können.

Am Schluss:
Zuhause ankommen

Es gibt keinen genau richtigen Zeitpunkt, um die Leinen loszuwerfen. Es gibt nicht den Moment, in dem wirklich alle Vorbereitungen abgeschlossen und alle Bedenken aus dem Weg geräumt sind. Und es gibt schon gar keinen Moment der Sicherheit. An irgendeinem Punkt müssen wir mit offenen Augen springen.

Um diesen Mut zu fassen, ist es gut, sich über die eigene Motivation und Zielsetzung für eine Entscheidung klar zu sein. Das gilt für jeden Traum, der zum Plan geworden ist. Auch für diese Reise.

Ich bin zu unserer Reise mit Abenteuerlust und einer Handvoll Fragen und innerer Ziele aufgebrochen. Ich habe meine Arbeit und meinen Wohnsitz in ihrer bisherigen Form aufgegeben. Ich bin mit dem Bewusstsein losgezogen, dass die gegenwärtige Phase meines Lebens zum Ende gekommen war und dass ich eine angemessene Form des Übergangs in die nächste brauchte. Wie bei allen solchen Übergängen hatte ich keine Ahnung, wie diese nächste Lebensphase aussehen sollte oder würde. Ich wusste bis dahin nur sehr deutlich, was ich nicht mehr wollte.

Es war ein Privileg, ein Dasein ohne Termine zu führen, mit unendlich scheinender Zeit, in der die Fülle des eigenen Seelenlebens sich ohne Eile in seinem eigenen Tempo neu ordnen und setzen konnte. Das hat sie getan, angereichert durch ein paar schicksalhafte Begegnungen, aus denen ich Orientierung für die Zukunft schöpfen durfte.

Mein Ziel, innerlich leer zu werden und bereit, neu anzufangen, habe ich erreicht. Wir wussten ja bei unserer Wiederankunft in Deutschland noch nicht einmal, wo wir leben würden, geschweige denn wie. Das ist das nächste Privileg. Wer hat schon mit 60 Jahren die Chance, sich noch einmal neu zu überlegen, wo und wie man den Rest seiner Lebenszeit verbringen will?

Ich hatte wirklich keine Ahnung, worauf ich mich mit der Reise einlasse. Ich hatte und habe ein überaus geteiltes Verhältnis zum Wasser. Ich würde mich nicht als besonders reiselustig bezeichnen. Und ich war ganz sicher keine Seglerin, obwohl ich mittlerweile eine geworden bin.

Es waren zwei Dinge, die mich bewegt haben, loszugehen. Eine Weltumsegelung war der Traum meines Mannes. Da ich ihn liebe und er mich über viele Jahre in sozusagen jedem Plan, den ich ausbrütete, unterstützt hat, fiel es mir leicht, diesmal zu seinem Plan Ja zu sagen. Das war der Anlass. Der Grund dafür, mich wirklich voll darauf einzulassen, lag in mir selbst: Ich war meiner selbst und meiner Beschränkungen müde geworden. Ich habe mich so lange von meinen Ängsten bestimmen lassen. Mein früheres Leben hat mir durch Routine eine klar definierte professionelle Rolle genug Spielraum gelassen, dem, wovor ich Angst hatte, auszuweichen, zu türmen. Und das in einer Form, die meist keiner merkte. Keiner außer mir selbst.

Vor unserem Aufbruch war mir instinktiv so viel klar: Sobald wir unterwegs sind, gibt es kein Wegrennen, kein Ausweichen mehr. Ich wollte herausfinden, was passiert, wenn ich mich den Dingen stellen muss. Das ist gelungen.

Ich lag so lange mit den verschiedenen Themen im Clinch, habe ihnen so lange ins Gesicht gestarrt, bis ich sie entweder aufgelöst oder aber zumindest einen Frieden mit ihnen gemacht hatte. Es hat sich in meinem Leben dadurch eine Menge verändert. Ich bin aus meinem Rückzug gekommen und nehme heute mit Leichtigkeit Kontakt zu Mitmenschen auf. Meistens bin ich willkommen. Wenn nicht, dann ist es auch recht. Ich muss nicht überall gut ankommen. Die Furcht, nicht kontrollieren zu können, was passiert, weicht immer mehr einer großen Neugier. Mein Leben ist bunt und reich und ich habe Freude daran, herauszufinden, welche Türen sich öffnen, wie und wohin ich als Nächstes abbiege.

Ich habe gelernt, meiner Fähigkeit zu vertrauen, mit unerwarteten und unbekannten Situationen und Anforderungen umzugehen. Wenn sich die Frage, ob ich etwas kann oder will, gar nicht stellt, weil es keine Alternative gibt, dann ist das eine heilsame Kur für Ängste und Bequemlichkeit. Ich habe mir selbst gezeigt, dass ich unser Boot handhaben kann, unter Segeln oder Motor, draußen in der Weite des Ozeans und im Hafen beim Einparken in kleinste Liegeplätze. Ich habe gemerkt, dass meine Fähigkeit zur tiefen Ruhe in Momenten, wenn es brenzlig wird, einiges an technischen Defiziten, an fehlender Kraft und Erfahrung aufwiegt. In diesem Punkt haben Oliver und ich uns wunderbar ergänzt, denn er ist genau umgekehrt gepolt.

Die Gemeinschaft mit meinem Mann habe ich ausnahmslos genossen. Ich hätte mich auf eine solche Reise ganz sicher mit keinem anderen Menschen eingelassen als mit Oliver. Wir haben uns geliebt, wir haben uns gerieben, wir haben gestritten und uns wieder vertragen, wir haben uns ergänzt, wir haben voneinander gelernt, wir haben einander neu kennengelernt. Wir waren so gut wie ständig zusammen. Unsere Beziehung ist für eine Weile in Teilen fast symbiotisch geworden. Zum Glück sind wir beide sehr unabhängige Menschen. Wir brauchen immer wieder das Alleinsein, um atmen zu können. Dadurch hat sich unsere Beziehung an Land auf gesunde Weise und ziemlich rasch wieder normalisiert.

Ich bin von Herzen gern gesegelt, auf dem Wasser gewesen. Ich habe es genossen, wochenlang kein Land und keine Menschen zu sehen, so anstrengend die Bedingungen auf Passagen auch waren. Ich habe schnell gemerkt, dass ich beim Segeln sozusagen angstfrei bin. Entweder liegt das daran, dass ich zu wenig weiß, um mir Sorgen zu machen – ignorant zu sein hat manchmal eine Menge für sich! Oder, und das glaube ich eher, ich bin beim Segeln so vollkommen im gegenwärtigen Augenblick, dass Gedanken an mögliche Katastrophen keinen Platz haben. Ich habe Vertrauen, dass ich im Moment des Geschehens mit dem umgehen kann, was gerade passiert.

Das Aufgeben alter Ansprüche und das Ausprobieren von Einfachheit im alltäglichen Leben hatte ich mir vorher als Ziele nicht gesetzt. Es hat sich automatisch aus den Reiseumständen ergeben. Die Beschränkung auf eine begrenzte Menge an Energie und Vorräten an Bord hat meinen Umgang mit den Dingen gewandelt. Ich kann nicht mehr so tun, als wäre es egal, wie viel Strom, Gas und Wasser ich verbrauche, wie viel Plastikmüll ich produziere oder von woher die Lebensmittel kommen, die ich einkaufe. Die Tatsache, dass hier alles immer verfügbar ist, was ich brauche oder haben möchte, ist mir nicht mehr selbstverständlich. Ich muss nicht alles haben, was mir gefällt. Oft überwiegt im Zweifelsfall die Freude am „leichten Gepäck" und so haben sich meine Besitztümer dezimiert. Mein Leben ist dadurch einfacher geworden.

Ich muss ein bisschen lachen, wenn ich an unsere großen Umweltpläne denke, mit denen wir nach Deutschland zurückgekommen sind. Ein Stück weit hatten wir wohl beide davon geträumt, die Welt zu retten, bloß weil wir beide durch die Segelreise das eine oder andere verstanden zu haben glaubten.

Nun, die Realität hat unsere Fantasien auf das Maß der kleinen Schritte zurechtgestutzt. In der Essenz vertreten wir das, was wir verstanden haben, mehr denn je. Wir handeln entsprechend, so gut wir es vermögen. Wir haben aber auch verstanden, dass keiner von uns diese Welt alleine retten kann. Wir leben in einem 500-Seelen-Dorf in der Holsteinischen Schweiz ein ganz normales Leben, in dem wir unseren ganz normalen Beitrag zum Erhalt einer gesunden Erde leisten.

Ich sitze auf dem Deck unseres Hauses und schaue über den See. Heute morgen hat es geregnet. Das nasse Grün ums Haus glitzert in der Sonne. Das Wasser des Sees ist so ruhig, dass sich die Bäume des Waldes auf der anderen Seeseite spiegeln. Ich bin zu Hause angekommen.

Kleines Segellexikon.

A

AIS: (Automatic Identification System): ein funkgestütztes System auf See, das Fahrtdaten automatisiert von Schiff zu Schiff überträgt.

Anker-App: für Computer oder Handy programmierte App, die anzeigt, wenn ein Schiff vor Anker sich bewegt und etwa aufzulaufen droht.

Ankerlicht: weißes Rundumlicht auf der Mastspitze, das anzeigt, ob ein Boot vor Anker liegt.

Antifouling: dient als Schutz vor Bewuchs am Boot durch Algen, Muscheln und Seepocken.

Aufschießer: Manöver mittels dessen ein Segelboot stoppen kann, indem es mit dem Bug in Windrichtung fährt und dadurch verlangsamt wird.

Außenbordmotor: kleiner Hilfsmotor für das →Beiboot/Dinghy.

Autopilot: automatische Steuerungsanlage →Navigation.

B

Backbord: linke Seite eines Bootes in Fahrtrichtung.

Baum: eine → Spiere, die beweglich am Mast befestigt ist und ein Segel hält, z. B. das → Groß am Großbaum.

Beiboot: zusätzliches kleines Boot, um damit an Land zu gelangen →Dinghy.

Blauwassersegeln: →Hochseesegeln.

Bootsmannsstuhl: Sitzbrett oder Gurtzeug, mit dessen Hilfe eine Person in die Mastspitze gehievt werden kann.

Bug: vorderes Ende eines Bootes.

C

Charter: Mieten einer Yacht.

Cockpit: der im hinteren Teil des Bootes liegende offene Sitzraum.

D

Dinghi (auch: Dingi): kleines Beiboot einer Yacht, häufig aufblasbar.

Dock: Anlage an Land zur Aufnahme und ggf. Trockenlegung von Schiffen.

Dünung: gleichmäßige Wellenbewegung des Wassers, die von einem entfernten Windsystem hervorgerufen wurde.

Dyneema: synthetische, besonders reißfeste Faser, die für →Leinen und →Schoten verwendet wird.

E

Einhandsegler: Person, die allein ein Segelboot führt.

Einklarieren: Grenz- und Zollformalitäten beim Grenzübertritt mit einem Boot.

Einlaufen: mit dem Boot in einen Hafen gelangen.

F

Faltpropeller: Propeller mit einklappbaren Flügeln, verringert im Gegensatz zu einem Festpropeller beim Segeln den Wasserwiderstand.

Flaute: Abwesenheit von Wind.

Fock: dreieckiges Vorsegel vor dem Mast.

Fumigationszertifikat: Zertifikat der Begasung eines Schiffes, um das Einschleppen von Ungeziefer zu verhindern.

Fuß: Längenmaß auf Yachten; 1 Fuß = 30,5 cm.

G

Gastlandflagge: Nationalitätenflagge des Landes, in das ein Boot einfährt, wird traditionell an der →Steuerbordseite am Schiffsmast angebracht.

Gennaker: bauchiges, großes, asymmetrisches →Vorsegel.

Genua: großes, den Mast stark überlappendes →Vorsegel.

Golfstrom: schnell fließende Meeresströmung im Atlantik, die das Wetter beeinflusst.

Groß/Großsegel: Hauptsegel eines Segelboots.

H

Hafenkino: häufig von Zuschauern negativ kommentierte Beobachtung eines misslungenen Anlegemanövers.

Hafenmeister: Technischer und organisatorischer Leiter jeder Hafenanlage.

Halbwind: an Bord wahrgenommener Wind von 90 Grad, der sich aus dem Winkel von tatsächlich vorherrschendem (wahrem) Wind und Fahrtwind (scheinbarer Wind) ergibt.

Halse: Segelmanöver, bei dem man vor dem Wind wendet (auf den anderen Bug geht).

Heck: hinterer Teil eines Bootes.

hoch am Wind segeln: ein Boot im spitzen Winkel gegen die Windrichtung segeln, in der Regel 40 bis 50 Grad.

Hochsee: Meeresgebiet der Ozeane und Meere außerhalb der Hoheitsgewässer eines Landes.

Hurrikan: tropischer Wirbelsturm.

in den Wind gehen: das Boot mit dem Bug zum Wind legen und damit aufstoppen.

K

Kai: Anlegeplatz für Schiffe.

Kajüte: geschlossener Wohn- und Schlafraum unter Deck.

Kalmen: windstiller Bereich in Äquatornähe, in dem die nordöstlichen auf die südöstlichen Passatwinde treffen.

Kanonenboot: kleines Kriegsschiff im küstennahen Bereich.

Katamaran: Boot mit zwei Rümpfen, die z.B. durch ein Trapez miteinander verbunden sind. Als Fahrtenboot bietet es ein größeres Platzangebot als ein Einrumpfboot.

Kiel: unterer Bereich eines Schiffes, fest mittschiffs längsseitig im Boden befestigt. Verhindert mit seinem beträchtlichen Eigengewicht das Kentern (Umkippen) eines Schiffes.

Knoten: Maßeinheit für die Geschwindigkeit eines Schiffes oder des Windes, angegeben in zurückgelegten Seemeilen (1 Knoten (kn) = Seemeile/Stunde = 1.852 Meter pro Stunde).

L

Langfahrt: lange Bootsreise über mehrere Monate bis Jahre.

Lazy Bag: Vorrichtung, die das Großsegel beim Bergen auffängt.

Leck: unbeabsichtigter Wassereinbruch ins Boot.

Lee: Richtung, in die der Wind weht.

Leine: Sammelbezeichnung für alle Arten von Tauwerk an Bord.

Lifeline: Sicherungsleine für Arbeiten außerhalb des Cockpits einer Yacht.

Line Handler: Hilfskräfte bei Schleusenmanövern.

Logbuch: Journal einer Segelreise, in dem alle wichtigen (auch privaten) Ereignisse, der Zustand der Maschinen sowie Wetterbeobachtungen festgehalten werden.

Lotse: Ortskundiger Seemann, der Boote durch Schleusen, Kanäle oder in Häfen rein und raus leitet.

Luk: verschließbare Öffnung an Deck eines Schiffes.

Luv: Richtung, von der der Wind kommt.

M

Mangroven: vor allem an tropischen Küsten vorkommende Wälder einer salztoleranten Baumart.

Mann-über-Bord-Manöver: Rettungsmanöver auf See.

Mooringbojen: Bojen, die gegen Gebühr einen festen Anlegeplatz für Boote bieten.

N

Navigation: Steuerung eines Schiffes.

Navigationsleuchten: Signalleuchten für die Schifffahrt.

Nitrox: spezielles Atemgasgemisch mit höherem Sauerstoffanteil für das Tauchen in größere Tiefen.

P

Päckchen: Anlegemanöver, bei dem zwei Yachten längsseits aneinander festgemacht liegen.

Passage: lange Strecke z. B. Atlantiküberquerung.

Passatwind: beständige Hauptwindströmung auf der Nord- bzw. Südhalbkugel der Erde.

Pelikanhaken: schnell einzuhängender und sicherer Haken z. B. zum Spannen von Durchlässen in Relingszügen.

Pier: Anlegeplatz für Schiffe.

Q

Q-Wende: eine Kursänderung auf dem Wasser, die von oben betrachtet dem Buchstaben Q ähnelt. Wird bei Rettungsmanövern sowie unter schwierigen Bedingungen gefahren, um eine →Halse zu vermeiden.

R

Ruder: Steuer eines Bootes.

Rumpf: Bootskörper.

S

Saildrive: Teil, das sich zwischen Motor und Schraube befindet. Ein Saildrive übernimmt unter anderem den nicht unwesentlichen Teil der Abdichtung des Rumpfdurchbruchs.

Saling: Konstruktion zum Spreizen der →Wanten so dass diese den oberen Teil des Mastes in größerem Winkel abstützen.

Sandbank: Sand- oder Kiesablagerung auf dem Meeresgrund.

Schäkel: verschließbarer, U-förmiger Bügel aus Stahl zum Verbinden von Blöcken, Leinen, Segeln, Ketten.

Schapp: Regal oder kleiner Schrank an Bord einer Yacht.

Scheinbarer Wind: der an Bord wahrgenommene Wind.

Schlag: Teilstück einer Seereise.

Schot(en): Leine, die ein Segel hält und mit deren Hilfe das Segel bedient wird.

Schott: Zwischenwand im Schiff. Verhindert das Volllaufen des Bootes bei einem Leck.

Schwerwetterjacken: besonders wasserfeste und meist leuchtfarbene Jacken für das Segeln im Sturm.

Seegang: die durch herrschenden Wind oder durch Dünung aus entfernten Seegebieten erzeugten Wellen.

Seemeile: Abkürzung: sm. Eine Bogenminute (= 1/60 Breitengrad) auf dem Gradsystem der Erde = 1,852 km.

Seepocken: durch ein Außenskelett geschützte und auf festem Untergrund wie Yachtrümpfen festsitzende Krebsart. Bewuchs jeglicher Art am Rumpf eines Schiffes verlangsamt die Fahrt durchs Wasser. Um Bewuchs zu vermeiden, werden Rümpfe mit →Antifoulingfarbe angestrichen.

Seeventil: künstlicher, verschließbarer Wasserdurchlass im Schiff, z. B. um Abwasser abpumpen zu können.

Segeln am Wind: in einem Winkel von etwa 40 bis 45 Grad gegen den →wahren Wind segeln.

Skipper: (auch juristisch) Verantwortlicher an Bord einer Yacht, nicht unbedingt identisch mit dem Eigner.

Squall: heftiges, mit Böen und häufig auch Starkregen einhergehendes kurzzeitiges Wetterphänomen.

Steuerbord: rechte Seite eines Bootes in Fahrtrichtung.

Sundowner: Cocktail zum Sonnenuntergang.

T

Thor Heyerdahl (*1914, †2002): norwegischer Forschungsreisender, bekannt vor allem durch seine Fahrt mit dem Balsaholzfloß Kon-Tiki, mit dem Heyerdahl von Lima aus über den Pazifik bis zum Tuoamotu-Archipel segelte, um zu beweisen, dass die Besiedelung Polynesiens von Südamerika aus möglich gewesen wäre.

Trampolin (auf einem Katamaran): resistente Verbindung aus Garn oder Polyester zwischen den Rümpfen eines Katamarans, das dem Boot Stabilität und der Besatzung die Möglichkeit verleiht, schnell von einem Rumpf zum anderen zu gelangen.

V

Vollzeug: Eine Yacht segelt unter Vollzeug, wenn alle normal stehenden Segel gesetzt sind.

Vorschiff: der vordere Teil des Schiffes an und unter Deck.

Vorwind: Wind von hinten (achtern).

W

Wahrer Wind: Wind aus der jeweiligen echten Windrichtung im Unterschied zum →scheinbaren Wind.

Wanten: Stahltauwerk zum seitlichen Abstützen des Mastes.

Wind gegen Strom: Situation auf dem Wasser, bei der die Strömung entgegengesetzt zur vorherrschenden Windrichtung verläuft. Türmt hohe Wellen auf.

Windmesser: (meist elektronisches) Messgerät zur Bestimmung der Windstärke.

Winsch: eine Seilwinde, die dazu dient, größere Zugkräfte der →Schoten aufzunehmen.

Z

Zyklon: tropischer Sturm

Über Almut Laing.

In ihrer freien Praxis arbeitete Almut Laing jahrzehntelang in der Paartherapie wie auch in der Psycho-Onkologie und Familienaufstellung. Als ihr Mann nach langen Jahren die eigene Firma verkauft, steht auch sie plötzlich vor der Entscheidung: Wie will ich meine nächsten Jahre planen? Das Paar entscheidet sich für eine Weltumsegelung auf einem Katamaran.

Das Leben an Bord und die Ereignisse an Land stellen sie vor Fragen, die unmittelbare Antworten erfordern. Unbeirrt folgt Almut Laing ihrem ganz persönlichen Weg und entdeckt, dass Resilienz mehr ist als ein dauerndes Sich-selbst-Motivieren. Ein Buch über Mut und Ausdauer und über die Kraft, die das Überwinden der Angst mit sich bringt.

Impressum.

© 2022, 2025 millemari. UG (haftungsbeschränkt),
Osterseenstraße 10 B, 82393 Iffeldorf
Web: www.millemari.de   Mail: info@millemari.de

Autorin: Almut Laing
Lektorat: Susanne Guidera
Korrektur: Leonie Zimmermann
Layout: Susanne Guidera; bora-dtp, Wolfgang Appun
Coverdesign: Susanne Guidera, Thomas Käsbohrer
Coverabbildung Umschlag: © Photo-Vista.de/Shutterstock
Schmuckelemente: © Shutterstock

Paperback: ISBN 978-3-96706-059-1
gebunden mit Schutzumschlag: ISBN 978-3-96706-060-7
eBook: ISBN 978-3-96706-061-4

Fürs Bücherschapp: Mehr von millemari.

Lin & Larry Pardey
HANDBUCH STURMTAKTIK
Sicher segeln unter extremen Bedingungen
ISBN 978-3-96706-023-2
Paperpack 29,95 €

Holger Peterson
Wie wir im Norden segeln.
Eine Liebeserklärung an Watt, Gezeit und
Siel.
ISBN 978-3-946014-33-1
Paperback 24,95 €

Thomas Käsbohrer (Hrsg.)
STURM.
Segler über ihre dramatischsten Stunden.
ISBN 978-3-946014-07-2
Paperback 24,95 €

Alle Bücher auch als Geschenk-
ausgabe und eBook lieferbar!

millemari.

Darf man das?

Einfach einem Traum folgen?
Nur, weil er immer wiederkehrt?

Thomas Käsbohrer
EINMAL MÜNCHEN – ANTALYA, BITTE.
Von der Kunst, langsam übers Meer
zu reisen.
320 Seiten
ISBN 978-3-946014-22-5
24,95 €

Thomas Käsbohrer
EINMAL MÜNCHEN – ANTALYA, BITTE.
Der Film
Eine poetische Reise
in einem kleinen Segelboot.
DVD, 60 Minuten HD
ISBN ISBN 978-3-946014-29-4
24,95 €

Jetzt bestellen bei:
www.millemari.de

millemari.